U0504694

"中国出版家丛书"编辑委员会

主　任（兼主编）

柳斌杰

副主任（兼副主编）

邬书林　吴道弘

执行副主任（兼执行副主编）

吴永贵

委　员

肖东发　袁　亮　方厚枢　周　谊

于国华　李景端　黄书元　郝振省

魏玉山　于　青

国家出版基金项目
NATIONAL PUBLICATION FOUNDATION

中国出版家丛书
ZHONGGUO CHUBANJIA CONGSHU

Zhongguo Chubanjia
Zhao Jiabi

赵家璧 中国出版家

柳斌杰 主编　芦珊珊 著

人民出版社

族解放、思想启蒙与文化进步的社会性经营，书写了出版人生的风采、风骨与风流。

本丛书所传写的 50 余位出版人，均为活跃于 20 世纪并已过世的出版前辈。中国古代也曾涌现了陈起、毛晋等出版大家，只是未纳入本书的传主范围。丛书在体例上，有单人独传与多人合传之分，但这并不必然意味着对传主出版贡献及其历史地位的轻重判别，许多情况下的数人合传，乃困于传主史料的阙如而不得已的选择，某些重要出版人如大东书局总经理沈骏声、儿童书局创办人张一渠等，也囿于同样情形而未能列入本丛书的传主名单，殊觉憾事。虽说隐身不等于泯灭，但这个行业固有的幕后特征多少带来了出版人身份上的隐而不显、显而不彰。本丛书的出版，固然是想通过对前辈出版事迹的阐幽发微、立传入史，能让同样为人做嫁衣者的当今出版人不至于觉得气类太孤，内心获得温暖，并昭示后来者在人生目标上，在家国情怀上，在出版境界上，追步于前贤，自觉立起一面促人警醒自鉴的镜子；同时更希望通过一个个传主微历史的场景呈现，让更多的人认识到出版在产业之外，更是一项薪火相传的社会文化事业，它对时代文化的接引与外度，使其成为一种任何人都不可忽视的"势力"，在百余年来的社会发展进程中，发挥了不可替代的作用。

故此，我们推出这套"中国出版家丛书"，以展示中国文化创造者的风采，弘扬他们的优良传统和崇高的职业精神，发掘出版史史料，丰富出版史研究和编辑史研究。

"中国出版家丛书"编辑委员会

人民出版社编辑部

二〇一六年四月

目 录

前　言

能够为赵家璧先生撰写一部传记，于我而言，是莫大的荣幸。

赵家璧 1908 年 11 月 20 日出生于江苏松江（今属上海），是中国著名的出版家、编辑家、翻译家和作家。他 21 岁加入良友图书印刷公司开始主编《中国学生》，从此就与编辑出版工作结下了不解之缘。

在良友图书印刷公司工作期间，赵家璧主编了"一角丛书"（80种）、"良友文学丛书"（44 种）、"良友文库"（16 种）、"万有画库"（44 种）、"中国新文学大系（1917—1927）"（10 集）等多部重要丛书，结交了一大批当时最有影响力的作家，并为他们终生信赖，引为挚友。鲁迅、郑振铎、胡适、巴金、老舍、徐志摩、张天翼、丁玲、茅盾、郑伯奇、周作人、沈从文、叶圣陶、谢冰莹、丰子恺、郁达夫、朱光潜、靳以、施蛰存等都是他的作者。抗日战争期间，良友图书印刷公司被迫停业，昔日同人各奔东西。赵家璧却在危难中执着地扛着"良友"这块旗帜，从上海到桂林，再到重庆，始终坚守着出版事业。

1946 年，赵家璧因为股权纠纷离开良友公司，与老舍两个人"一个作家，一个编辑"创办晨光出版公司，继续做出版。晨光出版公司的"晨光文学丛书"、"晨光世界文学丛书"等优秀作品深受广大读者的欢迎。新中国成立以后，晨光出版公司逐渐淡出文学出版领域，转而投向画报画册出版业务。

1954年，晨光出版公司进行社会主义改造。赵家璧被安排到上海人民美术出版社担任副总编辑，后兼任摄影编辑室主任，开始主持出版摄影挂图、摄影画片、戏剧摄影画片和各类画册。1959年，赵家璧根据组织的安排被任命为上海文艺出版社副总编辑，但已经极少从事编辑出版工作了。紧接其后的一系列政治运动，更是彻底剥夺了他做出版的资格。从此他再也没有真正回到过编辑出版的工作岗位。但他时刻都记挂着这项他奉献了一生的事业。

晚年的赵家璧，不仅积极参加各类出版会议，奖掖后学，为旧友出全集奔走，而且拿起手中的笔，撰写了百万余字的回忆录，深情回顾自己钟爱了一生的出版事业和相携相知的友人们，为后来从事出版工作的人留下了宝贵的财富。

正是因为这些回忆文章，使得后人还原赵家璧一生的工作既便利又棘手。他文章中非常翔实地记录了许多原始资料，免去后人四处翻检无端臆测，是为便利；过多的史料也让后人的文章不容易写出新意，是为棘手。我屡次细读他所有的回忆文字，感念着一位老出版家对事业深切执着的热爱，也希望能够探寻出不同以往的表达方式。

原来我打算完全以时间为轴，将每一个年份做了哪些事情都写在一起。很快就发现，这种方式太过于程式化，用于介绍传主的童年和少年尚可勉为其难，但涉及具体出版活动时，则无法给人连续阅读的感觉。因为赵家璧实在是一位非常高产的编辑。以1936年为例，他除了策划出版《苏联版画集》、《中篇创作新集》、《苏联作家七人集》、《二十人所选短篇小说佳作集》等，还继续主编"良友文学丛书"、"万有画库"、"良友文库"、"中国新文学大系"等丛书。如果单纯以时间为轴就变成了一篇无以名状的流水账。更重要的是，编辑出版是一项需要长时间积累和酝酿的工作。一部好书的出版，往往需要编辑多方积累多处求证多日思考准备，并不是一蹴而就的。一部书的诞生，最初可能仅仅是一朵思想的火花，经过许多努力才能最后形成烈焰之势。这样一来，我就决定大体上以时间为纲，但在涉及传主最重要的编辑出版成果时，则单列一章，以求全面展示这项出版功绩。

本书共列十章，内容大体如下：

第一章，赵家璧的早年生活及其对日后出版活动的影响。赵家璧生于小康之家，却幼年父丧弟夭，与母亲相依为命。母亲在生活上给予他无微不至的关爱；老师和亲人的教诲促使他养成了爱读书的习惯，为今后的编辑事业打下了很好的文字基础。小学即将毕业时，赵家璧在《弥洒》的启发下办了一份毕业班刊《茸报》，是他编辑生涯鲜为人知的起点。在光华附中读书时，赵家璧主编了校刊《晨曦》，继续着自己对文字，对编辑工作的爱好。这些都为他今后从事出版工作积累了经验。

第二章，结缘良友公司，主编《中国学生》。机缘巧合，即将中学毕业的赵家璧认识了伍联德，并因为《中国学生》的提议，得到伍联德的赏识，成为良友图书印刷公司的一位兼职主编。在光华大学和良友公司这两个舞台上，他演绎着学生和主编的双重角色，乐在其中。

第三章，主编"一角丛书"。逛书店的经历让赵家璧萌生了编一套内容短小精悍的文艺作品或者只触及知识一角的经典的想法。丛书一开始销量并不理想，赵家璧开始尝试向名人约稿，并且紧跟时局潮流，出版左翼作家的作品。这是他主编的第一套丛书，虽然并不完美，但是得到了多方好评。丛书一共出了80种，影响长远。

第四章，主编"良友文学丛书"。赵家璧大学毕业后，正式成为良友图书印刷公司文艺部主任，开始在文艺图书出版上大展拳脚。"良友文学丛书"以鲁迅编选的《竖琴》起头，一共44种。赵家璧在编辑这套丛书的过程中，结识了很多知名作者，进一步明确了文艺出版的方向，也极大地提高了自己的出版能力，拥有了比较成熟的编辑思想。

第五章，主编"中国新文学大系"。赵家璧萌发了编一套"五四"以来文学作品丛书的想法，并且在郑伯奇、钱杏邨、施蛰存、茅盾等人的热心帮助下在体裁分类、入选时限、每集主编人选等问题上有了清晰的思路。"中国新文学大系"共有十集，分别由胡适、郑振铎、茅盾、鲁迅、郑伯奇、周作人、郁达夫、朱自清、洪深、阿英十人编选。"中国新文学大系"是一座丰碑，也是赵家璧编辑生涯中最令人称道的成果。

第六章，"中国新文学大系"的价值和影响。由于"中国新文学大系"的价值和影响实在太大，故而本章将此单列出来。全章主要从为中华民族保留和解读一段珍贵的记忆、现代文学史上的路径价值和出版活动中的发凡起例之功三个方面逐一分析。

第七章，在良友图书印刷公司的其他出版活动。除以上三章介绍的成果外，赵家璧还同时策划出版了许多其他图书。本章主要介绍"世界短篇小说大系"、《苏联版画集》、《二十人所选短篇佳作集》、《中篇创作新集》四部作品是如何在赵家璧的努力下从无到有的。

第八章，颠沛流离中的文化坚守。本章介绍了赵家璧在 1938 年到 1945 年间的出版活动。抗日战争爆发，上海很快陷入战火，良友图书印刷公司也宣告停业。赵家璧在"孤岛"上海仿照《大美画报》之例，成立良友复兴图书有限公司，复刊《良友》画报。由于不愿与日本人合作，先后流亡桂林和重庆，克服一切困难继续从事出版活动，直到抗战胜利重返上海。

第九章，"相见以诚"的晨光岁月。本章主要描述了赵家璧 1946 年到 1954 年的出版活动。赵家璧与老舍两人合力办起晨光出版公司，出版了"晨光文学丛书"和"晨光世界文学丛书"。他还积极为《老舍全集》的出版奔走筹划。新中国成立后，晨光公司出版了很多画册画报。

第十章，公私合营后的出版活动。公私合营后，赵家璧到上海人民美术出版社任副总编辑和摄影编辑室主任，出版了许多新中国急需的图画书和摄影理论图书。1958 年，赵家璧在上海文艺出版社担任副总编辑，但已经很少从事出版活动了。紧随其后的政治动乱，彻底结束了他的出版生涯。

结语部分简要介绍了赵家璧退休后的晚年生活。

在整个写作过程中，我力求去还原一个真实的赵家璧。我想，这也是对传主最大的尊重和理解。真实的赵家璧为了继续出版事业曾采取过"手段"。上海沦陷后，他为了复刊《良友》画报，建立良友复兴图书公司，费尽周折，不惜聘请知名律师，与曾对他有过很大帮助、已经将画报业务迁往香港的原上海良友图书印刷公司经理余汉生对簿公堂，一度引起好友马国亮的"敬而远之"。真实的赵家璧有着文人的谨小慎微，言不由衷。他的回忆文章多半在 20 世纪 70 年代末和 80 年代写成。20 多年政治风暴的余悸尚在，所以他的行文也处处留意，很多时候并不敢写出真实的感受。比如他在讲述与胡适交往时，用笔着墨都非常谨慎，情感也极为疏离，带有明显的政治色彩。事实上，从他们屡次的合作看，二人应该是彼此尊重信任的。真实的赵家璧内心坚韧无比，一生坚持着自己的为人准则，超脱于政治之外，做了一辈子媒体行业却始终无党无派……诸如此般种种，我都希望尽可能用更加客观的笔墨去讲述、剖析。

作为晚生后辈，我在写作过程中也不止一次地慨叹自身知识的不足，也许不能完成既定的目标。但我终于还是坚持下来了，因为这个人物值得每一个从事编辑出版工作的人学习。抛砖引玉，相信今后还会有更多的人来研究他。这个出版了一辈子好书的出版家，为我们留下的财富十分丰厚。美国学者费孝通赠他"书比人长寿"以示勉励，女儿赵修慧评"他与书同寿"以示缅怀。

赵家璧，与书，与出版，密切难分。生是如此，死亦如斯。

本书的撰写特别感谢赵家璧先生的女儿赵修慧女士。这位年过八旬的老人，炎炎夏日亲自带我去上海鲁迅纪念馆赵家璧专库参观，寄来重要参考资料和照片，随时利用电子邮件为我答疑解惑，极大省去我翻检之劳。从她身上，我看到了一位女儿对父亲诚挚的敬爱。祝愿老人家庭幸福，健康长寿。

2015 年 6 月于武昌南湖

早年生活

　　上海市西南，据市中心仅39公里是历史文化名城松江。松江自古以来就是一个繁华富庶的地方。她不仅仅是江南地区重要的鱼米之乡，也是上海历史文化的发祥地。历史上曾有"苏松财富半天下"的说法，这个"松"就指的松江。在上海开埠通商之前，松江是整个上海地区当之无愧的政治、经济和文化中心。优渥的地理环境和文化积淀，孕育出一代又一代杰出的人物。西晋时代的二陆（陆云、陆机），元代的赵孟頫，明代的董其昌、陈子龙，明末清初的夏完淳等都出自于此。

　　文化底蕴深厚而又文人聚集的地方自然免不了留下许多古迹。唐经幢、方塔园、醉白池等都是先人留给松江的宝贵物质文化财富。

其中建于唐大中十三年（859年），具有1000多年历史的唐经幢是上海现存最古老的地面建筑。世事变迁，曾经承载着车水马龙的地方，位于通衢要道的建筑，在数不尽的时光蹉跎和人事变幻中逐渐归于斑驳和宁静。

第一节　如璧玉般珍贵的幼年生活

时光转眼到了20世纪初。世界格局正在发生着翻天覆地的变化，清朝封建政府大厦将倾，国内各方势力暗流涌动。昔日容光焕发的松江府，由于地理位置相对偏僻，倒是显出了难得的宁静。

唐经幢的四周有好几座大的院落，赵家在西边。其时，赵府当家主人名赵启昂，膝下三儿三女。赵家在松江地区算不上豪门大户，但几代人耕读传家，勤俭持家，日子过得十分殷实。赵启昂本人接受过比较系统的传统教育，不过为人热情活泛，并不墨守成规。"西学东渐"流行那会儿，赵启昂非常乐于接受新的思想，对其后的维新改革也投入了十二分的热情。更值得一提的是，他较早地意识到了教育对于发展国家、开启民智的重要作用，率先在松江开办新式小学，吸引了许多松江子弟入校读书。他把这种对教育的热情和推崇也应用到儿子身上。

赵启昂的长子赵伯延就读于南京高等专科学校。如果不出意外，年纪轻轻的他很快就将成为赵家的顶梁柱。按照当时早婚的风俗，他在外出求学之前就与本地一官宦人家的女儿沈慕贞喜结连理。由于聚少离多，沈慕贞嫁到赵家两年后才有身孕，这一迟到的喜讯让全家人更加期待婴孩的出世。

一家人翘首盼望，被寄予了无限希望的新生命终于在 1908 年 11 月 20 日降临人间。当赵老爷子看到这个白白胖胖的长房长孙时，禁不住地眉开眼笑。传宗接代是几千年来中国家庭的光荣和期盼。赵启昂欣然为长孙取名"家璧"，以显示这个孩子对于赵家而言如璧玉般珍贵。赵老爷子此时绝对不会料到，这个孩子今后将这个"家"的含义进一步扩大到"国家"。正是这个孩子，用自己的智慧和努力，为整个国家的文艺出版事业作出的巨大贡献，也同样如璧玉般珍贵。

赵家璧在全家人的呵护中一天天长大，然而，人力所不能左右的生离死别却过早地袭击了他，也让整个赵家伤痛不已。赵伯延婚后依然孤身一人在南京读书，本想着学成后将妻儿接出松江共谋发展。不想，在长子家璧一岁多的时候，他在学校不幸感染了白喉，没几天就归西了。噩耗传来，赵家上下如五雷轰顶。已有身孕的沈慕贞更是悲不自已。她感觉与丈夫的生活才刚刚开始，有那么美好的未来还等着他们一起度过，他们还即将拥有另一个孩子……悲痛中，沈慕贞早产生下遗腹子。由于母体过于虚弱和悲痛，孩子生下不久就夭折了。这对赵家和沈慕贞而言是第二重打击。然后，厄运并没有结束。就在这一年，赵启昂的二儿子，赵伯延的亲弟弟赵仲益，在江西萍乡煤矿实习的时候不幸中毒身亡。一年之内，赵家痛失三个至亲，遭遇了空前的劫难。

曾经谈笑风生、开通明理的赵启昂在这一连串的打击中性格大变。他开始变得暴躁、多疑、固执，即便对视为璧玉的孙子也一味苛责，更不用说对两位刚失去丈夫的儿媳妇了。两位儿媳妇都正值妙龄，赵启昂认为"寡妇门前是非多"，恨不得她们从此大门不出二门不迈，免得惹出风言风语，有辱赵家门庭。可怜这位当年的维新人士、新式教育的拥趸，在接连丧子的沉重打击下竟然经常像乡间泼皮一样谩骂偶尔出门的儿媳们。生活在这样的环境下，赵家璧的童年注定是压抑的。祖父的喜怒无常也让赵家璧很早就产生了自立的想法，这也应该是他很早就踏入社会，开启编辑生涯的诱因之一。

从另一个角度说，童年的赵家璧也是幸运的。一方面，父亲的早逝，弟弟的夭折，让他成为母亲生活唯一的希望和寄托，也得到了母亲最细心和最周到的照顾。母爱的阳光无私地温暖着这个过早失去了父亲的孩子。"她抱着怕掉了，拉着拍丢了，饭要嚼碎了再给他吃，衣服要焐暖了再给他穿。珍珠米（玉米）、山芋和豆芽等她认为是不易消化的低等食物，是不能给儿子吃的；鱼有刺，太危险，当然也不能吃，肉也要斩碎了吃才好，因此肉圆、肉炖蛋、蛋饺等，成为餐饮时的最佳选择。"[1] 另一方面，赵家较为殷实的家境让赵家璧衣食无忧，能够安心多读书，享受一个相对轻松愉快的童年。他没有像那个时代大多数孩子一样，过早品尝物质生活的艰辛，而有大把的时间和精力可以尽情游乐、读书。孩童天真的性格也让他开发了许多自娱自乐的项目。爬树下河这种危险的游戏母亲肯定不让他去，但逗狗吹箫是随意的。据赵家璧后来回忆，童年时曾经有一条名叫阿旺的农家狗，能闻他的箫声起舞。

---

① 赵修慧：《他与书同寿》，中国出版集团东方出版中心 2009 年版，第 3 页。

幼年赵家璧与父亲

展了赵家璧的视野，让他学到了许多课本上没有的知识，也在无形中告诉他，外面有一个非常精彩的世界。

后来他成为松江图书馆的常客。赵家璧清楚地记得，有一次他借梁漱溟写的《东西文化及其哲学》时，图书管理员用嘲弄地眼神看着他。等他走开了，还听到来自身后的不屑议论，因为管理员认为这样的书根本不是眼前这个小孩子能够看懂的。赵家璧没有回头，更没有去理论。不过，少年那极强的叛逆心理帮助了他：我就是要读懂，我还要读更多书！后来赵家璧回忆起这一段，说："我现在倒要感谢他，因为从此，我就冲破了死啃课本的习惯。"①

一次偶然的机会，赵家璧的目光被《少年杂志》上的一则广告吸引了。《少年杂志》是商务印书馆出版的一种月刊，由著名编译家孙毓修先生创刊于 1911 年。杂志涉及的内容包括修身、文学、历史、地理、算学、格致、卫生、动物、植物、矿物、实业、手工、习字、图画、体操、音乐、歌谣、游戏、中国时事、外国时事、游记等，加上经营颇有策略，比如引进有奖征集作品、刊发读者来信等方式，拉近读者和杂志的距离，深受广大青少年的欢迎。现代著名作家、史学家、社会学家如赵景深、吴祖光、费孝通、魏建功等，都曾是它的小读者和小作者。赵家璧也是杂志的忠实读者之一。这天，杂志上一则《阿丽思漫游奇境记》的广告深深地吸引了赵家璧。广告中说"欧美儿童没有一个不读过，更没有一个不喜欢它。"这对于一个爱读书的孩子来说是极大的诱惑。于是，他迅速写了一封信给在上海读书的六叔，也是祖父赵启昂唯一在世的儿子，央求他帮忙买一本回来。

▶ 与母亲（右）和婶母。摄于松江

① 赵家璧：《书比人长寿》，中华书局 2008 年版，第 88 页。

▲与六叔。摄于松江

12 June 1923.

▶中学时期留影

第二节　蒙童读书若渴，初识西洋文

赵家璧七岁时，祖父赵启昂将他送到俞氏私塾读书，的四书五经开始。虽然科举制已经取消，封建王朝也已经人们依然十分尊崇这些古代先贤留下来的经典学问。无奈喜欢这些东西，学习起来非常马虎，以致两年都无所得。是办过新式学校的人，果断地将赵家璧送到松江崇文初等后又进入松江第一高等小学。这两所学校在当时的松江地区一指的。赵家璧在这里遇到了第一位为他打开探索课外世的人。

这个人是时任松江第一高等小学的国文教员王者五。

赵家璧的成绩在班上并不算出类拔萃，但是老师发现这思考，对一些事情有比较独到的看法，因此经常在课下与他聊家璧告诉老师自己喜欢看书，不过家里的藏书都提不起他的兴常苦于无书可读。老师看着这个苦闷中的少年，决定帮他一把历年收集的《新青年》和《新潮》。这两本杂志对于赵家璧而全陌生的。当时北平是各种思潮交汇和辩论的中心，来自北平本杂志也是无数进步青年寻找力量的营地。王老师起初并不确定璧是否爱读这类书，所以他只借出了其中一本，说好如果喜欢借。没料到，只看了一本，赵家璧就被书中的内容深深迷住了。快将王老师的藏书看完，又缠着老师给他介绍新的书。于是，学图书馆和松江的公共图书馆里，就能经常看到赵家璧借阅《少志》、《小说月报》和一些新文艺小说的身影。这些课外读物极大地六叔赵谦六其实只比赵家璧大几岁。俗语说，年龄相差小的叔侄亲如兄弟。确实如此。六叔在没有去上海学医前，是赵家璧一个很好的玩伴和朋友，叔侄二人感情很好。很快，赵谦六在周末回家的时候就给侄儿带回了一本译好的《阿丽思漫游奇境记》。如今算来，赵家璧拿到的应该是1922年由博学大家赵元任翻译、胡适定书名、商务印书馆出版的版本。这是赵元任翻译的处女作，格外用心，还别出心裁地写了一篇很长的译者序，现摘要如下：

　　会看书的喜欢看序，但是会做序的要做到叫看书的不喜欢看序，叫他越看越急着要看正文，叫他看序没有看到家，就跳过了看底下，这才算做序做得到家。我既然拿这个当作做序的标准，就得要说些不应该说的话，使人见了这序，觉得它非但没有做，存在，或看的必要，而且还有不看，不存在，不做的好处。

　　《阿丽思漫游奇境记》是一部给小孩子看的书。在英美两国里差不多没有小孩没有看过这书的。但是世界上的大人没有不是曾经做过小孩子的，而且就是有人一生出来就是大人，照孟夫子说，大人的心也同小孩子的一样的，所以上头那话就等于说英国人，美国人，个个大人也都看过这书的。但是因为这书是给小孩子看的，所以原书没有正式的序。小孩子看了序横竖不懂的，所以这个序顶好不做。

　　《阿丽思漫游奇境记》又是一部笑话书……以上是关于笑话的说明。但是话要说得通，妙在能叫听的人自己想通它的意味出来，最忌加许多迂注来说明，在笑话尤其如此。所以本段最好以删去为妙。

《阿丽思漫游奇境记》又是一本哲学的和论理学的参考书……至于这些哲理的意思究竟是些什么，要得在书里寻出，本序不是论哲学的地方，所以本段也没有存在的必要。

《阿丽思漫游奇境记》的原名叫 The Adventures of Alice in Wonderland，平常提起来叫 "Alice in Wonderland"，大约是一八六七年出版的……作者的真名字是查尔斯·路维基·多基孙（Clarles Lutwidge Dodgson）……既然最好不再提多基孙这个名字，那么这段里多基孙这个名字本来应该不提，所以这段讲多基孙的序也应该完全删掉。

《阿丽思漫游奇境记》这故事非但是一本书，也曾经上过戏台……那么说来说去还是看原书最好，又何必多费麻烦在这序里讲些原书的附属品呢？

《阿丽思漫游奇境记》这部书一向没有经翻译过……翻译的书也不过是原书附属品之一，所以也不必看。既然不必看书，所以也不必看序，所以更不必做序……

——一九二一年六月一日赵元任序于北京

赵家璧拿到书就迫不及待地打开读，谁知道这篇译者序就让他读得云里雾里了。他强迫自己十分用心地读了两遍，依然不知所云。因为整个序文一直强调没有必要作序，这一段也可以不要，那一段也可以删掉。既然没有必要，何必要作呢？况且一作还作了 3000 多字。很多年后，赵家璧才明白译者有意模仿了原书作者路易斯·卡罗尔的那种滑稽而不通的笔法，意图达到幽默风趣的效果。也许是因为初读时那段不美好的回忆，赵家璧直到晚年都认为这篇序是"东施效颦"①。不过，有一点赵家璧倒是读懂了，那就是：原书更值得一读。

于是，原书开始对赵家璧形成了一种诱惑。他又拜托六叔从上海带回了英文原文书。一向疼爱他的六叔虽然觉得 13 岁的赵家璧有些自不量力，但还是没有让侄儿失望。拿到书后的赵家璧十分郑重地写下了自己的名字，并开始了边翻阅英汉字典边理解原文的生活。出乎所有人的意料，赵家璧的阅读非常顺利。他一边被书中那超凡的想象力所折服，一边也懂得了人必须要不断认识自我、不断成长的道理。这是他的第一本藏书。这本书也彻底点燃了他对于西洋文学的兴趣，为他日后攻读英国文学，翻译出版美国文学作品开启了道路。

第三节　睹新文学风采，编辑小试牛刀

几乎就在赵家璧沉浸于这本麦美伦袖珍版图书的同时，1921 年夏天，侯绍裘从上海回到家乡松江，变卖家产与朱叔建、钱江春等接办了被迫停办的松江景贤女子中学，任教务主任。侯绍裘在上海南洋公学读书期间就是各类学生运动的积极策划者和组织者，思想比较激进，最终因为在南洋公学劈碎孔子牌位、宣传社会革新、反对封建迷信等举动被开除。他接手后，将景贤女子中学的办学目的定为促进妇女解放和社会改造。坚持民主办学，改革教学内容和方法，学校面貌一新，成为闻名江、浙、沪的进步女校。1922 年夏，在侯绍裘的奔

---

① 赵家璧：《编辑忆旧》，中华书局 2008 年版，第 9 页。

走下，学校举办暑期学术演讲会，邀请恽代英、陈望道、邵力子、沈雁冰、柳亚子、杨杏佛等来松江讲学。刚刚受到了新文化思想洗礼的赵家璧也因此有机会一睹这些名人的风采。这个不满 14 岁、没有参加过任何新文化运动的少年对这些讲座的内容几乎都是一知半解的，尤其是对于一些政治上面的见解。但是他牢牢地记住了"新文学"三个字，并对此产生了浓厚的兴趣。这些最初的与新文学有关的经历和感受为他今后一生致力于新文学出版事业奠下了第一块基石。

1923 年，一份名为《弥洒》的月刊进入了赵家璧的视线。《弥洒》是由弥洒社主办的。当时的上海有许多文学社团，弥洒社就是其中之一。弥洒社是一个没有严密组织、非常松散的团体，出版杂志、丛书就是社团的集体活动，提倡"无目的无艺术观"的创作。《弥洒》选入的作品种类丰富，有新诗、小说、散文、剧本、童话、游记、长篇连载、译作等，主要由胡山源、钱江春、赵祖康等人负责编辑工作。胡山源当时正在景贤女中教书，后两位主编者都为松江人。巧合的是，赵祖康的堂弟跟赵家璧还是同班同学。正是由于这些联系，《弥洒》在松江特别是青少年学生中传阅广泛。这份杂志的主编者不像《新青年》、《小说月报》那样，离赵家璧十分遥远，而是让赵家璧觉得就在自己身边，十分亲切，让他觉得编书并不是件可望而不可即的事情。赵家璧突然就萌发了一种想法：我为什么不能编个刊物呢？

有了这个念头的赵家璧顿时兴奋起来。他首先把这个想法告诉了同级好友夏侠，得到了夏的响应。他们一起邀请了另外几位爱好文学的同班同学商议。大家一致认为这个计划是可行的，不过需要得到校方的支持。赵家璧首先想到的就是给予他无私指导的王老师。王老师被这几位学生的激情感染，当即同意。

对于从来没有过任何编辑工作经验的几个孩子而言，一切都是新鲜而富有探索性的。在课余时间，他们总是在一起热烈地讨论，时而拍手赞同，时而争辩不已。经过很多次商谈，大家达成了以下共识：

首先，刊物主要面向自己的学校，要客观地反映学校的一些情况，作为学生向校方传达意见的一个窗口，站在学生的立场之上；其次，刊物主要选取新文学作品，可以组织同学投稿，几位负责编辑的同学也可以自行创作，还可以摘抄一些名家稿件和书评等；最后，刊物要选取一个有松江地区特色的名字，反映基本的地域风貌，最终定为《茸报》。茸乃鹿也。松江早年土地肥沃，生态环境极好，适合鹿群繁衍生息，所以自古就有"十鹿九头回"之美称。后来，人们称松江为"茸城"。"茸报"二字意即松江的报纸。

在此之前的1910年（宣统二年）九月初一，曾有以《茸报》命名的刊物诞生。不过此《茸报》非彼《茸报》也。之前的《茸报》是旬刊，由中国同盟会会员、当时松江府中学堂教员李苣香倡议创办并自任主编，是松江县最早的杂志。只办了一年就停了，在全国范围内几乎没有产生任何影响，但松江人非常熟悉。赵家璧等人决定用这个名字。

毕业在即，几位小伙伴一面应付着毕业前的各门功课和烦琐事务，一面抓紧时间编印刊物。在大家的共同努力下，终于在毕业前夕用油印机印出来几十份分送给同级的毕业生。后来因为刊物中刊登了一些对校政设施的批评意见，不久即被校长勒令停刊。年深日久，中年以后的赵家璧对这份杂志当初选了哪些文章已经毫无记忆，但是当初的那股热情却一直洋溢心间。这次经历是他在今后几十年编辑生涯中的牛刀小试，也是他日后显赫的编辑成就中那段鲜为人知的起点。

第四节　入读光华，任《晨曦》总编

　　15岁的赵家璧高小毕业了。广泛的阅读和思考让他形成了自己的思想，迫切地想了解外面的世界。他萌生了去上海读书的想法。上海当时是全国的出版中心，赵家璧接触到的许多书籍和杂志都由上海出版。而且他知道的许多文化名人都长期生直活、工作在上海，还有一些新的思潮，等等。每次他看到小叔从上海回来滔滔不绝地讲述着所见所闻的时候，这种想法就更加强烈了。

　　赵家璧年纪虽小，也深知祖父和母亲的辛酸与不易。家中没用顶立门户的成年男丁，全靠祖父一人勉力维持。母亲更是将他视为唯一的希望。但上海对他的吸引力太大了。民立中学是他经过艰苦努力才考上的。

　　上海民立中学由上海望族苏氏兄弟秉承父辈"教育救国"的遗愿和"为民而立"的办学宗旨创立，在教学上以文科见长，享有很高的声誉，历年的招考也非常严格。赵家璧最终说服了祖父和母亲。

　　赵启昂终究放心不下，希望能有人就近照顾这个在生活上一无所知的孙子。正好，他在上海有一个陆姓朋友，交情一直不错，遂向其求助。陆姓朋友为人热情，当即就同意了。赵启昂和沈慕贞这才放下心来。与此同时，赵启昂依照当地风俗为长孙定下了亲事，只等年纪一到就完婚。虽然赵家璧并不认识那位旧式的钱姓女子，但自古父母之命媒妁之言，大家都对这桩婚事十分有把握。按照长辈们的设想，赵家璧的人生似乎就这样进入轨道：等年纪一到就完婚，像他的父亲一样，只身一人在外求学，妻儿留在家中与长辈共叙天伦。从未出过松江的赵家璧当时也并没有觉得沿着父辈这样的足迹有什么不好，便由着大人去操持。

开学前，赵启昂亲自将孙子送到上海南市小东门陆家，交代安排好一切才打道回府。

陆家先生虽有两房妻室，但也算新式家庭。由于长期生活在上海，陆家很早就接受了一些新的生活方式。陆家的孩子可以肆意嬉戏打闹，与长辈在一个桌子上吃饭毫无顾忌，甚至可以跟长辈一起对饮，连出了阁的女儿都保留有自己的房间，可以与夫君常住娘家……这一切，对刚从松江来的赵家璧来说都是新奇而陌生的。开埠后的上海，各方面的发展速度早已非松江可比。

陆家一共四个孩子，其中三人都已长大成人，对赵家璧颇为关照。唯有最小的四妹，只有 12 岁，异常顽皮活泼，经常捉弄这个看起来土里土气的"屁（璧）哥哥"。从小没有兄弟姐妹，在孤独沉闷的环境中长大的赵家璧，即便被欺负，也还是觉得这个小妹妹很可爱。他很高兴能与这家人生活在一起。

生活上没有任何后顾之忧，赵家璧将全部的精力投入到学习中。他就是一位求知若渴的学子，一头扎入这个文化之都汲取丰富的营养。他在民立中学非常认真地学习了一年，开阔了眼界，也憧憬着自己心仪的、更好的平台。这个平台就是他来上海之后才了解到的圣约翰中学。不过如果要去圣约翰中学，在民立中学这一年的学历就作废了，要再读一次初中一年级。经过一段时间的权衡，赵家璧还是决定挑战这个最好的学校。

圣约翰中学创立于 1877 年（即光绪三年），初名圣约翰学院，后卜舫济受美国圣公会之托掌管学校事务，并增设大学，而中学则成为其预科，并由其统率。正是因为这一层关系，赵家璧还暗自鼓舞自己今后进一步考圣约翰大学，这样就可以迅速进入上海的上层社会，谋得一份好工作了。

天遂人愿，天资聪慧且勤奋努力的赵家璧如愿以偿考上了无数学子梦寐以求的圣约翰中学。就在赵家璧准备进入自己心仪的学校读书之际，江浙战争爆发了。这是 1924 年江苏督军齐燮元与浙江督军卢永祥之间进行的战争，是直系军阀与反直系军阀势力之间的一次重大较量，也是第二次直奉战争的导火索。上海虽然不是这场战争的主战场，但是也受到了不少牵连。许多学校为了安全起见都宣布停课，将学生遣散回家。

新学未入，旧学已退。赵家璧只得回松江老家，在维泗中学读了半年书。回到松江的赵家璧除了读书，还要面对封建家庭的一桩大麻烦——包办婚姻的威胁。去上海之前，赵家璧年纪小见识少，对于祖父安排的事情并无反对；在上海生活了一年，他的眼界大大开阔了，他认识到封建包办婚姻早已不合法制，他勇敢地反抗着这项即将强加于他的重担。祖父赵启昂没有想到一向不爱说话的孙子会如此坚决，只得退掉了婚约。此时，这位 16 岁的少年心里已经朦胧地有了一个美丽的影子。

1925 年春天，赵家璧正式进入圣约翰中学读一年级。未承想，不到半年，他就怀抱着一腔热血毅然离开了这所他曾经向往的学校。

这一切源于五卅惨案。1925 年 5 月 30 日，上海学生 2000 余人在租界内散发传单，发表演说，抗议日本纱厂资本家镇压工人大罢工、打死工人顾正红，声援工人，并号召收回租界，被英国巡捕逮捕100 余人。下午，万余群众聚集在英租界南京路老闸巡捕房门首，要求释放被捕学生，高呼"打倒帝国主义"等口号。英国巡捕竟开枪射击，死伤数十人，逮捕 150 余人，造成震惊中外的五卅惨案。消息迅速传遍全国，各大、中城市纷纷罢工罢课，声援上海人民的反帝斗争，从而形成了更大规模的五卅反帝爱国运动。身处运动中心的圣约翰大学和附属中学的师生们决定于 6 月 3 日在广场聚会，悬挂半旗向死难同胞致哀。没料想，学生们一向非常敬重的美籍校长卜舫济却当众撕毁了青天白日满地红旗，并怒斥师生的激进行为，极大地伤害了师生们的民族自尊心。这一天，553 名学生以及全体华籍教师 19 人，集体宣誓脱离圣约翰大学，10 余名应届大学毕业生声明不接受圣约翰大学颁发的毕业文凭。第二天，离校师生集会商议办中国人自己的大学和中学。赵家璧就在离校的学生之列。

他们的举动赢得了社会各界的广泛支持。不到三个月，在社会各方努力下，中国人依靠自己的力量创办了上海光华大学，同时附设中学。由于赵家璧已经读过两年初中，所以这次直接进入了高中一年级。赵家璧在新的学校里努力学习，积极参加文学方面的活动，1926 年获得光华附中小说比赛第二名的好成绩。这一年的《光华年刊》上就有他的照片。

命运之神在冥冥之中似乎非常有意将这位有活力有闯劲的少年拉入出版的大门，并且为他做好了最初的积累。在这里，赵家璧开始真正干上了编辑工作，并且结识了许多名人大家。

光华中学建立伊始，弥漫着浓厚的爱国热情，整个学校非常团结，大家都尽力做一些力所能及的事情配合学校。光华附中开学后不就久成立了自治会，下设编辑部，按学校要求拟出版一本拿得出手的校刊，定名为《晨曦》，并于 1926 年 1 月 20 日正式创刊。热爱文学的赵家璧积极加入其中，被选为编辑之一。

60年后，已过古稀的赵家璧在上海家中满怀深情地回忆自己一生的编辑工作时，这样写道："如果从我开始当学生编辑计算起，距今正好一甲子——六十年。"①

赵家璧撰写了《晨曦》的《发刊辞》：

> 在我们相处不久的同学中间，要各人的见解，思想，情绪，成绩发表出来，贡献给社会上热心赞助的人看，也要给冷眼旁观的人看，这就是我们出版刊物的动机。
>
> 我们要走"知行合一"的路。我们更希望光华的同学，个个能够研究专门的学术，发挥青春的思想，不要做孱弱的书生，要做一个有为的青年；我们这个刊物，是诸位同学研究学术的场所，发表思想的机关，爱国精神的测量器。②

这是赵家璧对这个刊物宗旨的理解和未来的期望，洋溢着一个年轻学生浓浓的爱国深情。

要办一个像样的刊物当然不能只凭学生的力量和知识积累，老师和学校的帮助、指导同样至关重要。老师们除了在课堂上尽心传授学生知识，也非常注重学生的个体全面发展，还常常引导他们做一些课外的活动，鼓励学生自己办校刊就是其中之一。最初办刊的时候编辑部有十来名学生，另外还有四位老师作为顾问。老师们秉承着授"渔"不授"鱼"的宗旨，只教学生方法和技巧，具体的事务都由学

---

① 赵家璧：《书比人长寿》，中华书局2008年版，第26页。
② 赵家璧：《发刊辞》，《晨曦》第1卷第1期，第1页。

生自己想办法完成。"老师决不包办代替，发号施令，而放手让我们一群十六七岁的大孩子自己去动脑筋，去实干。"[①] 比如，如何向师生组稿、如何进行审稿加工，如何联系印刷厂等事项，老师只给学生建议，而真正发出组稿启事、进行审稿工作和与印刷厂沟通接洽等事宜都由学生自己去完成。这极大地锻炼了学生的实际操作能力。

赵家璧之前在家乡的小学办过《茸报》，对编辑工作粗略有一些感觉，加之做各类事情都特别热情，完成得也很好。第 1 卷的 4 期刊物，每一本上都有他亲自撰写的文章。刊物第 1 卷 4 期出完，恰逢学生会改选，赵家璧因为热心办刊，被大家推选为《晨曦》的总编辑。于是，从第 2 卷第 1 号（1926 年 11 月 20 日出版）开始，赵家璧拥有了更充分地发挥其编辑才能的天地。同学和老师们的鼓励与信任让赵家璧感动的同时，他也在思索一些问题：如何让校刊更适合目标读者？如何将校刊办得更有影响一些？等等。

新官上任三把火。

第一把火就是打破半中半西的刊物格局。光华中学的师生虽然脱离了圣约翰中学，但是学校里面许多制度还是从这个教会学校沿袭过来。在办校刊的时候，为了显示教会学校的高贵和特点，一直以来都奉行着一半刊登英文作品一半刊登中文作品的传统。《晨曦》前 4 期也是如此。而在赵家璧看来，既然目标读者都是中国人，何必弄得不中不西的呢？如果同学们想阅读英文，有很多其他刊物可以选择。于是，新一期的《晨曦》全部用中文。

第二把火就是扩大篇幅，彩印封面，从新闻纸改为道林纸印刷正

---

① 赵家璧：《书比人长寿》，中华书局 2008 年版，第 27 页。

文。赵家璧将刊物的总体篇幅也扩大到十二三万字，具备更强的可读性。彩印的封面当然也让刊物看起来更加漂亮。不过这样一来，学校提供的经费就捉襟见肘了。年轻的赵家璧没有被困难束缚住，而是积极想解决问题的办法。他特意请教了商科的老师，如何能够让校刊在经济上持续下去。老师建议他可以尝试着刊登一些小广告，以求达到收支平衡。于是他又兼起来广告主任的活儿，亲自到冠生园、商务印书馆等有影响的企业中去拉广告。

第三把火就是让刊物走出校园走向社会。初生牛犊不怕虎，赵家璧虽然没有任何发行的经验，但是他乐于尽力尝试。《晨曦》不同于由老师挂名主编、学校支付出版经费的一般校刊，而是由学生会主办，自筹资金，独立出版的。他在跑广告的同时也在宣传他的刊物。此外，他也认识到自己一个人的力量有限，于是允诺凡是愿意帮助推销《晨曦》的同学就可以得到一册书。这些得书的同学除了口头宣传外，还有义务在其他的学校以及各类图书馆和书店等设立的经销处中推销。每一期书出来后，赵家璧就和几位同学一起，骑着自行车，将刊物送到每一个经销处。

他在首任主编的这一期刊物最后，写了一篇《最后一页》，表明了自己的一些想法：

> 我们这一卷把英文一部分取消，在读者恐怕认为很奇怪的事。其实，在我们的心中，早已存着有许久的时候了。中国的学校刊物，从前每每是中西合璧……英文是一种读书工具，不是著作的工具……假如我们要表示我们校里师生对于学术文艺思想研究的程度和兴趣，那么取消英文一部分是毋庸置疑的了。

……

出版品的美观却是一个重大的问题。我们这一期中，包含了许多有深意有趣味的图画。……

我们现在还在征求海内外的代理处，校外的读者如肯担任，请投函弊社接洽。①

文中处处可以见得赵家璧善于思考、勤于思考的特点。他本人还在这一期上用赵筱延的笔名发表了一篇名为《青年的自杀问题》的文章。这篇文章落款说明写于深夜，足见当时赵家璧用心之深。就这样，一本校刊逐渐具备了一定的社会影响。"解放后，上海文艺出版社编的《全国现代文学期刊目录》，《晨曦》被荣列其中。"②足见，这本杂志是非常优秀的。

赵家璧的这三把火，对于校刊而言无异于三个创举。这三把火充分映照出了他在编辑工作方面的天赋，尤其是具备积极的创造性。这种才能在日后一再显现，伴随他一路走向编辑事业的顶峰。

光华大学甫一成立就汇聚了许多全国非常有影响力的知识分子，大家用自己的行为表示对爱国运动的支持。当时的校长是张寿镛，文学院长是张东荪，中国文学系系主任是钱基博，政治学系系主任是罗隆基，教育系系主任是廖世承，社会学系系主任是潘光旦。除了从圣约翰辞职过来的19位老师外，胡适、徐志摩、吴梅、卢前、蒋维乔、黄任之、江问渔、吕思勉、王造时、彭文应、周有光、钱钟书、杨宽等知识分子都曾在光华大学任教。这也使得光华大学成为当时中国的

---

① 赵家璧：《最后一页》，《晨曦》第2卷第1期，第151—152页。
② 赵家璧：《书比人长寿》，中华书局2008年版，第27页。

自由主义知识分子云集的一所私立大学。更难能可贵的是，虽然全都由中国老师任课，但这些教员大多有海外生活和工作的经历，因此大多用英语授课。因此，赵家璧虽然没有去国外留学的经历，这些教师仍为他打下了极好的英文功底，为他日后研究英美文学奠定了基础。

赵家璧当时虽然还在读中学，却因为编辑刊物有幸结识了诗人徐志摩。他与诗人及其夫人陆小曼的交往，从最初的结识到后来的熟悉，再至以后的互相信任，甚至最后可以生死相托。这种亦师亦友的交往一直持续到1965年陆小曼病逝。徐志摩也成为赵家璧编辑生涯中一位重要的作者。

赵家璧在《晨报》上，曾发表了几篇介绍荷马、王尔德、小仲马等作家及其作品的文章，也发表过关于拜伦、济慈和但丁作品的读书札记。他对这些欧洲思想家和作家的关注和对他们作品的理解引起了留欧归来，在光华大学教授英国文学的徐志摩的注意。感性的诗人很欣赏这位素未谋面的小作者，拜托一个学生请赵家璧到教员休息室一晤。

1927年初冬的一天，赵家璧忐忑不安地见到了仰慕已久的大教授。眼前这位年轻的名人笑容温和，语气温婉，说话娓娓动听，一下子就拉近了彼此的距离。年轻的赵家璧第一次与徐志摩见面，就激动得问了一堆问题。徐志摩也知无不言。末了，赵家璧表明自己对西洋文学的特别兴趣，但囿于条件，并不知道如何才能更深入地研究了解。

一直面带笑容的徐志摩很快换了一副严肃的面孔，他非常认真地对眼前这个有着很强求知欲的学生说道："文学不比数学，需要层次地进展。文学的园地等于一个蜘蛛网，如有爱好文学的素养，你一天拉到了一根丝，只要耐心地往上抽，你就会有一天把整个蛛网拉成一条线。我自己念书，从没有一定的步骤，找到一本好书，这本书就会告诉你别的许多好书。"[1]那天，徐志摩将刘易斯的《歌德传》介绍给赵家璧，让赵家璧从中去发现歌德的伟大和读书的秘诀。

这一天，赵家璧的兴奋难以言表。一年以后，他升入光华大学，选择了英国文学专业，很大程度上是受到徐志摩的鼓励。徐志摩还曾多次鼓励这位对西洋文学有着浓厚兴趣的学生大学毕业后赴欧留学，去牛津或者剑桥，他愿意代为引荐。赵家璧曾亲眼见过恩师回忆起英伦岁月时的陶醉模样，也对那个遥远的国度心生向往。特别是当那首传世名作《再别康桥》诞生以后，英国剑桥简直成了学子们心中的圣地。无奈，赵家璧早年丧父，一切都靠祖父供给。祖父也并非大富豪，更何况两个儿子早逝，家中就缺少了两个重要的支柱，老的老小的小。又加上兵荒马乱，全家只能靠着祖产过活，勉强维持一个家族的体面。能够勉力供孙儿读书，对赵启昂来说已属不易。故而，赵家璧虽然很想出国留学，也明白家里的情况。祖父纵使有心，已然无力，出国读书生活的庞大开支不是松江一个小地主家庭能够负担得起的。

早年的生活对赵家璧一生都有很大的影响。在脾气秉性上，他自小受到母亲和祖辈的宠爱，家庭环境相对优越，生长环境也比较宽松，没有遇到过什么大的挫折，所以遇事不偏激，性格温和；由于幼年没有父亲的疼爱，少年时期缺少父亲的支持，他很早就意识到自立、自强的重要性，养成了坚韧的品格；赵家璧出身平凡，家庭既没

---

[1] 赵家璧：《编辑忆旧》，中华书局2008年版，第208页。

有显赫的背景也没有雄厚的财力，养成他勤奋上进、独立自主的性格。在知识积累上，师长教导下进行的广泛阅读，激发了他对图书的热爱；光华中学不断邀请名师任教，提高了赵家璧的知识水平和文艺境界，为今后从事文艺图书编辑打下扎实的学问基础；光华良好的学术氛围和宽松的学习环境给了他自由发展才能的空间，使他有机会自己动手主编刊物，为他今后一生从事编辑工作积累了经验，打下了基础。在道德气节上，十几岁的少年能够毅然放弃梦寐以求的学校，用不容置疑的方式表明爱国的决心，早早就锻铸出正直的爱国热情。赵家璧一生虽然无党无派，刻意远离政治，但从未背弃过自己的祖国。日军侵华的时候，他坚决不与日本人合作，领导着良友，冒着生命危险到桂林到重庆，辗转大半个中国，出版了许多抗日作品就是很好的证明。民族大义在他心中重逾千斤！这种爱国精神，让他在日后的出版活动始终能够保持正确的方向，出版优秀的作品。他出版的许多作品都成为语文教科书的课文，感染教育着一代又一代莘莘学子。

第二章

结缘良友，主编《中国学生》

第一节　初识伍联德

1928 年，赵家璧即将从上海光华大学附中毕业。按照教会学校的惯例，大学毕业班要印刷装帧极为精美的《光华年刊》。这是一种包含了大学毕业班和中学毕业班学生个人相片和各种团体照片的纪念册。新中国成立前，上海各个大学都有类似年刊出版。此时的赵家璧已经有两年业余编辑出版工作经验，对印制业务比较熟悉，又即将进入大学学习。因此，大家推荐他任年刊的印刷股主任，负责年刊的印制工作。

赵家璧欣然领命。之前编《晨曦》的时候，

他经过学校一个搞事务老师的推荐，一直与浙江路上华丰铸字印刷厂合作，但是年刊对印刷的要求比较高，必须要找一家更先进的印刷厂。他首先想到的是商务印书馆。那一时代的知识分子，全都读过商务印书馆的书。商务印书馆本身靠印务起家，于印刷上造诣精深，质量上乘。商务印书馆的书无论在内容还是形式上都备受当时读书人的推崇。而当赵家璧兴冲冲地向商务询价的时候，却被高额的印刷费用吓退了。他又去了中华等几家大的印刷厂，遭遇了同样的尴尬。正在一筹莫展之时，同班同学、上海南京路新雅酒楼的少东家蔡显敏建议他去新成立不久的良友图书印刷公司试试。

当时很多出版机构都有自己的印刷厂，还有一些与商务一样，以承印业务起家，逐步涉足出版。这样既可以降低成本，不受制于人，也可以作为公司一项稳定的收入来源。良友图书印刷公司就是这样。

赵家璧此时对于良友公司没有太深刻的认识。当时的上海，大大小小的出版印刷机构数不胜数，其中最有名的就是商务印书馆、中华书局、世界书局、大东书局等几家。不过他知道《良友》画报，也曾在图书馆翻阅过。画报的印刷非常精美，成本肯定也很高。《良友》画报第一期用道林纸铜版印刷，封面女郎是著名影星胡蝶女士。初上市的时候，因为没有销售渠道，仅靠印刷所的几个学徒在电影院门口叫卖就打开了销路，引起各地书店注意，共销了7000册。此后经过扩充和改版，在上海颇负盛名，在海外也有不错的销路。"在一两年间，凡有华侨旅居之处，无不有《良友》画报。以致后来能在画报上印上一张世界地图，密密麻麻地印上良友的销地，并在地图上写着，

'良友遍天下'"。[1]精美的印刷往往伴随着高昂的费用，他并不确定是否可以负担得起。

热心的蔡显敏虽然也同样一无所知，只是向赵家璧推荐了广东同乡、当时在良友公司专管承印业务的谢志理。广东人有抱团结帮的传统，非常看重同乡之谊。有了这层关系在里面，赵家璧决定至少去试一试。

命运有时就是这样奇妙，同学一句推荐竟然成就了一个编辑大家。试想，如果当时没有蔡显敏的介绍和鼓励，赵家璧可能不会走进良友，兴许日后也不会走上编辑的工作岗位，中国的近代编辑史上也许就少了一位有为的编辑家。

没费多大周折，赵家璧就找到了北四川路851号那个双开间的沿街门面。谢志理很快开给了赵家璧一个合理的价钱，生意正式谈成了。两下签好协议就开始合作。于是，赵家璧与良友公司开始了频繁的接触。

为了不耽误年刊出版，赵家璧每隔两三天就将定稿的文字图片送到良友，顺便看前次发排的校样。也是因为有了在《晨曦》办刊的经验，他对于排版制版印刷之类比较熟悉，所以经常能够提出不少意见。他不像许多其他客户看完校样就走人，他还多次看拼版，到印刷厂看全张大样，简直事必躬亲，遇有不懂的地方会虚心请教，因而交到了不少朋友。这一次的印制工作非常成功，两年后，即1930年的《光华年刊》还给了赵家璧"名誉印刷主任"的称号。可见，此后几年《光华年刊》的印制都有赵家璧的一份功劳。由于赵家璧为人谦和

---

[1] 马国亮：《良友忆旧》，生活·读书·新知三联书店2002年版，第3页。

恭谨，做事认真勤奋，所以良友上上下下都很喜欢这个青年人。其中与他接触最频繁的就是谢志理。"从此，我和这位广东青年交上了朋友；而且因工作关系，和营业部、编辑部、排字房、印刷厂的所有人员，都能称名道姓，寒暄几句；最后，和该公司创办人兼总经理伍联德先生也一见如故。"①一次小小的承印业务往来，就让赵家璧走进了良友。

良友的创办人和当时的总经理是伍联德。没有他，就没有良友。伍联德是广东人，自幼家境贫寒，靠父亲出国做工维持一家用度并供他读书。他从小就与伯父住在一起，从岭南大学的附小一直读到预科。当时岭南大学没有设立本科，所以远在美国纽约的父亲希望英文优异的儿子能出国深造。这也是当时他身边大多数同学选择的道路。而远在大洋彼岸的父亲不知道，此时儿子已经被一项事业深深吸引了，这就是印刷出版。

伍联德在岭南大学读预科期间，曾与同学陈炳洪合作翻译了《新绘学》一书。两人将翻译好的书稿投给商务印书馆，没料到很快就被采用了。商务印书馆1923年出版了此书，分为上下册，共计223页，图文并茂，另加彩图16页，由汪精卫亲自题写书名。时任岭南大学国画系主任的梁鋆在序言中写道："现尚年少，常以发展西洋画学为己任。是诚不可多得之青年也。"可见，伍联德很早就对图画表示出了明显的兴趣。他与陈炳洪拿到钱后决定去上海走一圈，还特意到商务印书馆的印刷厂参观。他想起在学校图书馆看到的那些印制精美的彩色印刷品，更加坚定了从事印刷出版行业的决心。

---

① 赵家璧：《书比人长寿》，中华书局2008年版，第29页。

岭南大学的钟荣光校长得知伍联德的心愿，决定帮这个年轻人一把。钟校长给商务印书馆的总监理张元济写了一封亲笔信，并说明伍联德是商务的译作者，希望能录取这位年轻人。张元济在用人上向来不拘一格，当即决定破格录用伍联德。而现实却并不如想象中的美好。

伍联德在商务印书馆的图画股工作了三年，并不是很愉快。因为作为一个没有太多资历的年轻人，很难在已经成熟的企业中崭露头角。1925 年，伍联德与另一位商务同人决定离开，并创办了《少年良友》。很遗憾，这个像小报一样的读物很快就不得不停刊了。其中一个非常重要的原因就是印刷成本太高，收不抵支。于是，伍联德决定要做出版先做印刷，这样才能降低成本，在市场上有更大的竞争力。这也是当时上海出版界的共识。他非常幸运地结识了几位愿意投资的"贵人"，扫平了资金障碍，开办了良友图书印刷公司。随着印刷业绩步步攀升，伍联德的出版梦再一次被点燃。1926 年，第 1 期《良友》画报就在伍联德的精心策划下走向市场了。伍联德亲自担任《良友》画报主编直到第 4 期周瘦鹃接手。接下来的两年，伍联德两次出游海外，为《良友》画报打开国际华人市场铺平了道路。

良友公司办了好几种刊物，除了《良友》画报，其他的如《电影画报》、《妇人画报》、《体育世界》等都默默无闻。刊物出出停停，不断地改头换面，就是没有做出影响力，盈利情况也非常不好。从商务辞职的伍联德，内心里对大出版格局非常憧憬。而此时的良友公司，显然无法企及这个目标。

赵家璧频繁出入良友公司，在谢志理的介绍下结识了伍联德。伍联德平易近人，对这个聪慧的年轻人很有好感。"他是大公司的总经理，却一点架子都没有；他下来看到我和谢志理谈业务，或当我在校看清样时，常常拉我上三楼经理室去坐坐闲聊聊。"① 两人从读书到生活，从爱好到理想，无所不谈。这两个只相差八岁的青年，彼此很快熟识起来。伍联德不止一次对赵家璧说："在文化落后之我国，藉图画作普及教育之工作，最为适宜。"② 赵家璧当时并不能透彻地理解这句话，但他开始留心观察了。

赵家璧利用来回良友的便利，经常借阅门市部的各类画报。这些画报极大地拓展了他的视野，"似乎打开了一个崭新的天地，确实栩栩如生，老幼咸宜。这类图片的读物既打破了受不同程度教育者和文盲的局限，也可冲破国家上种族的间隔与文字不同所造成的束缚。"③ 同时，正在大学一年级英国文学系读书的赵家璧一直都比较关注外文图书，因此经常去四川路、南京路转角的几家书店逛，见到过一种名叫《大学幽默》的杂志。正是"大学"二字打开了同样是学生的赵家璧的思路。

年刊结清账目后，赵家璧到三楼伍联德的办公室与之告别，并将心中的想法和盘托出："良友既对不同读者阶层分别出了多种专业画报，为什么不能出一种专以大专学生为主要对象的学生画报呢？"④

伍联德听了这个建议很高兴："这个想法很好。你回校后，把出版意图、编辑方针、栏目摄像、读者对象、估计销路等等写一个书面计划来。"⑤ 对于正在上升期的良友公司来说，正需要一些好的想法。

---

① 赵家璧：《书比人长寿》，中华书局 2008 年版，第 31 页。
② 伍联德：《良友一百期之回顾与前瞻》，《良友》画报第 100 期。
③ 赵家璧：《书比人长寿》，中华书局 2008 年版，第 32 页。
④ 赵家璧：《书比人长寿》，中华书局 2008 年版，第 32 页。
⑤ 赵家璧：《书比人长寿》，中华书局 2008 年版，第 32 页。

赵家璧得着鼓励，进一步说道："刊名就用'中国学生'四个字，简洁明了，在篇幅上图文各半，既可以与其他出版机构的学生刊物不同，又可以展示良友的特色。"[1]赵家璧可能不知道，上海中华民国学生联合会总会会刊也叫《中国学生》，1924年5月创刊，32开本，以刊载帝国主义在华罪行、各地学生会活动情况、总会各项重要通告为主，1926年11月6日停刊，累计出版了41期。赵家璧的构想在内容和形式上显然与之前的刊物有很大差别。

伍联德笑着说："看来你早已成竹在胸了。那就早些写了交过来。"[2]

赵家璧回到学校，一头扎进图书馆，花了好几天时间，反复对照比较，写出了一份类似今日选题策划书的设想，把自己的想法淋漓尽致地展现其中。赵家璧当时并未多想，仅仅站在一名学生读者的角度提出了一些建议，这样或许可以帮助良友走出一条新的路子。仅此而已，连投石问路都算不上。不过，赵家璧还是非常认真细致地将计划看了好几遍才邮寄出去。

第二节 主编《中国学生》

1928年深秋，机会光顾了这个有准备的青年。

具体的日期目前已不得而知。伍联德自己开着汽车到光华大学的学生宿舍找到了赵家璧。赵家璧面对这位突然造访的客人显得有些不安，以为是《光华年刊》的账目出现了问题。后又转念一想，即便出

---

① 赵家璧：《书比人长寿》，中华书局2008年版，第32页。

② 赵家璧：《书比人长寿》，中华书局2008年版，第32页。

现问题也不需要经理亲自过来。

令赵家璧万万没想到的是，"他研究了我邮寄去的出版计划后，决定采纳，并且约我即日去上任，担任《中国学生》的主编。"① 涉世未深的赵家璧面对这样千载难逢的机会本能地选择了拒绝。当时的他对自己缺乏信心。"我当时二十岁刚出头，虽然编过中学校刊，经手印过大学年刊，对独立去社会当一本公开发行的画报主编，怎么也不敢想象，便婉辞谢绝。"② 这样的想法确实合情合理。

伍联德并未就此放弃，而是向赵家璧讲述了自己刚开印刷厂七个月就办《良友》画报的经历，最后说道："要成就事业，不带些冒险精神是不可能的。"③

赵家璧动心了。

赵家璧本能地感觉到，对于还不到 20 岁的他来说，这是一件大事，所以他需要思虑周全。美好的大学生活刚刚开始，他非常希望在这几年里面学习更多的知识，如果做兼职编辑，肯定会分散许多精力。这是他最担心的。不过，做了兼职编辑也有许多好处。他可以有更多机会与良友公司的人接触学习，他们是那么的宽和。还有，他可以用兼职赚来的钱养活自己，不用每次开学都向松江的祖父要钱。虽然每次祖父都如数把钱给他了，但毕竟自己的生父早逝，与母亲相依为命，孤儿寡母总是觉得孤立无援。如果自己能早些自立，也可以让母亲和祖父欣慰一些。更重要的是，他分明感觉到自己内心里对这次机会是跃跃欲试的。最后，他决定遵从自己的内心。

---

① 赵家璧：《书比人长寿》，中华书局 2008 年版，第 32 页。
② 赵家璧：《书比人长寿》，中华书局 2008 年版，第 32 页。
③ 赵家璧：《书比人长寿》，中华书局 2008 年版，第 33 页。

不过，他觉得自己实在资历太浅，难以独当一面，真正做起来肯定怕有一些不通之处没有人提点。于是，他恳请伍联德"另聘一位年长而有经验的任主编"，①自己从旁协助。

伍联德对于这个青年最终会应允似乎是胸有成竹的，自己当年不就是凭着敢冲敢打的精神才走到今天的吗？而且，他喜欢青年人，特别是有志气有想法的青年人，也愿意提携他们。他随即告诉赵家璧，《良友》画报的主编梁得所先生进入良友的时候只有 21 岁，一年后就升为主编了。他很相信年轻人的能力。但赵家璧的担心也并非全无道理，初出茅庐、没有任何社会经验的他陡然拿下一本杂志不免太勉强。于是，伍联德找到了岭南时期的同学明耀五做主编。然而，从第一期开始，《中国学生》出版时，"伍联德还是把我的名字，与明耀五二人并立在'编辑'之下。足见他从一开始，就寄厚望于我这个大学生了。"②

赵家璧就这样开始了半工半读的生活，也开启了他的良友生涯。

主编明耀五学理工科毕业，对翻译很有研究，不过事务繁忙，并没有太多的时间跟赵家璧互相商议沟通。刊物初创，一应杂事都需要人面对，赵家璧作为一个助理编辑也不好干预主编的决定。因此，在 1929 年 1 月出版的《中国学生》创刊号里，有许多长篇的翻译文章，还有一些当时先进的科技知识，与赵家璧在出版计划中憧憬的富有时代气息、轻松活泼，反映大学生的思想和生活的目标相去甚远。第一期出版后只销了 1000 多册，虽然借由良友的各类渠道早早做了宣传，但并没有取得什么成绩。也难怪，一本名不副实的刊物，是很难得到

---

① 赵家璧：《书比人长寿》，中华书局 2008 年版，第 33 页。

② 赵家璧：《书比人长寿》，中华书局 2008 年版，第 33 页。

读者垂青的。

恰在此时，明耀五因为准备去湖北省教育厅任职，要离开上海去武汉，自然也就辞去了主编的职务。这样，这艘刚刚扬起风帆的航船就面临着换帅的局面。伍联德找到正在为第 2 期刊物忙碌的赵家璧，鼓励他："你已经当了一个月的编辑，其中也没有多少神秘；你只要一方面多看、多问、多学习，一方面下决心钻进去，大胆地创出自己的路来，就可以克服种种困难，打开一个局面！"①

一旁的《良友》画报主编梁得所也不断鼓励赵家璧接受这个挑战，并允诺随时提供必要的帮助。赵家璧终于不再推辞。

从此，刚过 20 岁的赵家璧就开始了一个人的主编生涯，也终于有了真正的可以随自己心愿放手大干一场的舞台。赵家璧在第 2 期的《编者与读者》中写道：

关于第一期出版以后，所得到的读者的批评；对于这种新刊物的发行，大家都认为在中国是极需要的。只是第一期的内容，连编者自己也认为是不大丰富，所以有许多读者鼓励我们，叫我们改良一些。因此这一期比上一期是不同得多了。……

从第二期起，文字方面，将超重于轻快而有兴味。图书想增加到每期占四五页。照相方面，量是将大大的增加，质也是要万分的要顾虑到。……关于封面，上一期是不太成样了。这一期起，依旧用人像做。人像选择的标准，就给名人院一个样儿。②

---

① 赵家璧：《书比人长寿》，中华书局 2008 年版，第 32 页。
② 赵家璧：《编者与读者》，《中国学生》第 1 卷第 2 期，第 34 页。

他很快放弃了前任主编的编辑思路，而将目光紧紧锁住"中国"和"学生"两个词语上，一切围绕两者来。因此，从第 2 期开始，《中国学生》就发生了很多变化。比如专门腾出两个版面，做一个专栏。专栏主要介绍当时中国一些有名望的大学、大学生、学生会会长、著名运动员、音乐家等与学生的生活相关又博得学生兴趣的内容。同时，他也用客观的标准，披露了当时社会上一些大学生的不良行为。正是因为这些改变，获得了读者极大的欢迎，第 2 期开始销量就攀升到 5000 多。这更增加了赵家璧用心办刊的决心。很快就有读者来信："你们这次的初试，人家无论说你们失败或成功，且可以不必管，但你们的努力，有眼人总可见到的，第 1 期同第 2 期间的进步的距离，更可使人家相信。"① 这些信件对年轻的赵家璧来说，是极大的鼓舞和支持。

到后来，《中国学生》整体内容编制上分成了固定的三大块：第一部分是学生讲座，用轻快的笔法记载并批评一些最近发生的关于学术界教育界的事件，关注时事。第二部分是本文，完全是中国学生的本来色彩，强调原创。第三部是专门偏重于学术研究的名著介绍栏，追随学术。如有投稿，要求作者字数控制在 3000 以内，并且能够尽量附上照片或者图片以便随文刊出。

第一年里，赵家璧不仅是画报的主编，还经常在上面发表自己的作品。《天堂的梦游》、《求学与求侣》、《沉默》、《湖上》、《五月》、《永别》、《最后一步》、《故园》、《理想天堂》散见 1929 年《中国学生》各期。几乎每一期《中国学生》赵家璧都要亲自撰写《编者的话》，一直到

---

① 顾静之：《编者与读者》，《中国学生》第 1 卷第 3 期，第 35 页。

1931 年第 3 卷第 8 期，总第 30 期，也是最后一期《中国学生》刊行的时候，他还撰写了《最后谈话》。

赵家璧因为学业的关系，并不是每天都在良友公司，而是每周去二个下午，一丝不苟地履行一个主编的职责。《中国学生》一如赵家璧当初设想的那样，以介绍国内外教育状况、培养学生品德、丰富学生课余生活为宗旨，发表教育研究、学生运动、青年心理、青年修养等方面的论述，以及有成就的名校校友、学生小传，介绍国内外著名大学和学生生活，并配有大量反映学校活动、学生生活的图画、照片等。在他的精心策划下，《中国学生》以画报的形式，兼及知识性和趣味性，显示了良友公司的风格和品质。对于还在读书的赵家璧来说，能做到这样已经难能可贵了。

第三节　遭遇第一场官司

正在赵家璧信心十足地往前闯的时候，因为一篇报道，他惹上了平生第一件官司。

1930 年初，赵家璧看到有篇新闻报道称一位被称为"皇后"的漂亮女大学生下海当舞女了。本来这种事情在上海屡见不鲜。上海是一个纸醉金迷的地方，许多人在此迷失了自己的本性。但赵家璧觉得这反映了当时的一种社会现象，尤其是与大学生相关，所以就特意请王沅兴写了一篇名为《女大学生投身舞场事件之剖视》的文章，刊登在《中国学生》第 2 卷第 2 期上。文章刚一刊登，赵家璧就接到了法院的传票：这个名叫张爱拉的女士已经请好律师，向法院申请告赵家璧诽谤罪。几乎一夜之间，上海无孔不入的大小报纸，如《申报》、《时报》、《上海日报》、《民国日报》等都将这个消息作为头条刊发，就连上海的日文报纸也做了专题。祖父赵启昂也从《申报》上看到了这则消息，赵家璧休息日回松江的时候遭遇了他的诘问。

此时的赵家璧明白了老师徐志摩为什么屡次劝告他不要过早地参加社会工作，而静下心来多读书。果真是一入江湖身不由己啊。

这篇文章本来并没有什么诽谤和破坏名誉的嫌疑，因为所说句句属实，而且已尽为人知。旧时上海，这种所谓的诽谤官司稀松平常，只要没有刻意扭曲事实，当事人不过是想讹点钱财或者借机炒作出名，只要处理得当就无大碍。刚入职场的赵家璧缺少这方面的经验，整个人都蒙了，他没有想过社会上有如此多的明枪暗箭，他还是想回到他熟悉的校园，专心读书做学问。这时，伍联德给了他极大的支持和帮助。"他一方面安慰我不必把这类事放在心上，要我壮大胆量，继续工作，一切法律和经济责任都有公司负担；另一方面，他又花了一笔钱，请当时上海最著名的律师陈霆锐担任了我的辩护人。"① 如果说之前他把伍联德当作前辈、领导、知己，经此一难，他对伍联德更多了一份如对兄长般的敬重与感激。

伍联德为了平息这场事端开始多方积极奔走。要赢这场官司，首先必须请一位德高望重又学识渊博的律师。他想到了陈霆锐。

陈霆锐自幼酷爱文学和翻译，他组织翻译了中国最早的《福尔摩斯侦探全集》，后在美国密歇根大学获得法学博士学位。回国后，陈霆锐先后在各个高校执教，还应《申报》、《新闻报》的邀请撰写一些

---

①　赵家璧：《书比人长寿》，中华书局 2008 年版，第 35 页。

政法专论文章，并发表了不少论著。同时，他还有律师执照。并因其学养和人品闻名沪上。在当初促使圣约翰大学师生集体离校的五卅惨案中，陈霆锐就因替纱厂工人维权而名噪一时。当时沪上的企业流行聘请律师当法律顾问，以便有法律纠纷时易于处理，《申报》上就经常可见某某企业已聘陈大律师的公告。

伍联德花费了许多功夫，当然还有许多大洋，终于如愿请来了这位大律师。同时，伍联德还辗转托人，请来专门写法律新闻的报社记者与赵家璧面谈，了解事实情况和良友的要求。仅此一项，就花费五十块大洋。记者来后第二天，赵家璧的案子就开庭审理了。庭审当日，伍联德、余汉生等人抛下繁重的工作，亲自到庭为赵家璧鼓劲。这场官司最后以庭外和解告终。

沪上的报纸热闹了几天，顷刻又被更多的各式新闻占据，人们很快就遗忘了这场官司。但赵家璧的心情却久久不能平静。他原以为做编辑工作，特别是编辑一份供学生看的刊物，只要思想内容健康，受读者欢迎就可以了。现在他才明白，一旦踏入社会，就不可能独善其身。这次的事件，让从来都一帆风顺的赵家璧感慨万千。想到伍联德和余汉生两位经理为他奔走，花费了那么多的时间和金钱，他就觉得十分过意不去，那可是人均年薪才五块大洋的时代啊。一直想找个机会表达谢意，却迟迟未能如愿。

就在这个当口，伍联德找他谈话了。还是那熟悉的办公室，熟悉的声音，他却心生愧意，嚅嚅半晌都不知道如何开口。伍联德对他说："你要闯世界，成事业，还要做好在政治上顶大风、冒恶浪的思想准备。你既在良友工作，只要不弄到不可收拾而关门大吉，任何困难，我们都会出来保护你，为你承担责任，解决困难；但你自己心中在组稿写文章时，也要想到我们这个由私人集资，其中不少侨胞投资的出版机构，是一家爱国的没有任何政治背景的民办企业，也要尽力保护它。"[1]

这番发自肺腑的话让赵家璧获益匪浅。他由此明白了，前路漫漫，只有勇敢而又坚定的人才能取得大的成绩。"过去几十年里，特别是二十年代上海白色恐怖时期，（我）对新中国的进步图书出版事业能有细微贡献，值此时机，挥手前程，饮水思源，首先应当归功于伍联德先生。"[2]感激之情溢于言表。在赵家璧心里，伍联德一直拥有"恩主"的地位。

同时，他也理解了伍联德作为一个经营者的诸多苦楚。对于这种超脱党派政治的出版方针，赵家璧与伍联德是心有灵犀的。也许正是因为初入良友公司时受到的这些忠告，树立了赵家璧这一生无党无派，不论作者来头门派，只看作品好坏的选编思想，也坚定了他办好《中国学生》的决心。

这一年的《中国学生》第7、8期合刊上，赵家璧专门刊登了《张爱拉之舞女案的剖视》一文，具体说明了这一事件的始末，并且再一次向读者传播了《中国学生》的办刊态度：

> 《中国学生》是一种正当的有价值的杂志，在一般有见识的
> 人，都作如是批评。我们不攻击私人，我们不辱人名誉，我们的
> 态度是：揭开目前与过去的学生界的黑暗点，公正的评论学生届
> 的生活现状，并指出一条学生们正当的大道，使中国男女学生没

---

[1]　赵家璧：《书比人长寿》，中华书局 2008 年版，第 29 页。
[2]　赵家璧：《书比人长寿》，中华书局 2008 年版，第 29 页。

有一个堕落或颓废的，使中国男女学生，个个养成有健康的身体，渊博的学识，伟大的人格；来日为国栋梁，把中国的学生，造成学生的中国。这一些区区之衷，凡是知道《中国学生》的，没有人能说一个不字。①

《中国学生》一共 30 期，一直都遵循着这样的原则。

经历这件事情，徐志摩更是一再劝诫这位爱徒告别社会事务，全心回到学问中来。而此时的赵家璧已然走得很远了。他逐渐发现，作为一个青年，在民族面临威胁的时候，似乎还有一些他能够做的、比做学问更多的事情。虽然他没有听从恩师的这个建议，但依然孜孜不倦地向恩师学习着。凡是徐志摩开的课程，只要能选他都选了。案子结束后不久，又一个春暖花开的时候到了，赵家璧等十几位同学征得徐志摩的同意，大胆地同这位才子将课堂设在了校园里的一座古墓前。早春温暖的阳光照耀着大地，一位面庞白皙、戴着眼镜的年轻教授，与他的学生们在满目复苏的绿叶下，忘我地朗诵着绝美的诗篇，忘却了实现，遁入了自然。若干年后，赵家璧对这美好的场景记忆犹新，那是乱世中的桃花源啊！

他的耳边经常回荡恩师的话语："你们假若能去泰戈尔创办的那所国际大学，住上一星期，你们才会感到宇宙万物的可爱。我们要回到自然界去，这世界实在太脏了，什么地方都是丑的。"② 外人只道一个激情澎湃、浪漫多情、随性无羁的徐志摩，赵家璧却能感受到恩师心中的苦闷和对现实的不满。当时徐志摩已经与陆小曼结婚，可徐父

---

① 记者：《张爱拉之舞女案的剖视》，《中国学生》第 2 卷第 7、8 期，第 38 页。
② 赵家璧：《编辑忆旧》，中华书局 2008 年版，第 210 页。

一直以来都拒绝接受这个新儿媳。陆小曼因为生病、抽大烟、不懂得照顾人等问题让徐父愈加厌恶，老人甚至断了对他们夫妻二人的接济。为了维持陆小曼的各项奢侈消费，徐志摩不得不同时在光华大学、东吴大学、大夏大学三所学校讲课，课余则赶写诗文，以赚取稿费，还要主编《新月》月刊，十分辛苦。能与学生在春日里任思绪徜徉，于徐志摩而言，又何尝不是理想主义的乌托邦呢？

除了在各类课堂上见到老师，赵家璧还经常去福熙路徐志摩的家中拜访。两人常常可以像朋友一样一聊大半天。赵家璧在那里认识了不少文人，这些人后来都成了他的作者资源。

第四节　《中国学生》停刊

《中国学生》一共只办了30期，在旧上海杂志如林的大环境中，只能算一朵小小的浪花。这是赵家璧在良友公司的第一次创业。他在晚年的回忆文字中，花了很大篇幅去记录创办的背景，但对刊物的具体内容和停刊原因却很少提及。这应该算是赵家璧社会化出版活动的起点，对他今后的编辑活动有很大的影响。所以，虽然可供参考的资料不多，我们也有必要对这个刊物的停刊情况做一次梳理。

赵家璧在《中国学生》第3卷第8期《最后谈话》中这样写道：

这是《中国学生》的最后一期了。

这部《中国学生》杂志，由我在三年前独自的创办，经过不少的困难，而今仍由我在这里向读者说最后的几句话。人是感情的动物，一切在分离的当儿，凭你有多少的理知，从不免有些依依不舍之情，而这一刻的我，一手翻阅着三十本厚厚的书，一边在幻境里，像看见站在我面前的万千读者和投稿者，对于这一个杂志数年来所抱的无限的希望和爱护，我怎能硬着心肠去告诉读者一个不佳的消息呢。这一期挨到今天才出版，最大的原因，也在我无能的去避免这最后一刻的难耐。

……

停刊的原因，是因为经过我们编辑部同人与本公司当局的商议，觉得目前的中国，已不需要像《中国学生》般的刊物。我们张眼看世界，再回头望望我们这老病的祖国，一切已是危如累卵，顷刻就有全盘颠覆的危险，在这样一个紧急的时代里，学生们应当负起重大的使命。……然而中国学生目前最大的毛病，是没有充分的学识，同时，社会上也缺乏一种用纯洁态度供给学生们以廉价的合时的学识的书，经过我们几次的讨论，为了适合这种时代需求的起见，我们把《中国学生》忍痛停办，而由我另编一种《一角丛书》。

……

朋友，我们在这杂志上已有了三年的交情，而今是为了一种不可挽回的决心和更伟大的使命，不得不在这里分手了，要是读者们想找寻你们三年来的朋友，那么，我们就在《一角丛书》里相见吧！①

---

① 赵家璧：《最后谈话》，《中国学生》第 3 卷第 8 期，第 3 页。

　　这段话作为发表在杂志上的文章，不可避免带有修饰、美化的痕迹。从字面上看，《中国学生》的停刊是因为良友公司认为，"一角丛书"更适合学生的需要。这个原因显然非常牵强。以出版画报见长的良友公司怎么可能弃图文并茂的《中国学生》，转而让"一角丛书"取而代之呢？透过字面，我们可以得到以下四个确定的信息：第一，《中国学生》的停刊是良友公司的决定；第二，赵家璧本人是非常不舍的；第三，《中国学生》在内容上不太适应市场；第四，"一角丛书"将取代《中国学生》。除了赵家璧以外，马国亮、伍联德等人的回忆文章中，对《中国学生》后来的情况也讲得很少。综合各方面信息，《中国学生》总体市场表现并不好这个解释于各方而言都比较合情理。

　　从《中国学生》本身看，其模仿《良友》画报的痕迹过重，没有能够树立起自己的风格，到后来并没有取得多少成绩，与伍联德当初希望的，能够创办一本在文化、教育等领域都可以立足的期刊，相去甚远。看来，与《良友》画报风格相似就是一把双刃剑，在开办之初可以很快得到市场认同，但时间一长，沪上面对青年的刊物又多，读者很容易就审美疲劳了。由此，赵家璧发现在良友公司创办画报，很难在风格上独树一帜。因为《良友》画报本身的名气太大了。正是在从满怀激情地寄予厚望，到面对现实的理性思索之后，赵家璧积累了更多的出版知识，对图书的装帧、印刷，甚至纸张价格、装帧工本等等有了进一步的了解、研究，也开阔了出版视野。他转而将目光投向了另一个出版领域，即"一角丛书"，由此逐渐走上了文艺出版的道路。

　　于赵家璧而言，年轻的他，其实在整个《中国学生》的出版过程中，并没有得到太多的指导和帮助，自己的经验又很缺乏，眼界也有限。比如在介绍大学时候，多以南方大学为主。这一点在《中国学生》刊登的《编者与读者》中就有提及。而南方大学的各类介绍中，又花费很多篇幅介绍与母校光华大学有关的事和人。这样自然限制了市场的扩展。另外，《中国学生》本身带有一定的时事性，但赵家璧并没有自己稳定的记者队伍或者比较完善的来稿机制，虽然在很多高校都聘用了联络员，但许多内容都是转载他人已有作品，新颖性和时效性上明显不足。还有，身为学生的赵家璧没有充足而得力的作者队伍，很多时候都求助于光华师生，甚至自己也写了不少。虽然《中国学生》上也曾经刊发过一些名人作品和许多摄影图片，但并没有形成定制，"随意的节录一些，转载一些"，并且很多时候作品在版权上也值得商榷。甚至可以这样认为，《中国学生》是赵家璧对《晨曦》的一种延伸和改良。当然，赵家璧本人还是希望坚持下去，扭转局面。他在第3卷的《编者的话》中还写道："我们已在准备着把第4卷的《中国学生》，从头至尾的变动一下。一切计划，犹在进行中。几个月之后，稍有端倪，即当预告读者。"[①] 可见，他没有停刊的打算。但《中国学生》永远没有第4卷了。

就良友公司来看，不断尝试各类画报是其一贯的经营方针。在《中国学生》之前公司就有画报因为经营状况不佳而退出市场的。《中国学生》投入不大，决定出版本身就带有一种投石问路的性质。三年下来，一个刊物的市场生命已经有了定论。《中国学生》对良友公司而言，连鸡肋都算不上，适可而止是最好的商业选择。而且主编赵家璧已经开始推出"一角丛书"了，原来花费全部心思都无法经营好的

---

① 赵家璧：《编者的话》，《中国学生》第3卷第2期，第48页。

刊物，更不可能在主持人有了新的产品后柳暗花明。

不过，仅以这个结果就抹杀赵家璧和《中国学生》的全部成绩，显然是以偏概全。对赵家璧来说，这段主编《中国学生》的时光给了他许多宝贵的启迪。这些智慧对他今后的出版生涯帮助很大。

首先，赵家璧非常重视读者，乐于与读者互动，采纳读者的意见。《中国学生》一直都有《编者与读者》栏目，多位于每一期刊物的最后。这是一片编读往来的园地。编者可以在这里说明这一期刊物的甄选情况，下一期的大概面貌，也可以谈谈各类感想；读者可以在这里提出自己的意见和看法。赵家璧根据读者来信对刊物做出了许多调整，比如篇幅结构、图文比例、内容版式等。比如有读者曾经就介绍的学校主要在江浙地区提出不满，赵家璧就下意识将中山大学、清华大学、南开大学、河南大学、武昌艺术专门学校、东北大学等加入杂志中。

其次，他能够看准时期，不断对杂志做些改良。比如把各学校最近发生的事件拼成两页短篇，增加当时流行的随笔，还能推出专号。最早的《学校图书馆号》专门介绍各地各校的图书馆，共介绍了 21 家。他还特别在这一期中交代："本志在计划中的专号大概有《皇后专号》、《美国留学生专号》、《欧洲留学生专号》、《日本留学生专号》等等，在最近期内，我们都预备次第的实现；读者们有什么关于此类性质的稿件，请早日赐下！"可见，这种连续性出版的思想在他的编辑意识中已经开始萌芽了。

再次，赵家璧在《中国学生》的组稿和经营过程中，更加深入了解了当时中国出版的状况，也结识了最初的一批作者，增加了与作者打交道的能力，比如与蔡元培的初次交道就借由结集《中国学生》的作品而产生。1931 年出版的《予且随笔》单行本，就是光华大学讲授《西洋史》的老师潘序祖所著，许多内容都在《中国学生》中连载过："予且先生从他的随笔在《中国学生》杂志上开始发表后，许多读者，都写信来要求出单行本，三年以来，一边在杂志上陆续刊登，一边在筹备如何去酬答读者的好意。此次得作者允许，除了汇合所有已刊者二百十七首外，又加了六十余首新创作的，合订成这样的一厚册。"[①] 同时，《中国学生》的许多入选文章，都介绍了一些科学知识，这为他日后编"一角丛书"积累了材料。

最后，面对许多高校、教育厅等文化机构寄来的书目，赵家璧也锻炼了自己选稿的能力，能够从大量来稿中选出读者感兴趣的稿件；并且能够在当时发生的事件中锻炼出敏锐的判断力，找出读者的关注点。第一场官司虽然让赵家璧烦恼不已，但当时的影响也足见赵家璧对事件关注度的判断。在主编"一角丛书"的时候，他再一次运用这种能力，邀请胡愈之写了《东北事变之国际观》，名声大噪，盘活了整套书。

在《最后谈话》的同一个版面，赵家璧为已经推出的六部"一角丛书"印上了宣传广告。他很快就将迎来事业的第一个高峰。

就在赵家璧的学业和事业都不断发展的同时，他的生活也更加甜蜜和充实了。1930 年初，赵家璧结婚了。他的妻子就是那位几年前跟在他后面喊"屁（璧）哥哥"的小妹妹——陆家的小女儿陆祖琬。两人从初中开始就同处一个屋檐下，青梅竹马。赵家璧勤奋上进，待人接物谦虚有礼；陆祖琬美丽大方，温婉活泼。这样一对少男少女逐

---

① 赵家璧：《予且随笔》序，上海良友图书公司 1931 年版。

渐暗生情愫确实顺理成章。他们一起经历了甜蜜美好的初恋，两人都认定对方就是自己此生的伴侣，决定结为夫妻。他们的决定得到了长辈认可。

赵家璧首先向松江的祖父母和母亲表露了自己的心意。赵启昂考虑到陆家为世交，又是同乡，对这门亲事非常满意。由于父亲不在了，由祖父和六叔亲自登门提亲。陆祖琬的父亲早就看出了这对小儿女的心思。赵家璧 15 岁借住陆家，20 岁就半工半读做出了名堂，未来的岳丈对这个年轻人十分欣赏。在双方家长和亲友的祝福声中，他们走进了婚姻的殿堂。

赵家璧的婚礼办了两次。

一次是在上海。上海的婚礼非常隆重，主要邀请的是双方的同学和朋友，也包括陆祖琬家的部分亲戚。婚礼排场很大，伴娘伴郎各两人，还有数名小傧相。《良友》画报专门为他们夫妇刊发了结婚照片，足见得良友公司对他的一片诚心。照片上的新人穿西服着拖地婚纱，对新生活满是憧憬。值得一提的是，参加婚礼的嘉宾，男方光华大学的同学和女方务本女中的同学中，竟因此玉成了两对夫妻，传为一段佳话。《今代妇女》杂志配发了赵家璧的结婚照片，并介绍：《中国学生》杂志编辑赵家璧先生与陆祖琬女士结婚丽影。

另一次在松江老家。松江比上海稍微保守一些，所以婚礼是传统的。美丽的新娘穿着红色的礼服，戴着凤冠霞帔，在阵阵锣鼓鞭炮声中正式成为赵家的一员。为了照顾新娘的生活习惯，松江老家的新房布置成了西式的。这也显示出赵家璧对新婚妻子的体贴关怀。

一开始赵家璧的母亲担心这位年方十八的上海钱粮师爷家最得宠的小千金照顾不好自己的儿子，事事插手。好强聪慧的儿媳巧妙地化解了这婆媳之间最普遍的矛盾。陆祖琬来到赵家后，不计较婆婆的固执和偏见，潜下心来将家务事的十八般武艺样样学精，成为人见人夸的能干主妇。赵家璧与她共同生活的 60 多年里，没有做过一次饭，洗过一次衣。

幸福甜蜜的婚姻生活伴随了赵家璧一生。赵家璧在事业上能够取得一个又一个伟大的成就，除了自身的努力之外，与贤妻的支持也是分不开的。更让赵家上下喜不自胜的是，陆祖琬嫁过来的当年年底就生下了长子赵修仁。当了父亲的赵家璧更加勤奋、成熟，工作起来也更加干劲十足了。

第三章

"一角丛书"编辑始末

1931年2月，徐志摩因为光华大学的学潮和生活中那些不得已的苦衷离开上海，应胡适之邀去北京大学任教。

由于陆小曼留在上海，徐志摩经常会回上海探望。一次，赵家璧在徐志摩家聊天的时候向老师约稿了。徐志摩虽然不同意学生过早参加社会工作，但还是愿意支持学生的，爽快地答应了赵家璧的要求。他把两年前在广州暨南大学发表演讲时的演讲稿交给赵家璧，取名《秋》。

赵家璧向徐志摩约稿不是为了《中国学生》，而是"一角丛书"。

第一节　精心策划"一角丛书"

　　赵家璧非常喜欢逛书店。由于选修的是英国文学，他时常会去南京路、四川路附近的别发洋行和中美图书公司等书店看书。一次偶然的机会，他看到了一套"蓝皮小丛书"。在书店的小方桌上，这套丛书犹如一群小小的跳跃的精灵迅速吸引了赵家璧的眼光。丛书装帧一律采用64开的骑马订，内容涵盖了社会科学和自然科学各个门类，作者都为各界的专家名人，售价一律5美分。此前，赵家璧在图书馆和书店里也经常看到名家全集、"万有文库"、"ABC丛书"、"哈佛大学古典文学丛书"、"万人丛书"等。对于这些表面整齐划一、内里包罗万象的丛书，他怀有一份份深深地崇敬。他也曾憧憬，如果自己有一天能够编辑一套这样的图书，摆放在书架上，信步走过，犹如将军检阅自己的队伍，那将是多么美好的场景啊！可是他知道，以他当时的资历和良友公司的资源，是无力承担这样的工程的。而"蓝皮小丛书"的出现重又燃起了他心中对编辑丛书的渴望。他从这套书中得到了一个启示：丛书不一定非要大部头的或者无所不包的，只要策划得当，我也可以编丛书。

　　赵家璧为自己的这个想法兴奋了一夜。他反复地琢磨此事的可行性和一些相关的小细节。

　　第二天，他首先向管出版印刷和成本会计的同事表明了自己的编辑意图：开本小，字数少，售价低。两人一起反复商讨，多次论证，最后终于定出了一个可行的方案：用半张白报纸，有64页，能容纳15000字左右，售价一角，销量3000即可保本。这就说明，只要运作得当，这类书在经济上是可行的！赵家璧进一步想到，对于没钱买书的人来说，这将是一个多大的好消息啊！他可以将更多好的作品出版出来，让读者用便宜的价格阅读到高品质的精神食粮。

赵家璧进一步将心中的蓝图变得清晰。他为丛书取名"一角丛书"，一语双关，一半是因为丛书售价一角，一半是因为他预备丛书的内容都是短小精悍的文艺作品或者只触及知识一角的经典。丛书定期出版，每周一期，内容独立。不过赵家璧手头并没有什么稿源，也没有太多作者资源，因此今后出版周期可能是浮动的。

他把这个计划详细向伍联德作了汇报。伍联德对此非常感兴趣，鼓励赵家璧放手去做。售价低廉就可以让更多的读者享受到精神食粮，只要编辑得当，又可以达到薄利多销的目的。这与伍联德提出的良友公司"以出版业保国育民，以印刷业富国强民"的使命不谋而合。不过，编辑综合性的丛书对以画报闻名的良友来说，是一个全新的尝试。

得令后的赵家璧立刻开始组稿。他手头的作者资源多局限于《中国学生》，而其中能够写原创文章的并不一定适合这套书。于是，赵家璧决定从多种角度寻找稿件。一方面，他从外国书刊着手，将国外一些作品翻译或者节译过来；另一方面，他积极地联系身边的作者，争取刊登一些原创的文艺作品。徐志摩因为名气大、作品好，理所当然成为赵家璧邀约的对象。但是由于《秋》的篇幅比较短，字数上不符合丛书的要求，暂时无法出版。徐志摩允诺以后再加一篇散文作为一本书。

赵家璧还别出心裁地为"一角丛书"做了出版标记。这种形式也是赵家璧在阅读西方成套图书的过程中借鉴过来的。他发现西方这类图书都有统一的出版标记，整齐划一，便于识别。于是，他也找人设计了一个。画面是一个戴着宽边草帽的农民，在田野里播撒种子。此后，他将这个出版标记屡次应用到成套文学书的出版中。这个标记成为良友公司文艺书的标记，也是赵家璧出版图书的标记。

1931年9月，《良友》画报上登出了"一角丛书"的整版广告，大有隆重推出的感觉。几乎与此同时，"一角丛书"的前五种上市。分别为：《今日四大思想家信仰的自述》（内收名头很大很响的胡适、韦尔斯、爱因斯坦和杜威发表在美国《论坛》杂志上的四篇《我的信仰》的译文）、《史太林传》（即《斯大林传》）、在徐志摩家认识的友人陈梦家的小说《不开花的春天》、介绍英国韦尔斯等著的《生命知识》九卷本巨著的《生命知识一瞥》和同学穆时英的小说《被当作消遣品的男子》。为了一炮打响，赵家璧安排第一种书用加倍的篇幅，售价不变，以期先声夺人。他还在书前写了一段短短的发刊词，说明自己编辑这套书的初衷。

第二节　向胡愈之约稿，盘活整套丛书

踌躇满志的赵家璧终于实现了自己编丛书的愿望，他满怀期待地盼望着市场的反映。然而，理想迅速被现实击得粉碎：九一八事变爆发了。

九一八事变激起了全国人民的抗日怒潮。各地人民纷纷要求抗日，反对张学良和南京国民政府的不抵抗主义。全国人民的目光都集中到了东北三省。国难当头，一时之间人们无心关注其他，当然也没

空理会"一角丛书"。

初一上马就遭遇滑铁卢的赵家璧没有被突如其来的变故打倒，他立刻开始客观地分析失败的原因和如何扭转局面。

古人云，天时地利人和对胜负至关重要，出版也是如此。"一角丛书"一上市就遭遇九一八事变，有点生不逢时；上海是全国出版中心，地利倒是占到了；人和：虽然得到了良友公司的大力支持，但是丛书的作者或者译者中有影响力的少。于是，他决定想办法转败为胜。首先从天时着手，何不借着人们对东北的关注请人写一篇与东北问题有关的文章呢？其次是人和，请来的作者必须有一定的影响力，得到读者的信任。他已经意识到：得不到作家的支持，编辑将束手无策，一事无成。①

他首先想到的是胡愈之，但苦于无人引荐。为了赶时间，赵家璧9月20日找到光华大学执教的罗隆基，请他就东北问题为丛书写稿。这位英国政治学博士用满腔的爱国激情，仅用一晚时间即挥就了一篇《沈阳事件》。拿到稿件的赵家璧满口道谢，但此时的他已经不仅仅是为了"一角丛书"，还为广大急需了解东北问题的读者们。这几天时间里，赵家璧顿悟了一个道理：不能关起门来做出版，凭编辑一人之好恶；要结合社会热点和读者需要出版真正的好作品。

罗隆基的《沈阳事变》篇幅不足，另外加了两篇资料作附录，顺便可以供读者参考。接下来的几天，良友的排字房和印刷厂成了赵家璧的家，大家一起废寝忘食地合作，五天后书就面世了。为了达到震撼人心的效果，赵家璧选择了双色套印封面，用大红色突出一摊鲜红

---

① 赵家璧：《编辑忆旧》，中华书局2008年版，第18页。

的血迹，给人触目惊心之感，表明了全国人民精诚抗日的决心。

这本书的广告一刊出，就遭到了各地经销商和门市部的哄抢，不得不迅速加印。更让赵家璧意想不到的是，这本书把前面五本"一角丛书"的销量也带动了，良友公司的"一角丛书"开始受到读者的关注。赵家璧尝到了关注时事的甜头，决定沿着这个方向继续迈进。

1931 年 10 月初，尚未出大学校门，年仅 23 岁的赵家璧扣响了《东方杂志》编辑部的大门。他决定鼓足勇气向时任商务印书馆《东方杂志》主编的胡愈之约稿。这是赵家璧的编辑生涯中，走出朋友、朋友、老师的社交圈，向素未谋面的名人约稿的关键一步。

胡愈之是一位非常有影响力的人物。他很早就在商务印书馆的《东方杂志》做编辑，学贯中西，还经常发表著评文章。更难能可贵的是，他富有强烈的爱国热情和正义感。1919 年，胡愈之在上海参加声援五四运动的斗争。五卅运动中，他编辑出版《公理日报》，报道运动的起因与发展过程。四一二反革命政变次日，他起草对国民党当局的抗议信，邀集郑振铎等七人签名在《商报》上发表，后被迫流亡法国，入巴黎大学国际法学院学习。1931 年初回国途中访问莫斯科，写的《莫斯科印象记》引起轰动。如果他能为"一角丛书"写一篇文章，必将帮助这套书在出版界赢得声望。因此，赵家璧思考良久，决定一试。

虽然决心是坚定的，但赵家璧在递上名片后依然没有抱太大成功的希望。毕竟自己在出版界还是一个无足轻重的小人物，遭人拒绝也是情理之中。不想胡愈之竟亲自迎接出来了，并且主动向赵家璧伸出手。赵家璧简直不相信自己有这么好的运气。他连忙向胡愈之呈上"一角丛书"已经出来的六本，请这位大名鼎鼎的人物赐教，趁势提出了自己的约稿计划。

胡愈之对《良友》画报有些了解，但并不曾关注到"一角丛书"。他饶有兴味地翻了翻这几本小书，"对这样一种别开生面的小册子丛书，认为是普及知识的好形式，值得把它好好出下去。"[①] 并且当即答应了立刻着手写一本有关当前东北问题的小册子。

胡愈之自己就是做出版的，对这个行业有着深厚的感情。他深刻了解人才对于这个行业的必要性，非常欣赏眼前这位朝气勃发的年轻主编。虽然胡愈之此时还无法预料到今后这位编辑能够达到怎样的出版高度，但对赵家璧这种积极进取、勤于思考、勇于毛遂自荐的精神心生感慨。他关切地询问赵家璧对于这样一套小丛书，有什么长远的打算。

这个问题是赵家璧不曾认真思考过的。即便在他向伍联德汇报的时候也只是就近段时间的出版周期和大概准备选取的内容有一些粗略的想法。更何况，这套书刚出了几本就遇到一些困难，能否继续生存下去尚且是个未知数，哪里还有空去琢磨发展问题呢？再则，赵家璧主编"一角丛书"只是兼职，待到学成毕业，自己的前程是否还会与这套书、与良友公司、与编辑工作扯到一起，更是不得而知。

胡愈之的问题促使他开始思考这个问题。从校刊《晨报》到良友公司的《中国学生》、"一角丛书"，他所有的课余时间都交给了编辑工作，苦在其中乐亦在其中。苦乐相权衡，他明显感到自己已经深深喜欢上这样的工作，愿意将编辑工作作为自己终生的事业。胡愈之不失时机地既是感慨又是鼓励："图书编辑工作是值得有志青年干它一

---

① 赵家璧：《编辑忆旧》，中华书局 2008 年版，第 20 页。

辈子的!"①

初次见面，赵家璧获得的不仅是胡愈之的稿件，还有一位老编辑对晚辈的提点和鼓励。后者对赵家璧来说更加重要。从这时开始，良友公司的这份工作，对他来说已经不仅仅意味着一笔可观的收入和令人艳羡的头衔，更是一种掺杂着责任感和荣誉感的事业了。

一周后，胡愈之的《东北事变之国际观》如约而至。文章高屋建瓴，从国际先例出发，有预见性地提出了"东北事变是第二次世界大战的一种准备"。此书作为"一角丛书"的第九种，一上市就引起了全国轰动。赵家璧乘胜追击，又邀请其他的专家写了几本有关东北问题和国际时事的文章，《东北抗日的铁路政策》、《日俄对峙中的中东铁路》和《国际联盟理事会的剖视》等都在其列。这些紧密联系时局的图书为"一角丛书"注入了旺盛的生命力。

赵家璧开始在更多的刊物上给"一角丛书"做预告，并且就出版时间形成了一定的规划。比如在《中国新书月报》1931 年第 1 卷 12 期上就有《良友公司一角小丛书第二集开始预定》：

> 该丛书第一集第十二种，业已出齐，另售每册大洋一角。第一集出齐后，第二集自本月底起继续出版，开始预定，每季出一集，共计十二册，书费大洋一元，邮费国内每册一分国外五分，全国各良友公司代订，各大书局代售。

虽然这个出版计划实际完成起来遇到了许多困难。但到 1931 年

---

① 赵家璧：《编辑忆旧》，中华书局 2008 年版，第 20 页。

底，"一角丛书"出满了 20 种，累计销量十余万册，大大超过了当初的预估。①

第三节 出版恩师遗作《秋》

这 20 种图书中，还有一本不得不提，那就是徐志摩的《秋》。

徐志摩北上后，因为陆小曼坚持不离开上海，只得北京、上海两地不停奔波。这也让赵家璧能够有机会偶尔见到他。同时，他还将"一角丛书"寄了厚厚一叠到北京。不过，徐志摩因为实在忙不开，迟迟未将打算与《秋》一起收入"一角丛书"的另一篇散文创作出来。赵家璧从不去信催，他相信老师不会食言。

但这一次，徐志摩食言了。

1931 年 11 月 19 日，赵家璧照例买了一份英文报纸在回家的电车上看，却意外读到徐志摩因飞机失事遇难的消息。赵家璧本能地不去相信这些街头小报，但心里也不免忐忑不安。第二天一早，他就去《新月》编辑部探听消息。他一走到门口，就看到那些熟悉的面孔都罩上了深深的愁容和哀切。赵家璧一眼就看到办公桌上胡适从北平发来通告徐志摩遇难的电报。他呆若木鸡地站在编辑部，泪如雨下。他真的无法说服自己接受这个残酷的现实。七天，仅仅七天前他还有一次见恩师的机会啊！当时因为工作上无法脱身，他没有赴约。不承想，这竟然就变成了永远的遗憾！天人永隔，竟然是

---

① 《中国新书月报》1931 年第 1 卷第 12 期，第 28 页。

这样真实的遭际!

赵家璧马上想到要将徐志摩的遗作《秋》尽快出版,为告慰恩师亡灵,尽自己一份绵薄之力。为了凑够篇幅,他几乎三天三夜没有合眼,用泪水和墨水饱蘸深情地作了一篇《写给飞去了的志摩》,附在《秋》后,编为"一角丛书"第 13 种。文章开篇即交代了这本书的出版经过:

> 预告了好久的《秋》,今天终于出版了。只可怜《秋》的作者早不在这丑恶的人间,而已长了翅膀,向无边的宇宙里,自由的翱翔,去寻求他的快乐去了。……志摩的《秋》,是前年在暨南大学的讲演稿,从未在社会刊物上发表过,这是一篇极美的散文,也可说是他对于中国思想界发表的一点切实可取的意见。原稿在今夏交给我,原题为"秋声",他说声字不要他,因而成了现在的书名。书后附的英文翡冷翠日记,是最可宝贵的遗作。①

他是在徐志摩死后,最早出版徐志摩作品的人。赵家璧的悼念文章模仿了徐志摩曼妙、哀婉、流利的文笔,将心中巨大的悲痛淡然道出,令人即便要流泪,也是默默的。他写道:

> 昨夜钻进了被窝后,我闭着眼,只见一大片的黑暗,没有太阳,没有星星,是一个无限大的空间里,分不出边际,分不清上

---

① 赵家璧:《书比人长寿》,中华书局 2008 年版,第 1—2 页。

下。我用我的心眼等候着，一阵白光，照遍了整个的空间，一个飘荡的灵魂，止脚在我的肩头，我知道这定必是你，因为我就是为了等着你而来的。……

先生，你写给我的信上早已告诉我，你在"等着看"我，我却更希望你不断的叫响我的名字，使我知道有你在这里。先生，在这座地球上行动，真少不了有颗天上的星为我们远远的照着啊！①

诗人去世后八天，遗作就出版了。诗人的遗作和怀念诗人的佳作同入一书，宛如佳偶天成，交相辉映，扣人心弦。这部作品让"一角丛书"再次闻名全国。一时之间，洛阳纸贵。

出版前，赵家璧向陆小曼要徐志摩的相片，两人第一次有了较长时间的谈话。徐志摩在世时，两人虽然见过面，但仅为点头之交。徐志摩骤然辞世，陆小曼遭遇了诸多诘难，很多人都认为如果不是因为她，徐志摩不会英年早逝。这时赵家璧的出现，给了陆小曼莫大的安慰。她告诉赵家璧，徐志摩还有许多文字没有来得及出版，她希望将来如果有可能，能够将徐志摩所有的作品结集出版，并且恳请赵家璧帮忙。

赵家璧面对这位只比自己年长五岁的师母的请求，百感交集。陆小曼与翁瑞午的故事，在上海早就传得沸沸扬扬。这位交际场上曾经十分耀眼的一颗明星，历经磨难才与徐志摩结为连理，却并没有给丈夫家庭的温暖。但他知道，徐志摩是深爱陆小曼的。老师爱的，自己

---

① 赵家璧：《书比人长寿》，中华书局 2008 年版，第 13—14 页。

就要敬。赵家璧愿意竭尽全力，为老师做任何事情。何况，编书又是他最挚爱的事业。他在此刻甚至生出了一种感激，感激师母对他的信任和看重。不过，他没有料到，这位始终不愿意随丈夫北上的漂亮妻子，从此以后真的可以素面朝天，为了丈夫全集的出版奔忙到生命的最后一刻，只为"遗闻编就答君心"，前后历时 34 年！

从 1931 年 9 月到年底，短短四个月，"一角丛书"从诞生到面临夭折再到起死回生最终站稳脚跟，经历了几次坐过山车般的变化。赵家璧从这些变化中也逐渐走向成熟：他开始思考丛书的规划，开始主动向名家约稿，开始酝酿更多的丛书编纂计划……

第四节　结识郑伯奇，走进出版新天地

1932 年初，日本侵略者为了转移国际视线，威胁南京国民政府，开始在上海频繁挑衅滋事。1 月 28 日晚，日军突然向闸北的国民党十九路军发起攻击，随后又进攻江湾和吴淞。十九路军在军长蔡廷锴、总指挥蒋光鼐的率领下，奋起抵抗。此后，国民政府迅速"一面预备交涉，一面积极抵抗"的应对方针。这场战争一直打到 3 月初，中日双方在国联的决议下停战。5 月 5 日，中日双方签订了停战协定。

为时近三个月的战争让上海和周边地区损失惨重，一度百业萧条。近代史上最有影响的商务印书馆也遭遇了前所未有的劫难：1 月 29 日上午 10 时左右，日机投掷炸弹，商务印书馆总厂和东方图书馆被大火焚毁，包括众多古籍善本在内的 30 多万册馆藏图书被付之一炬。中外文化人士为此痛心疾首！国家衰弱，根本没有保护自己文化

作品的能力，文人又能奈何呢？

上海良友图书印刷公司因为地处战区，也被迫歇业三个月。

这三个月里，赵家璧一直密切地通过各种途径关注着时局的发展，也进一步思考着战争结束后"一角丛书"的走向。他隐约觉得，"一角丛书"应该在之前的编辑思路下有所变通，应该更关注时局，多传递一些积极向上的东西。但具体如何改变，他并没有非常明确的思路，内心也十分苦闷。

4月初，上海良友公司恢复营业，赵家璧遇到了指点迷津的人——郑伯奇。

在此之前，"一角丛书"虽然销量比较可观，但赵家璧在编辑工作上一直是孤军奋战，遇到困难往往会陷入迷茫。他并不像其他中小书局的编辑那样，曾有过在大型出版社供职的经验。他只能完全凭自己去看去想去闯。郑伯奇来了之后，赵家璧的整个编辑思路一下子就被打开了。

郑伯奇初到良友公司时化名郑君平，5月号《良友》画报上就出现了他以笔名虚舟写的国际时事评论。当赵家璧在一个偶然的机会得知这位不修边幅的北方人就是大名鼎鼎的上海艺术大学的教授、上海艺术剧社的社长、左联的常委、《艺术生活》的主编郑伯奇的时候，对这位文艺界前辈的敬佩之情油然而生。赵家璧当时的家小都在松江老家，郑伯奇也是孤身一人在上海避难，在以广东人为主体的良友公司里面，这一南一北、一东一西的两位"少数族裔"就成为吃中饭的铁杆搭档。

赵家璧借着机会，展开"餐桌外交"，把自己在编辑工作中的苦闷和今后编辑文学丛书的理想和盘托出。这位豪爽的陕北文人不但从思想上鼓励赵家璧沿袭已有的成绩，将编辑工作努力进行下去，还在行动上为赵家璧介绍了许多中国左翼作家联盟、中国左翼戏剧家联盟、"社联"的作家，解了赵家璧"作者荒"的燃眉之急。

通过郑伯奇，赵家璧认识了周扬、欧阳山、袁殊、夏衍、丁玲、钱杏邨、张天翼等进步作家，并且将他们都发展成"一角丛书"的作者。赵家璧分外珍惜这些作者资源，其中很多人在以后赵家璧编辑的文艺丛书中都占有重要的位置，更有些人成为赵家璧的终身好友。

细心的人会发现，1932年4月开始，"一角丛书"开始出现了许多左联、社联、剧联作家的作品。这种状况始于郑伯奇用笔名郑虚舟创作的《日本的汛系运动》。这本书被列为"一角丛书"第33种。左联丁玲的《法网》、社联钱啸秋的《苏联的新妇女》也在同月分别作为丛书的第34、第35种出版。紧接其后，左联钱杏邨的《创作与生活》、"文总"林伯修的《第二次五年计划》、沈端先（夏衍）的《高尔基传》、周扬译《苏联的音乐》等相继推出。这些选题体现了很强的时代性和群众性，借着低廉的售价，成为极受欢迎的小册子。整个1932年，"一角丛书"出了30种，总销量50余万册。

郑伯奇到良友之后，不仅仅"一角丛书"的选题和作者队伍发生了变化，《良友》画报的编辑方针也逐渐向左翼思潮倾斜。这样一来，良友公司两大主打产品，《良友》画报和"一角丛书"在具体内容上都发生了变化。

赵家璧晚年对郑伯奇的感激之情依旧溢于言表：

　　如果没有伯奇，我不可能走上进步的文艺工作者的道路；如果没有伯奇，良友也不可能出版那么多当时产生一定影响至今还受人称颂的文艺作品。……伯奇同志真是我的恩师益友。……就在他的教育下，懂得了革命的道理；通过他的关系，认识了左联的重要作家鲁迅、茅盾、周扬、阿英等，开始了作为一个进步文艺编辑的生涯；也是在他的帮助下，到"八一三"战争发生前，编辑出版了大量进步的文艺书刊。[1]

这篇义章写于 1979 年，郑伯奇去世不到半个月，带有吊唁的性质。郑伯奇对赵家璧的帮助，在赵家璧整个的编辑生涯中确实非常宝贵。没有郑伯奇，他可能不会结识那么多有影响力的作家，甚至连"中国新文学大系"能不能顺利出版都值得商榷。但文章里面屡次用到"进步"一词，大有郑伯奇带他走上革命道路之意，而实际上赵家璧一生都没有走上政治这条路。赵家璧本人并不清楚郑伯奇的革命活动，也没有要打听清楚的欲望。所以，郑伯奇对于赵家璧，是没有太大政治上的影响的。他的影响主要是在出版上给赵家璧介绍作者，提供新的思路，带领赵家璧走向了出版的另一片天地。赵家璧这么写，与当时的政治环境和刚刚过去的政治风暴分不开。相比之下，远在香港的马国亮则客观得多。马国亮回忆：

郑在参加我们的编辑部前后，每期都以"虚舟"的笔名给《良友》画报撰写一篇有关国际问题的专论，如《时局之谜》、《疯狂了的世界》、《战争与和平》等篇……与早期《良友》画报刊登的

---

[1] 赵家璧：《文坛故旧录》，中华书局 2008 年版，第 172—173 页。

一般"时事述评"有很大的不同。郑伯奇的到来，朝夕相对，他的思想对我和赵家璧两人都有很大的影响。通过他，我们也认识了鲁迅，以及左联的一些主要人物如周起应、沈端先（夏衍）等等。后来这些前辈对我们的工作都有很大的支持，尤其是鲁迅先生。①

他把郑伯奇的帮助就明确地定为"对我们的工作都有很大的支持"。

当然，出版是一项大众传播事业，在选题和作者上的改变，必然会在思想内容上发生变化。在此之前，良友公司主要走都市休闲娱乐的路，不问政治，又兼地理位置远离各大书局，不为国民党重视。当时各大书局主要集中在四马路一带，在上海市中心黄浦区内，与良友所在北四川路相距甚远。随着左翼作家作品的出版，良友公司逐步引起了国民党当局的注意。良友公司，再也不是政治上的世外桃源了。仅1932年，《法网》、《宽城子大将》、《创作与生活》就分别因为"宣传普罗文学"、"鼓吹阶级斗争"、"普罗文艺理论"等"罪名"被查禁。这些书在市场上都是非常受欢迎的。

赵家璧在文艺图书出版上选择了左翼，是良友公司的商业愿景、郑伯奇的政治诉求和赵家璧的出版理想结合的结果。如果仅仅从商业角度而言，"这个时期的出版物市场，同其他各个时期一样，固然不乏大量内容平庸、质量低劣、趣味低下的产品充斥坊间，那些毫无创新、迎合市场的跟风出版层出不穷，那些只求廉价、少有编辑的标

---

① 马国亮：《良友忆旧》，生活·读书·新知三联书店2002年版，第120页。

点旧书更是大行其道。"① 仅仅为了赚钱,赵家璧也可以出版这样的作品,但最后他选择了一条正确的出版道路,并且能够在这条道路上走下去,一生出版的书都是积极向上、有文化价值、能够长久流传的,除了他本人的文化眼光和价值追求外,郑伯奇确实功不可没。赵家璧对这份恩情铭记于心,始终珍惜与郑伯奇之间的友谊。两人的通信往来一直持续到郑伯奇病逝前夕。郑伯奇去世后,已经 76 岁高龄、疾病缠身的赵家璧,还担任了《郑伯奇文集》的复审选编工作,为老友文集出版尽心尽力。

第五节　入主良友文艺部

1932 年 5 月的一天,即将从光华大学毕业的赵家璧受到了一次宴请。宴请他的是张光宇和张正宇兄弟,宴席设在一家高档的西式餐厅。这兄弟二人都是著名的漫画家和装饰画家,当时正在时代图书公司任职,与赵家璧因一些业务往来比较熟识。赵家璧对于这次宴请的目的浑然不知。几番寒暄过后,张光宇才说明来意。原来,邵洵美非常看重赵家璧的能力和才华,希望他毕业后能够到时代图书公司任职,画报、期刊、图书几个门类可由赵自行选择,并且允诺给出双倍于良友的薪酬。

赵家璧对这个邀请没有丝毫思想准备。邵洵美他之前就认识,是他的老师。徐志摩北上后,邵把徐的课尽数接下。两人同属于新月派

---

① 吴永贵:《民国出版史》,福建人民出版社 2011 年版,第 59 页。

诗人，同为英国剑桥大学的留学生，感情一直很好，又因为模样相似经常被人弄混，传为笑谈。邵洵美出身名门，家境富裕，交际广泛，并且才华横溢。胡适、叶公超、潘光旦、罗隆基、曹聚仁、林语堂、沈从文、方令孺、闻一多、夏衍、邹韬奋、徐悲鸿、刘海粟、张道藩、刘纪文等都是他家中常客。这其中不少人后来也是赵家璧的作者。更难能可贵的是，拥有万贯家财的邵洵美不仅喜好文学艺术，还特别钟爱出版。早在英国留学时，他就决心仿效英国的北岩爵士做出版，出自己的书，出朋友的书。回国后，他办出版社、办刊物，一刻不停。只要有人邀他办报办刊，哪怕明知只是变相来要钱的，他也决不让人失望。1930年，他向德国购买了当时世界上最先进的全套影写版印刷机，开办了时代印刷厂，后又出版《时代》画报，与《良友》画报公开竞争。新中国成立后，这套机器被用来印刷《人民画报》。张氏兄弟当时就是《时代》画报的美术编辑。

如果不是张氏兄弟的邀请，也许赵家璧还从没有意识到自己对良友的感情已经如此深厚了，深厚到从来没有想过要离开。在他心里，对良友的感情已经如同出版标记上农夫播下的一粒种子，公司上上下下的关心和信任为之提供了阳光和土壤，促其慢慢生根发芽，已然长出了一片浓荫。他礼貌地拒绝了这些优厚的条件。

张光宇不甘心，进一步从同乡之谊、洵美之义来说服他。的确，良友公司是广东人开的，一半以上的员工都是广东人，大股东也都是广东人，而时代公司都是江浙人。此外，邵洵美为人慷慨豪放，仗义疏财，有"小孟尝"之称，也是众所周知的。

这一说，更坚定了赵家璧留在良友的决心。他心知肚明，虽然自己是上海人，但在良友没有遭到任何排挤，所有人对他都非常好。

自己吃官司的时候，伍联德非但没有责怪，还顶着寒风到处为他张罗。他提出的任何设想和要求，伍联德从来没有质疑过。在良友，只要他想做的，都会得到最大的支持。没有良友就没有他的今天。他主编《中国学生》的时候，只是一个大学一年级的学生，没有任何社会工作经验，伍联德和良友公司上下同人给予他无私的信任和帮助，却从不过问任何业务上的事情，放手让他去做。虽然九一八事变后，《中国学生》停刊了，但他提出的"一角丛书"的设想依然在有条不紊地进行着。这种知遇之恩不是金钱可以买断的。良友的同事们，不仅是他的长辈、同人、知己，还是他的亲人。他相信良友会给他提供更大的舞台。从感情上，赵家璧与良友公司的合作水到渠成。

抛开纯粹的情感因素，从理性的角度去观照，这是赵家璧的个人志向与良友的公司利益的结合。赵家璧入职良友公司之前，伍联德也曾经尝试在文艺上有所突破，并且出版了30余种图书。其中包括田汉、叶鼎洛、孙师毅、梁得所、朱应鹏、张若谷等人的作品。但总体来说，由于公司本身专注于画报画册的经营特点，并没有精于文艺出版的人才，只能偶尔零散为之，做不成气候。然而，良友公司作为正在不断发展的一家民营出版企业，自身在客观上本来就有不断扩张、增加盈利空间的需求。赵家璧的出版才华在"一角丛书"中尽现。到1931年底，"一角丛书"出满20种，短短四个月累计销售10万余册，为公司赢得巨大声誉和巨额利润，成为良友公司生产业务支柱之一。这样的业绩足以赢得良友公司的信任。这也是为什么后来赵家璧策划"良友文学丛书"、"中国新文学大系"的时候良友公司能够放手让他去做的最重要原因。赵家璧本人的理想抱负与良友的商业格局、个人志向与公司追求具备共同成长的坚实基础。

事实证明，赵家璧的选择是对的。他把良友视为舞台，良友就让他唱主角。赵家璧与良友公司是互相成就的。赵家璧在良友获得了充分施展才华的机会，良友因为赵家璧拓宽了出书门类，扩大了社会影响，增加了利润来源。半个月后，在同一家西餐厅，知悉前情的伍联德正式向赵家璧下了聘书，请赵在毕业后入职良友。

从此以后，良友公司专门开辟一个文艺图书部，赵家璧任出版部主任。这一任命恰与赵家璧的个人编辑旨趣不谋而合。良友公司与赵家璧共同分享着创造的收益，也共同憧憬着一个更为美好的未来。一个人的编辑部就这样成立了，赵家璧得此令箭，终于可以放开手脚出版向往已久的文学丛书了。

第六节 "一角丛书"圆满落幕

除了下一章即将提到的丁玲的《母亲》，赵家璧主持的"良友文学丛书"和"一角丛书"还出版了大量其他左翼作家的作品，让国民党反动派忍无可忍。这一次再不是派无名小卒哄闹一番，而是点名道姓地"接见"了。8月30日一早，赵家璧收到了一封意外的来信，全文内容如下：

汉生、家璧先生大鉴：

敬启者，兹有要事相商，务请两先生于星期六（卅一日）上午惠临一谈。如在九时前，可到蒲石路七八四号弊寓。如在十时

后，请到市中心区教育局为盼。此颂

大安。

弟潘公展顿首 八·卅①

信中的汉生指的是时任良友图书印刷有限公司经理余汉生。这封信写得非常客气，娓娓读来，竟像是多年好友邀人同聚一般。但赵家璧十分紧张。因为潘公展身份特殊，绝对不会是找他们去聊天的。潘公展毕业于上海圣约翰大学，做过《申报》的要闻编辑。四一二反革命政变后，本来兢兢业业办报教书的潘公展突然变得大红大紫，成为蒋介石的亲信，历任国民党上海特别市党部常务委员，上海市农工商局长、社会局长、教育局长。换言之，潘公展就是国民党在上海的文化特务头子。

正在赵家璧六神无主之时，伍联德又一次做了他的坚强后盾。他告诉赵家璧，去了潘公展家里后，不要多说话，经理余汉生会主动说明情况的。另外，他非常了解赵家璧，相信他与任何党派都没有政治关系。最后，也是赵家璧最为感动的一点，伍联德反复说明，赵家璧出的任何书都是良友公司的决定，责任全在公司，编辑只是奉命行事。

"你为良友工作，一切责任有公司负担。明天余经理陪你一同去潘公展家。你不必多说，由余经理代你说明。你是一个刚从大学毕业的青年，家庭情况、社会关系我们知道得一清二楚……不必害怕。你们出这些作家的书，是因为读者需要，能赚钱，我们才让你们编这方

---

① 赵修慧：《他与书同寿》，中国出版集团东方出版中心2009年版，第141页。

面的书。这个责任在公司。"①虽然公司出什么书，并不是赵家璧一人说了算，但当困难来临的时候，能够不离不弃，甚至挺身而出的，除了至亲还能有谁？赵家璧此时更加庆幸当初的选择。

31日，余汉生、赵家璧两人赴约。信上措辞万分客气的潘公展一开始就板着脸，劈头盖脸对着余汉生训斥，点名批评赵家璧和马国亮，并且说："我们早已派人跟踪监视，发现他们和共产党有密切关系。希望良友公司不要再让他们两人继续工作。"②说话语气非常强硬，丝毫没有商量的余地。

整个过程，潘公展都没有看赵家璧一眼，好像对面的那个人与此事无关。余汉生介绍了赵家璧和马国亮两人的基本情况，最后表态："如果公司出版物有触犯国家法律之处，当由公司负责，和他们个人没有关系。希望政府宽大为怀，体谅做生意人的苦衷。"③维护之情非常明显。

余汉生代表良友公司这样维护二人，除了惜才外，所说也都是事实。赵家璧与马国亮出版左翼的作品，确实得到了良友公司的认可，否则这些作品也不可能上市。这与当时的出版潮流分不开。"伴随1930年代左翼文学潮流的兴起，引发出版市场掀起了新一轮文化消费的集中性需求，由此直接有力地影响了一大批书店编辑意识和出版目的的转向。……'左翼'这一文化标签经商业出版机构的运作发行、通过出版市场的消费环节被迅速转化为具有巨大商业价值的某种时尚符号，在社会经济层面表现为出版业对左翼作品进行大批量'生

---

① 赵修慧：《他与书同寿》，中国出版集团东方出版中心2009年版，第142页。
② 赵修慧：《他与书同寿》，中国出版集团东方出版中心2009年版，第142页。
③ 赵修慧：《他与书同寿》，中国出版集团东方出版中心2009年版，第143页。

产加工'的产业现象，左翼文学潮流最终以左翼出版潮流的面貌呈现出来。"①

所以，良友公司这样的出版内容倾向，与其说是一种政治选择，不如说是商业选择更准确。左翼文学潮流的作品有着良好的市场表现和虽然不断被审查依然销量可观的旺盛市场生命力。左翼文学集中了动荡年代释放政治焦虑、反抗文化专制、披露现实问题等特点，有着广泛的读者群，出现了越禁越多的奇特现象。姚蓬子主编的《萌芽》，蒋光慈主编的《拓荒者》，鲁迅主编的《奔流》，郁达夫主编的《大众文艺》等杂志都有广大的读者群。"所有国民党统治下的报纸副刊和文艺杂志都要左翼作家撰稿，否则就没有销路。资本家为了要赚钱，报刊杂志的编辑为了要吸引广大的读者，都设法对付国民党反动派的检查，而想尽一切办法发表左翼作家的文章。"②连鲁迅也说："近来颇流行无产文学，出版物不立此为旗帜，世间便以为落伍。"③在这样的大市场环境下，强于经营，有着敏锐市场嗅觉的良友公司管理层自然不会放过将左翼文学和商业出版相结合的大好机会。从这个角度看，赵家璧和马国亮二人确实只是执行者。但是，良友公司在遭到指责的时候，能够有这样的担当，也确实了不起。

潘公展还是执意让良友开除赵家璧和马国亮。余汉生无奈之下，只有采取缓兵之计，谎称自己没有权力决定人事变动，答应回去跟公司领导层商量再做安排。在近一个小时的谈话中，赵家璧牢记伍联德

---

① 谢力哲：《民国商业出版与左翼文学潮流的兴起》，《重庆交通大学学报》（社会科学版）2014年12月，第140页。

② 任白戈：《"左联"回忆录：上》，中国社会科学出版社1982年版，第373—374页。

③ 《鲁迅全集》第十二卷，人民文学出版社2005年版，第233页。

的嘱咐，做到了一言不发。回到公司后，余汉生向伍联德汇报了见面的情况，伍联德生气地将文化特务的霸道行径指责了一通，着人叫来马国亮："你们照常工作，不要去理他！"①

在赵家璧今后的出版生涯中，马国亮还会多次出现。他1929年经由梁得所介绍进入良友公司，此时是《良友》画报的主编。画报的第一任主编是伍联德，第二任是周瘦鹃，第三任是梁得所，马国亮是第四任。从当时画报的情况来看，应该说马国亮是非常幸运的。《良友》画报在梁得所的精心谋划下，克服了前两任主编"商人办刊"和"文人办刊"的局限，既树立了独立的品格也赢得了大众的青睐。60多年后，马国亮写了一本《良友忆旧》，毫不讳言自己的幸运："《良友》因为创先，历史较长，销售始终居首。尤其是国外五大洲的销路，国内其他任何画报都不能望其项背。声誉卓著，基础稳固，对于我这个接任人，是个极好的条件。在这个老字号的大树庇荫下，即使我的能力差些，也不致一下子影响大局。……《良友》画报内容在梁得所的经营下已经有了一个定型，而且事实证明已是读者所乐于接受的定型，我只要萧规曹随，在内容上努力求精，不必作大刀阔斧的改革。这也是客观上给我的好条件。"② 马国亮的评价是实事求是的。

1933年8月，马国亮刚当上《良友》画报的主编，就遇到了强有力的竞争对手。不是别人，正是他的前任梁得所。梁得所与马国亮原本是关系很好的同学。马国亮就是因为梁得所的帮助才能进入良友公司，并在梁得所的领导下工作了很长一段时间，相处非常愉快。但是梁得所不甘只做良友公司的一员大将，渴望成为能够挥斥方遒的元

---

① 赵修慧：《他与书同寿》，中国出版集团东方出版中心2009年版，第143页。

② 马国亮：《良友忆旧》，生活·读书·新知三联书店2002年版，第158页。

帅。于是，他在 1933 年 8 月 15 日离开了良友公司，很快创办了大众出版社，主打产品就是与《良友》画报如出一辙的《大众》画报。这种跳出原来的团体，自己单干的情况在当时的上海出版界非常普遍。中华书局的创始人陆费逵就出自商务印书馆，良友公司的创始人之一伍联德走的也是这条路。极富戏剧性的是，1936 年，梁得所的大众出版社因为经营不善垮台，他又成为《时代》画报的主编。时代公司没有挖走赵家璧，却极为幸运地得到了梁得所。

马国亮不是只会享受前人成果的"拿来主义"者，他任主编伊始就阐述了自己对于画报的理解："画报的作用，应该是和其他的文字杂志一样，不仅供消遣，而是贡献实益。"于是，在郑伯奇的影响和帮助下，《良友》画报开始关注时代的发展，出现了茅盾、丁玲、巴金、老舍、楼适夷、郁达夫、张天翼、施蛰存等人的作品。因此，马国亮也理所当然地被列为应该开除的"不法人员"。

赵家璧与马国亮能做到不理会，潘公展可做不到。看到良友并没有开除这两个人，他决定派人威胁一下。11 月 13 日上午，良友公司如往常一样办公，突然一楼门市部的大玻璃窗被不明身份的人击碎，行凶者迅速逃走。赵家璧看着一地的玻璃碎片，十分愤怒，也为自己对良友带来损失深表愧疚。伍联德却像没事人一样，当即花了两百块大洋换了块新的。三天后，总经理伍联德和经理余汉生收到了一封署名为"上海影业铲共同志会"的油印信，谴责良友出版赤色作家的作品，并恐吓如果继续刊行、登载、发行这些作品，将会有更大的灾难。赵家璧本人也收到了一封装有子弹的恐吓信。

敲破玻璃窗不久，敲竹杠的也来了。这位不速之客是《时事新报》的副刊编辑汤增敭，与潘公展过从甚密。他这次来既不打也不砸，而是投稿。他拿出一篇一万多字的文章，指明投给"一角丛书"，要求给二百元的版税。赵家璧与同人商量后，认为他投稿是假，敲诈是真。既然如此，为了平息事端，赵家璧开给他两百元稿费。不过，"一角丛书"作为赵家璧策划的第一部丛书，融入了他很多心血，断然不能将这样的作品编入其中。

第七节 "一角丛书"的编辑思想和出版影响

"一角丛书"是赵家璧早年比较有代表性的编辑作品。之所以说"早年"，因为"一角丛书"是 1933 年编辑完成的，仅仅两年以后，随着"中国新文学大系"的高调出版，赵家璧的丛书编辑生涯就走向了顶峰。但"一角丛书"又确确实实是他的第一套丛书编辑作品。这只能归结于赵家璧成名太早、太快了。

赵家璧编辑"一角丛书"最初的想法其实是一种借鉴，向西方学习、向日本学习、向国内同人学习，主要是向"蓝皮小丛书"学习。可以说，这是他编辑丛书的一次尝试。从丛书的编选理念，即薄薄的小册子、售价一角来看，他的这次尝试是从图书的形式入手的，比较谨慎，带有投石问路的性质。80 种书陆陆续续出了两年多，全靠形式串联起来。在经营上则采取了薄利多销的策略。"一角丛书"在编辑思想上很好地体现了上述内容。

编辑思想之一：编辑工作本身是一个不断学习、借鉴的过程。"一角丛书"的诞生受到美国"蓝皮小丛书"的直接影响。"蓝皮小丛书"是美国出版商 E.J. 霍尔德曼在 20 世纪 20 年代出版的，丛书共有

1260 种，每册售价仅 5 美分。不过这套书要求读者每次购买至少 20 本。丛书最初采取在报纸上刊登广告直接销售的方式，减少中间环节，保证了基本的利润，共售出 1 亿多册。并且，就在"一角丛书"正式上市前两年，日本的改造社出版了一套《现代日本文学全集》（36 卷）。每本大 32 开，300 页到 500 页之间，三栏排版，汉字上注假名，定价仅仅 1 日元，相当于同类书的一半或 1/3！由于价格吸引人，首次预订数就达到 32 万册，在日本国内掀起了"一元一书热"。身在中国出版中心的赵家璧一直非常关注这些国外成功的案例。当时国内虽然也有一些小开本的读物，不过仅是偶尔为之，不成体系。而对当时处于急剧变革期的中国而言，革故鼎新、普及民智非常重要，这种出小开本、低定价丛书的形式非常值得学习。

编辑思想之二：形式为干，内容为枝，内容可以为形式服务。入选图书的内容比较驳杂，涉及哲学、传记、小说、自然、政治、社会、杂类、小品、散文、经济、农业、心理、军事、科学、教育、诗歌、医学、音乐、艺术等领域。但从这些图书的编选标准上可以看出，赵家璧此时期的编辑思想相对比较简单。出版之前，他并没有非常完整清晰的构架，出多少，什么时候出，出哪些作品，都比较随性，主要视手头可得的稿子而定，显得有点被动。赵家璧晚年写回忆文章的时候，非常客观地给"一角丛书"做出了评价："这些从外国书刊七拼八凑编译而成的小册子，说明这套丛书早已患了先天不足之病。"①

"一角丛书"的作者队伍也同样非常庞杂。撇开政治立场，单从

---

① 赵家璧：《编辑忆旧》，中华书局 2008 年版，第 20 页。

国籍上就显示出了不折不扣的"兼收并蓄"：除中国作者外，还有日本、英国、苏联、美国等作者的相关译作，声名鹊起者与寂寂无闻者并收，而后者显然占了多数。"一角丛书"前一阶段的许多著译者都是赵家璧的朋友、同学、同事、老师、老乡。比如前文提到过的赵家璧的老师，后来在良友出版单行本《予且随笔》、《凤》的潘序祖，在"一角丛书"中就分别以潘予且和予且为笔名，出版了《子平术》和《谈心病》两本书，列为第 11 种和第 22 种。恩师徐志摩意在贡献一本《秋》。他还为赵家璧介绍了陈梦家与何家槐两位青年作家，分别出版了《不开花的春天》和《恶行》两部小说，列为第 3 种和第 40 种。同学穆时英也出版了《被当作消遣品的男子》和《空闲少佐》两本，分别列为丛书的第 5 种和第 27 种。同学王家域的《芙小姐》列为第 23 种。同乡施蛰存则出版了小说《李师师》，列为第 12 种。与赵家璧在良友共事的同人也是重要的作者来源：马国亮著《生活之味精》和《绘画欣赏》列为第 14 种和第 71 种，梁得所创作《老毛的日记》和《烟和酒》分列第 19 种和第 67 种，郑伯奇以笔名郑虚舟著《日本的汛系运动》和《宽城子大将》分别列为第 33 种和第 44 种……还有一些甚至是赵家璧自己临时捉刀代笔，比如第 2 种《史太林传》是他用笔名"方仲益"从外文节译的，第 7 种《五年计划的故事》则化名"张方文"。这个相对比较狭小的作者圈子和组稿范围妨碍了这套丛书体现内容上的价值，导致了丛书在内容上没有鲜明的特色。这就很容易被模仿、被超越、被遗忘。整套书下来，除了极少数的收藏者之外，大多只会就自己感兴趣的册子买，所以每册的销量不尽相同，有的差别还很大。不过，在丛书的后半阶段，这种情况发生了很大的变化，许多著名的左联作家和进步作家都成为丛书的作者。总体来说，只要在形式上符合"一角丛书"的要求，就比较容易收入其中。赵家璧正是在这个比较繁杂的尝试中找到了日后编辑工作的方向，获得了很多编辑经验，也推动着自己的编辑思想逐渐走向成熟。

编辑思想之三：薄利多销，文化与商业兼顾。曾是学生的赵家璧非常理解读者囊中羞涩的境遇。整个"一角丛书"不好高骛远，贪多求大，遵循着薄利多销的原则，让普通读者都能承受。每一册都旨在介绍知识的一角，设计简朴，定价低廉，满足读者对某一方面知识的特定需求，将传承文化和立足商业很好地结合在一起。到1932年底，"一角丛书"已经卖出了50多万册，这样惊人的销量保证了公司的盈利空间，也达到了丛书设计之初普及知识的目的，实现了文化理想和商业情怀的双丰收。这样的编辑思想到今天对出版界依然有很强的借鉴意义。

1933年12月，"一角丛书"共出书整80种，方才圆满落幕。赵家璧在良友公司的配合下，于28个月的时间里，保质保量，从容推出，取信读者，也积累了一些做丛书的经验。"一角丛书"成功之后，赵家璧在编辑道路上不断前行，"良友文学丛书"、"良友文学丛书特大本"、"良友文库"以至十卷本"中国新文学大系"喷涌而出，走向一个又一个事业的高峰，成为当之无愧的一代名编。这些都得益于"一角丛书"的筚路蓝缕之功。

几年以后，我国第一个音乐书店——万叶书店的创始人钱君匋，就受到"一角丛书"的启发，出版活页歌曲选，每页只要几厘钱，更加灵活方便，在当时的孤岛上海也同样起到了普及文艺的作用。几十年后，中国出版界还在不时借鉴"一角丛书"的编辑思路，足见其影响深远。1986年7月，上海文艺出版社总编辑汪曾培，在一次拜访赵家璧之后，受"一角丛书"的启发，根据 20 世纪 80 年代中期的社会经济状况，推出"五角丛书"第一辑十种。该丛书为小 32 开本，每册定价五角。"五角丛书"中的每本书都力求达到"以最小的面积，集中最多的智慧"，让读者获得最有意义、最富趣味、最具魅力的精神收获为目标。由于这套丛书满足了经历书荒时代后读者对知识的渴求，继承并发扬了质优、价廉、雅俗共赏的特色，刚一上市就受到读者们的热烈追捧。在"一角丛书"诞生的上海市，南京西路新华书店专门为此套书辟出专柜。热烈的购买场景甚至上了当月 22 日上海电视台的新闻。这套丛书装帧简洁、小巧玲珑，取名"五角"同样一语双关：既是指售价每本五角，也表明丛书内容所包含的文学、艺术、生活、娱乐、体育五个门类。"上海文艺出版社的资料显示，截至 20 世纪 80 年代末的短短三四年间，'五角丛书'共出版 150 种，其中重版三次以上的占 75%，总发行量超过 1500 万册。"[1]激发了巨大的市场需求。2001 年，上海文化出版社推出"新世纪五角丛书"，每本定价 12 元；2007 年，光明日报出版社推出了"六角丛书"，质优价廉，一经上市便深受读者欢迎。虽然 21 世纪的丛书已经在定价上超出了"角"的范畴，但依然沿用了这个称呼，可见"一角丛书"影响深远。

---

① 田俊：《忽然想起"一角丛书"》，《出版广角》2012 年第 2 期，第 90 页。

第四章

主编"良友文学丛书"

　　1932 年，新上任的良友公司文艺部主任赵家璧迅速开始着手编"良友文学丛书"。这一想法究竟源于何时？是在图书馆看到一排排丛书的时候，是自己开始爱上文学的时候，还是"一角丛书"让他认识了更多作者的时候？估计赵家璧本人都说不清。但可以肯定的是，这个计划，他酝酿已久，只待时机。"我喜爱成套的文学书，早在大学读书时代已心向往之，把将来也编成几套文学丛书作为自己一生的奋斗目标。"[1]伍联德也非常支持赵家璧扩充良友公司的出版类型，努力迈向他心心念念的"大出版"格局。

---

　　① 　赵家璧：《编辑忆旧》，中华书局 2008 年版，第 158 页。

有了"一角丛书"前期失利的教训，赵家璧特别注重第一本书的出版，他想找一位非常有影响力的人物作为"良友文学丛书"的开路者。只要前几本书做出了名气，丛书就算在竞争激烈的上海出版业立住了脚，打开了局面。当时在上海符合这个条件的首推鲁迅。

第一节　伟人鲁迅与"排头兵"《竖琴》

鲁迅 1927 年 10 月从广州来到上海。在上海期间他陆续出版了九本杂文集和历史小说集《故事新编》，先后编辑《语丝》、《奔流》、《朝花》、《萌芽》、《前哨》、《十字街头》、《译文》等文学刊物，翻译了许多外国文学作品，在文学上成就斐然。1930 年鲁迅参加发起并组织成立了中国左翼作家联盟，担任左联领导工作，团结了一大批进步青年作家，非常有影响力和号召力。

鲁迅与良友公司的交往可以追溯到 1928 年。鲁迅居住的地方离良友公司门市部不远，他本人经常去门市部看看有什么可买的书，偶尔也会买走一两本美术书籍。《良友》画报的第三任主编梁得所通过司徒乔的介绍，拜访过鲁迅，并且为其拍过一张坐在书房的照片，成为鲁迅一生中富有代表性的留影之一。可见，鲁迅对良友公司是有一定感情的。赵家璧日后在"良友文学丛书"和"中国新文学大系"编选过程中一再得到鲁迅的大力支持，从某种程度上得益于这种感情。

不过，对于初出茅庐的赵家璧来说，鲁迅这个名字还太过遥远，但他还是决定一试。当初，他不就是靠着向罗隆基、胡愈之等人约稿才拯救了"一角丛书"吗？当然，他并不确定鲁迅这个传说中比较刻薄的人物是否愿意为以画报闻名的良友公司贡献文艺方面的图书。但赵家璧心里认定，凡事都要努力去争取，即便最后约稿失败了，也不会留有遗憾。但与胡愈之不同，鲁迅是国民党特务"特殊关照"的人物，连住处都不得已是保密的。如果没有一个合适的引荐人，去哪里找呢？赵家璧思来想去，最后决定向郑伯奇求助。郑伯奇十分爽快地答应了。50多年后，赵家璧依然记得，初次拜见鲁迅的那一天"秋高气爽"①。这也是当时赵家璧心情的最好写照。

鲁迅到上海后最初居住在虹口区横滨路景云里23号。在此期间，他经常到日本人内山完造夫妇的书店内看书、选书，彼此结下了深厚的友谊。书店一度成为销售进步书籍的主要场所，兼中共和进步人士的重要联系地点。唐弢写的《同志的信任》一文就讲述了这样一件事。烈士方志敏牺牲前托人将文稿《清贫》和《可爱的中国》交给素未谋面的非共产党员鲁迅，由鲁迅转交党中央。这两篇文稿辗转反复，直到方志敏牺牲几个月之后才到鲁迅手里。鲁迅就是经由内山书店拿到这些珍贵的文稿的。上海"一·二八"事变期间，鲁迅的住所因地处战区，避居在内山书店。后来为了逃避国民党追捕，他也屡次到内山书店避难。

乱世之中，内山书店犹如出淤泥而不染的荷花。在整个日本帝国都陷入疯狂的侵略和屠杀之时，内山夫妇选择了与中国人做朋友。当然，他们的友好和热情被中国人民记在心里。80年后的今天，如果你到上海四川北路2050号，会看到一个工商银行的网点。进入营业

---

① 赵家璧：《编辑忆旧》，中华书局2008年版，第33页。

大厅，可看见左侧立有一张铜牌，上书：内山书店陈列馆请上二楼。这样的布局，在文物保护单位和其他银行中都是独一无二的。

1932 年 9 月初，在郑伯奇的引荐下，赵家璧第一次见到了鲁迅，地点就在内山书店的会客室。见面前，赵家璧面对这次期待已久的拜访，心里十分忐忑。他没有与鲁迅打过任何交道，所有已知信息都是道听途说。有人说鲁迅为人刻薄，不与人亲近，也不苟言笑，好作人身攻击，少惹为妙。也有人说鲁迅为人耿直，关爱年轻人，有强烈的民族感和正义感。毁誉参半的评价，让这位年轻的主编激动兴奋，夜不能寐。

临出门前，赵家璧穿上整齐的西装，特意装饰了一番，以便给"大人物"好的第一印象。事实证明，此举实在多余，因为鲁迅本身就是一个不修边幅的人，当然也不以外表取人。赵家璧回忆当时的心情和情景道："关于鲁迅，当时文艺界中有一种流传的看法，把他说成是一位非常严峻、有时近于怪癖而不易接近的老人。我那时是初出茅庐的青年编辑，刚刚双脚跨出校门，对鲁迅虽怀有崇敬之情，还不免心存畏惧。尤其是这一天去谒见他，希望他为我准备编辑出版的一套文学丛书带个头，这对我一生事业的关系极大，所以一见面，一握手，连话也说不出口。"①

过分的紧张让赵家璧讷于言辞，只知道跟着鲁迅上二楼的会客室。郑伯奇事先已经就良友的情况和赵家璧的来意与鲁迅沟通过。刚一落座，鲁迅就好奇地问赵家璧为什么要做文艺出版。

鲁迅告诉赵家璧："这是一种非常需要而且很有意义的工作，我

---

① 赵家璧：《编辑忆旧》，中华书局 2008 年版，第 34 页。

自己也是搞过这一行的，其中也大有学问啊！"①

赵家璧得着鼓励，大胆地把编辑出版"良友文学丛书"的计划和盘托出。鲁迅觉得有些不可思议，因为良友公司的各种画册销量非常可观，在文艺书方面却很少涉及。所以他问："素来不大出文艺书的良友，怎么忽然要挑这一条路走呢？"②

赵家璧一时不知从何处说起，深恐自己对文艺书的青睐在鲁迅面前只是班门弄斧。郑伯奇敏锐地感觉到这一点，将赵家璧对文学的爱好，以及良友公司新的发展方向都做了介绍，并趁势说出此番来意：向鲁迅约稿，作为丛书的第一种。

鲁迅调侃道："那你一定要向老板说清楚，出版鲁迅的书是要准备有人来找他麻烦的。现在上海出好书的书店实在不多，经营作风老老实实的更不多见。良友愿意这样做，我倒是可以尽力帮忙的。"③

赵家璧从言语中听到了希望，胆子也大起来，希望鲁迅能够给一部十五万字左右的原创作品。因为"良友文学丛书"就打算按照这个规模来出版一套全部由作者创作的文艺作品。

让赵家璧喜忧参半的是，鲁迅手头正好有一部即将编成的《新俄作家二十人集》，大概二三十万字。喜的是，难得初次约稿就有如此巧合；忧的是，这与丛书的整体体例不相符，既不是创作作品，字数也不吻合。

赵家璧立刻在脑袋里面盘算起来：收录这部稿子就破坏了丛书的体例，不收就错过了这个宝贵的机会，怎么办？一个好的编辑往往也

---

① 赵家璧：《编辑忆旧》，中华书局 2008 年版，第 34 页。
② 赵家璧：《编辑忆旧》，中华书局 2008 年版，第 34 页。
③ 赵家璧：《编辑忆旧》，中华书局 2008 年版，第 34 页。

是具备超强决断力的人。赵家璧显然属于此类。他略一迟疑，就决定接受这部作品，并且请求鲁迅为丛书篇幅和售价统一，将作品集分为两本书出版。

鲁迅很爽快地答应了这个要求。于是，双方就版税率、预支版税字数和交稿日期等细节问题做了约定。当时沪上的稿酬一般是15%，参照其他出版机构的惯例，鲁迅的为20%。

这就是赵家璧向名家约稿的本领：没有预想中的稿件，那就破例；破例之后，不忘初衷，不舍来日。以后的事实证明，赵家璧是个行动派，他想要鲁迅的创作作品，绝对不是说说而已，而是会一再努力的。除了鲁迅之外，赵家璧还为尚在孕育之中的丛书向丁玲等人约稿。

第一次向鲁迅约稿就出奇地顺利。命运看起来总是很垂青赵家璧。借由这次见面，赵家璧认定鲁迅是一个可以信任的、有责任心的长辈，一位"热情诚恳、和蔼可亲的长者"[1]。而接下来的一件小事，让赵家璧对鲁迅的为人有了更加深刻的认识。

9月20日，赵家璧正在良友公司忙碌，一位身穿深色夹袍，头戴棕色旧呢帽，脚穿橡胶鞋的人突然走了进来，要求见郑君平。郑君平正是郑伯奇在良友公司工作期间的化名。当时，郑伯奇不在，赵家璧无意投去一瞥，发现来人正是鲁迅！他赶紧将鲁迅请到良友的会客室。原来鲁迅是来亲自交稿的！赵家璧非常过意不去地说："只要电话通知，让我们自己去内山书店领取就好了。"[2]他确实没有想到鲁迅对工作这么执着投入而有效率，才十来天的时间就完成了。

---

① 赵家璧：《编辑忆旧》，中华书局2008年版，第35页。
② 赵家璧：《编辑忆旧》，中华书局2008年版，第37页。

鲁迅丝毫不以为意，反而安慰这位有些手足无措的年轻人："这一带我经常路过，并非特地来此，顺便带来，就不用你们跑了。"①

赵家璧感动得不知道说什么好。那些说鲁迅锱铢必较睚眦必报的人，那些说鲁迅高傲无礼性情古怪的人，如果亲眼看到鲁迅对朋友，甚至只是见过一面的青年这样的关怀和体贴，不知当作何感想。

鲁迅整理过的稿件整齐干净，是按照赵家璧的要求来做的，分为《竖琴》和《一天的工作》两本。按照常理，编选者的工作基本结束，只坐等版税了。但鲁迅却是一个非常认真的人，又有着丰富的编辑工作经验，因此一直关注着稿件的进展，并且提出了许多建议。在这个过程中，赵家璧学到了很多，与鲁迅先生的交往，也由最初的疑虑和拘谨，到今后的崇敬与熟稔。如果说郑伯奇从图书出版的选题内容和作者资源上为赵家璧打开了一扇门，那么鲁迅对赵家璧的直接帮助则更多体现在校对、排版、装帧等图书形式上。

1933 年 2 月 6 日，《竖琴》付排的前夕，鲁迅专门写信提醒赵家璧良友校对工作中的缺陷，并给予建议：

> 今天翻阅良友公司所出的书，想起了一件事——
>
> 书的每行的头上，倘是圈，点，虚线，括弧的下半（"，)）的时候，是很不好看的。我先前做校对人的那时，想了一种方法，就是在上一行里，分嵌四个"四开"，那么，就有一个字挤到下一行去，好看得多了。不知可以告知贵处校对先生，以供采择否？②

---

① 赵家璧：《编辑忆旧》，中华书局 2008 年版，第 37 页。
② 《鲁迅书信集》上卷，人民文学出版社 1976 年版，第 352 页。

鲁迅虽然不是专业的装帧设计家，但他在装帧设计领域却不断推陈出新，创下了近现代装帧史上的许多第一："五四"以后第一位在自己的作品上讲究装帧的实践家，亲自设计了六七十个书刊封面、扉页等；1909 年 3 月，鲁迅在其亲自设计封面的《域外小说集》上，第一次在中国把文中插图应用在封面上，开创了一个新的设计方法；印《十竹斋笺谱》时，鲁迅吸取古籍的特点，第一次应用了扉页，创造了一种新的版权形式……

跟着这位前辈，赵家璧对图书装帧的理解进一步加深了。在鲁迅的建议下，"良友文学丛书"从第三本开始，书的每行头上（当时为竖排）不再使用标点符号，保持了整体的美观；赵家璧此后编出来的图书在书的开头和每个题目前后都留有较多空白，在整本书的前后也加了几面白页，通过"留有余地"的方式增加读书的乐趣。

旧时上海出版商云集，对知名作者的争夺非常激烈。在这样的境况下，初出茅庐的赵家璧，在以出画报闻名的良友公司这个并不宏大的平台上，能够团结起一大批知名文艺作者，除了依靠个人魅力外，与良友图书印刷装帧精美是分不开的。毕竟，每个作者都希望自己的作品以较好的面貌呈现在读者面前。而这其中，有鲁迅的一份功劳。鲁迅给赵家璧的很多信中，都非常细致地谈到装帧设计问题。这在鲁迅给其他人的信中是很少见的。这些提点给赵家璧留下了深刻的印象，也是赵在出版中始终注意装帧的重要原因。先生的培养教育之恩，赵家璧铭记于心。鲁迅每次给他写信，抬头称呼都是"家璧先生"，字迹非常工整，对这个比自己小 20 多岁的晚生后辈的爱护尊重之情跃然纸上。不管后来遇到多大的劫难，这些信件，赵家璧始终珍藏着。

▲良友图书印刷
公司门市部旧影

▶"一角丛书"
部分出版物

刊于《良友》画报封底上的
"中国新文学大系"广告

鲁迅编选的"中国新文学大系"
《小说二集》书影

蔡元培为"中国新文学大系"撰写的总序节要

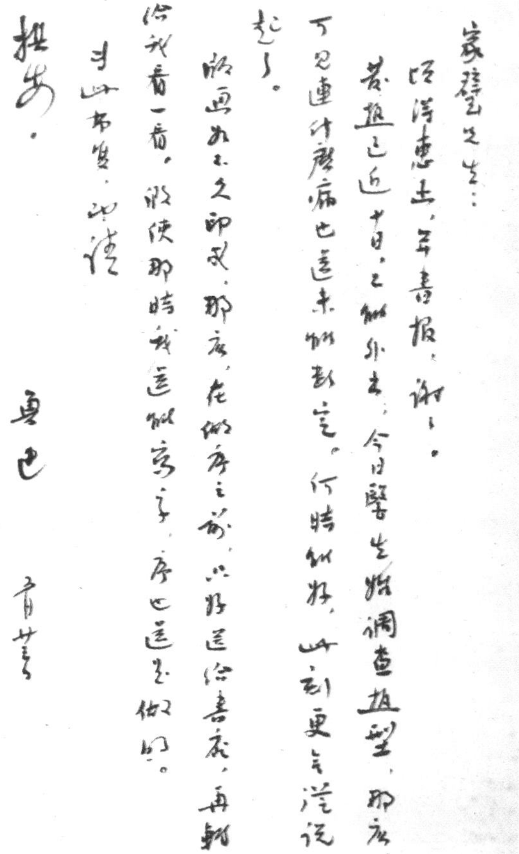

▶鲁迅先生写给赵家璧
的信件

◀1935年，赵家璧（左）
与张天翼在南京燕子矶合影

1935 年，赵家璧（中）与萧乾、靳以等人合影

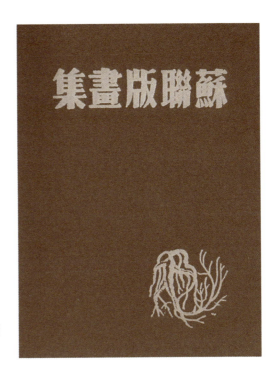

▶良友版《苏联版画集》书影

◀《二十人所选短篇佳作集》书影

▲与张沅恒（左）、
袁仰安（中）合影

良友复兴公司同人合影（前排左二为赵家璧）

1933 年初，"良友文学丛书"的第一本《竖琴》上市了。果然如预料一般，鲁迅的名字就是一个旗帜，立刻吸引了许多目光，有向往的、崇敬的、艳羡的，也有不怀好意的。这些不怀好意的目光潜伏在暗处，耐心地等待机会寻衅滋事。这个机会很快就来了。

在良友公司反复遭到国民党诘难的时候，有一个人一直用手中的笔和心中的正义默默地支持着他们，这个人就是鲁迅。良友公司的玻璃窗被砸了，鲁迅把这一遭遇写进了《准风月谈》的后记，加以谴责声讨：

一个"志士"，纵使"对于文化事业，热心异人"，但若不知何时，飞来一个锤子，打破价值数百两的大玻璃；"如有不遵"，更会在不知何时，飞来一顶红帽子，送掉他比大玻璃更值钱的脑袋，那他当然也许要灰心的。然则书店和报馆之有些为难，也就可想而知了。我既是被"扬长而去"的英雄们指定为"赤色作家"，还是莫害他人，放下笔，静静的看一会把戏吧。[1]

有人强行投稿敲诈，鲁迅在《中国文坛上的鬼魅》一文中表达出深深的鄙夷：

所征伐的还不止影片公司，又蔓延到书店方面去，大则一群人闯进去捣毁一切，小则不知从那里飞来一块石子，敲碎了值洋二百的窗玻璃。那理由自然也是因为这书店为共产党所利用。高

---

[1] 《鲁迅全集》第 5 卷，人民文学出版社 1981 年版，第 399—400 页。

价的窗玻璃的不安全，是使书店主人非常心痛的。几天之后，就有"文学家"将自己的"好作品"来卖给他了，他知道印出来是没有人看的，但得买下，因为价钱不过和一块窗玻璃相当，而可以免去第二块石子，省了修理窗门的工作。①

1934年2月，"良友文学丛书"中的《竖琴》、《一天的工作》、《母亲》和《一年》四本遭到国民党查禁，给了赵家璧一个措手不及。他拿起这四本书反复阅读，实在看不出有哪些地方犯了禁，除了作者是国民党不喜欢的以外。经理余汉生坚决站在赵家璧一边，当即写了申述文稿给审查会要求解禁。得到的答复是：别的都可以暂缓执行禁令，但《竖琴》前记必须删掉才能发售。

考虑到《竖琴》还有许多库存，积压下来必然亏本，赵家璧尝试着向鲁迅提出删除前记的要求。此时，他心里是一万分不愿意，也毫无把握，因为鲁迅是不喜欢别人动他的文字的，而且一向都以不妥协著称。不承想，鲁迅非常善解人意，十分理解良友公司这个民营出版机构的苦衷，很快就回信表示同意。后来这部前记收入了鲁迅的《南腔北调集》。

第二节　只见其书不见其人的《母亲》

1933年5月14日，左翼作家丁玲从上海昆山路的寓所神秘失踪

---

① 《鲁迅全集》第6卷，人民文学出版社1981年版，第156页。

了。三天后，英文《大美晚报》率先披露了这一消息，顿时舆论哗然。社会各界友人纷纷援手相救，而丁玲的生死也变得扑朔迷离。不久，马国亮主编的《良友》画报刊出了丁玲写的《杨妈日记》，揭露农民的悲惨生活，并在文后附按语："右为丁玲女士未完之作，惟日记式小说，片段成文，阅者可以窥见此中国女作家之文笔及意境。原稿系女士失踪后由其友人寄投本志者。"

赵家璧一方面担心丁玲的安危，一方面也为丁玲没有完稿的作品感到遗憾。当时，丁玲已经创作完成长篇小说《母亲》的前八万字，预计再有两三万即完稿了，却不想遭此横祸，生死未卜。一年多前，因徐志摩的突然离世，赵家璧也曾面临过类似的境况，他处理得很好。但小说不比散文，总不能让编辑替作者写个结局吧。于是，赵家璧打算把已经完成的手稿暂时收藏起来。

这时，郑伯奇转告了鲁迅的建议：以出版此书为契机，让更多人关注作者的下落，为营救作者出一份力。赵家璧听后眼睛一亮，立刻拿来稿件重新审读，5月20日就发排了。6月27日的《申报》出现了一则轰动上海滩的广告："良友文学丛书"之七——丁玲女士长篇创作《母亲》作者亲笔签名计数本一百册售价不增，二十八日本公司门市与团购部各半发卖！同时，上海发行量最大的报纸《时报》和《时事新报》也为丁玲的小说做了广告。

丁玲不是失踪了吗？小说如何结尾？亲笔签名从何而来？无数人带着这些疑问过了整整一天一夜。28日一大早，良友公司门市部就涌入了大批读者，签名本很快售罄，没有签名的书也跟着大卖。此时的赵家璧就像最高明的魔法师一样，慢慢向世人揭开问题的答案。

丁玲已经完成的八万字依然是八万字,一字不多,还是有头无尾的一篇待完成作品。不过赵家璧写了一个《丁玲〈母亲〉编者言》,巧妙交代了小说未完成的原因等,以求读者谅解。他在这篇文章中写道:"作者从去秋开始写作,随时把他原稿寄来,到本年四月中旬,我们便收到了近十万字,并且签名的封里纸也寄来了。不意在五月的十四日便风传了作者失踪的消息,自后就不再有其他的原稿寄来……我们当然也与读者同样热诚地希望这部伟大的杰作能有完成的一天。"① 这就是在告诉所有看到这本书的人,以及让所有看到这本书的人再告诉自己认识的人:作家丁玲失踪了,要想知道小说的结局就要等作者回来。此举无疑给秘密逮捕丁玲的国民党一个下马威,让丁玲的失踪得到更多人的关注。100 个亲笔签名则是在约稿时就由作者完成了的,书出版后,直接贴在布面精装封面背后就行了。"良友文学丛书"的签名本多是采取这种方式发售。

国民党不知道这些内情,误把这些签名本作为诋毁良友公司的机会。当天下午,两位身份不明的人一到良友门市部就嚷嚷要买十册签名本,被告知卖完了后,依然吵闹不休。他们高声叫骂,认为签名本是假的,有欺骗读者之嫌,因为丁玲本人已经失踪了,如何签名呢?伍联德和赵家璧不紧不慢地从办公室出来,请来人到楼上办公室。在那里,两位神秘的找碴者看到了已经签上名的两卷作者签名纸,而这两位作者的作品还没有出版。这是赵家璧在丛书出版前向外国文学界借鉴学习的签名本,本来只是作为一种广告宣传的方式,没料想在半年后还有这个妙用。

----

① 原刊于丁玲著《母亲》,上海良友图书印刷公司 1933 年版。

"一角丛书"的《秋》和"良友文学丛书"的《母亲》,本来是两本无法出版而只能让编辑自认倒霉的文稿,在赵家璧手里,却焕发出了异样的活力。这充分反映了赵家璧在突发事件面前超常的应对能力和变劣势为优势的编辑技巧。此时的赵家璧不仅仅是一个走出编辑部勇于主动向社会名流组稿的编辑,而且已经成长为能够创造性地把握出版机会的高手。借由这一波"丁玲热",赵家璧立刻通过巴金向沈从文约稿,以高价将其在《国闻周报》上连载发表的文章结集,次年9月出版了《记丁玲》,也列为"良友文学丛书",销路非常好。第二年还重印了一次。不过,因为丁玲本人对这本书很有意见,所以赵家璧日后很少提到它。

一个月后,《母亲》的首印4000册销售一空,赵家璧于10月迅速加印2000,很快又卖光了。于是,12月,再加印2000册。一本书半年内销售8000册,在今天看来微不足道,但在那个年代,短时间内能有这个销量已属奇迹。图书的大卖却带给赵家璧一个始料不及的难题。

当时良友公司以版税制付给作者稿酬,而且从不拖欠。到了年底,良友公司的会计科收到了好几处从丁玲的家乡寄来的索要稿酬的信件,写信的人身份难以确定。赵家璧心急火燎,却一筹莫展。按照"良友文学丛书"的版税标准,定价九角的图书销售8000册,作者可以拿到大约7200元。这在当时是很大一笔钱,无怪乎谁都想分一杯羹。小说《母亲》的原型正是丁玲的亲生母亲。丁母也是一个新式女子,与向警予烈士是同学,入过师范学院,办过文艺女校,对丁玲的影响很大。而此时老人家正在湖南老家带着丁玲年仅三岁的儿子,孩子的父亲胡也频两年前已经牺牲了。一老一小度日的艰难可想而知，这笔版税对他们来说太重要了。不得已，赵家璧只有求助于鲁迅。一周后，即 1934 年 1 月 22 日，鲁迅给赵家璧写了一封信，告诉赵家璧丁玲母亲的通信地址和姓名，并叮嘱他不要一次性把钱都寄过去，以免被其他的穷亲戚瓜分了。事无巨细，都考虑得非常周到：

> 顷查得丁玲的母亲的通信地址，是："湖南常德、忠靖庙街六号、蒋慕唐老太太"，如来信地址，与此无异，那就不是别人假冒的。
>
> 但又闻她的周围，穷本家甚多，款项一到，顷刻即被分尽，所以最好是先寄一百来元，待回信到后，再行续寄为妥也。①

鲁迅这样为作者考虑，是对赵家璧最好的言传身教。45 年后，当已逾古稀的赵家璧在丁玲的病床前，向她清楚地说出她的母亲蒋慕唐老太太的名字的时候，这位经历过无数风霜雨雪的战士不禁老泪纵横。这个名字并不朗朗上口，而且时隔这么多年，赵家璧又接触了那么多的人和事，经历了那么多的风风雨雨，甚至几度出现了严重的精神障碍，却还能如此清晰地记得自己母亲的名字，着实让人感动、感慨！如果这个编辑不是把作者牢牢地印在自己的心里，怎么可能有这样的好记性？今天我们的编辑们经常说要与作者交朋友，尊重作者，而赵家璧用他的行动告诉那些有志于编辑事业的后来人——作者永远都在编辑的心里！

---

① 转引自赵家璧：《编辑忆旧》，中华书局 2008 年版，第 57 页。

第三节　"逼"出来的《烟云集》、《四三集》

后来人们谈到赵家璧，研究赵家璧，无一不慨叹他的幸运和魄力。"良友文学丛书"一出版就受到了各方广泛关注，更以其专收文学作品的定位吸引了许多知名作家。赵家璧在整个丛书的组稿过程中，就像一只辛勤的蜜蜂，闻香而去，精心采摘。回顾赵家璧的整个求学生涯，并没有接受过与出版相关的专业教育，但是实际的工作经验加上他爱思考的习惯，给了他更加丰富实用的本领。

赵家璧晚年在写回忆文章的时候明确说出："我自己有个一字秘诀，那不但我身体力行，许多著名作家在作品的前言后记中也经常谈到，那就是一个'逼'字。"①许多作家都领教过赵家璧的逼稿功夫，"良友文学丛书"中的很多作品就是在赵家璧的一再"催逼"之下产生的。

茅盾是赵家璧编辑生涯中一位非常重要的作者。他们两人的合作始于"良友文学丛书"。"良友文学丛书"按照预先的设想，十本一辑，第一辑过后，赵家璧将茅盾列为第二辑的重点作者。茅盾本人也是一位编辑家，曾经供职于商务印书馆编译所，后主持大型文学刊物《小说月报》"小说新潮"栏的编务工作，一度曾任《小说月报》主编，是"文学革命"的积极拥护者。因为共同的政治目标，茅盾和郑伯奇非常熟悉，也因此被郑伯奇引荐给赵家璧。作为左联的重要人物之一，当时的茅盾已经出版最重要的代表作《子夜》，是一位非常活跃的知名作家。赵家璧屡次去信希望得到茅盾的短篇小说集，但都因作者知名度

---

① 赵家璧：《文坛故旧录》，中华书局 2008 年版，第 27 页。

太高、多家出版机构争相索求稿件而没有成功。1934 年秋，茅盾将名为《话匣子》的散文集寄给赵家璧。赵家璧于当年 12 月就将其作为"良友文学丛书"的第 16 种出版了。

有意思的是，茅盾这本集子里有一篇书评，非常直白地批评了赵家璧为《木刻连环图画故事》系列画册所写的序文的观点："赵家璧先生对这问题（指旧连环画改造问题——赵按）的意见似乎倾向于纯用图画，不加文字。自然，在图画中人物身旁注了姓名，甚至从人物的嘴巴里拖出两条线来注明了重要的对话——这种'形式'太没有'艺术相'了，可是这样的'形式'却正为文化水平底下的中国大众所了解，所需要。要想从大众中驱走那些有毒的旧'连环图画小说'，目前尚只能'利用'这旧形式再慢慢加以提高。"①

赵家璧对这指名道姓的质疑之声不仅不生气，还虚心地视为前辈对晚辈的指教和关怀，并且在思想上做出了深刻的检讨。作为编辑的赵家璧本来可以对这篇文章做一些加工，或者为自己辩护，但是他没有。相反，他把这篇文章一字不易地出版了。这是一个编辑博大胸怀的最好体现！这种不易一字的行为是对作者最大的尊重。正因为此，茅盾对赵家璧的为人有了进一步的了解，愿意与赵家璧继续合作，并且甘愿被这位后生晚辈一逼再逼，直到无路可退，叫苦不迭。

1934 年 12 月，《话匣子》出版后，茅盾答应以后给赵家璧一本短篇小说集，但这个以后是什么时候？茅盾自己都不知道。可是赵家璧没有打算被动地等，也并不以为这是一种善意的搪塞。他拿着茅盾的承诺，开始了名正言顺的"催逼"之路。因为"良友文学丛书"的

---

① 转引自赵家璧：《文坛故旧录》，中华书局 2008 年版，第 26 页。

后 20 种的作者和选题都是事先定好了的，而且打算将书目列在一起做广告，预约售书。赵家璧以此为契机，理直气壮地找茅盾要书名。此时茅盾正在协助鲁迅创办《译文》杂志，准备为进步文学的翻译提供一片乐园，忙得焦头烂额。而且，当时文坛上各方争论非常激烈，茅盾也想暂时回避一下，因此回信给赵家璧，告诉他尽量年底交稿，至于名字，就随便叫了一个《烟云集》。

赵家璧可不会随便，而是将这个书名郑重其事地写入了预售广告，开始了大张旗鼓的宣传。作者，尤其是知名作者，通常很难保证在预定时间内交齐书稿，这几乎已成定例。茅盾原定的 1935 年底交稿，最终拖到了 1937 年年中。好在赵家璧不疾不徐，多年的编辑工作已让他对处理这类事情游刃有余。两年间，茅盾有一搭没一搭地写，赵家璧有事没事地"逼"，终于还是逼出了十万字。这其中两人书信不断，还合作完成了"中国新文学大系"的《小说一集》。

茅盾在《烟云集》后记中写道："'良友文学丛书'以《烟云集》三字告白时，实尚未有一字，个人极以'卖空'为忧，但赵家璧先生引'文章是逼出来'的'通则'，批驳了我的期期以为不可。……此书作成之经过如此，倘名'二逼集'或者名实不乖。但我希望凡此诸'逼'，今后不再，希望像烟云一样过去了。"[1]

看来，连茅盾本人也承认，这本书是被"逼"出来的，给"烟云"二字按了一个有意思的解释。没有赵家璧的"逼"，根本不会有这本《烟云集》。

同样没有"逃脱"被逼命运的还有叶圣陶。1936 年 1 月号的《良友》

---

[1]　转引自赵家璧：《文坛故旧录》，中华书局 2008 年版，第 28 页。

画报封底广告商，赫然刊出了"良友文学丛书"后 20 种的新书预告，其中叶圣陶的短篇小说集醒目地列为丛书的第 22 种。

叶圣陶当时已经是全国有名的作家、教育家和出版人了。不过，他一生最钟爱的事业是出版。他曾经深情地说过：如果有人问我的职业，我会说，我的第一职业是编辑，我的第二职业是老师。1923 年，29 岁的叶圣陶进入商务印书馆，开始了他的编辑生涯。1930 年，他离开商务印书馆，加入开明书店，主要从事中文图书和儿童故事书的编写工作。在做编辑出版工作之余，他还潜心创作，出版了《稻草人》、《倪焕之》、《古代英雄的石像》等作品。正是由于身兼数种身份，非常繁忙，所以叶圣陶没有按照原定的时间将稿子交给赵家璧。赵家璧非常有耐心地屡次写信催促，终于等到叶圣陶完成 20 篇短篇小说。其中很多作品都是在 1936 年完成的。

这部书稿的名字很有意思——《四三集》，因为这一年叶圣陶正好 43 岁。在书的自序中，叶圣陶这样写道：

> 印在这本集子里的几篇东西，同以前的东西一样，都是由杂志编者逼出来的。信来了不止一封，看过之后，记在心上，好比一笔债务，总得还清了才安心。……
>
> 末了，对于"催逼"我出版这本集子的赵家璧先生谨致感谢。

叶圣陶在这里用幽默诙谐的笔调，表明了对赵家璧这个晚辈的感激和钦佩。

做编辑工作，不仅仅要有规划，还要有恒心和耐心，矢志不渝地将任务完成。"良友文学丛书"主编赵家璧，在与作者打交道的过程中形成了自己的心得："一部文集的完成，报刊杂志的编辑常常是第一线的催逼者，丛书或者出版社的编辑便是第二线的催逼者。"①

赵家璧听过一个真实的催稿故事，故事的主人公是鲁迅和被誉为"副刊大王"的孙伏园，催出来的是鲁迅的代表作之一《阿Q正传》。1921年12月4日，在《晨报副刊》主编孙伏园的催促下，鲁迅开始连载《阿Q正传》。为了保证稿件供应，孙伏园每周都拜访鲁迅一次，来后轻声细语地说："先生，《阿Q正传》……明天要付排了。"让鲁迅无法推托。两个月后，鲁迅不堪"折磨"，想把文章结束掉，但一向温声细语地孙伏园坚持认为："《阿Q正传》似乎有做长之趋势，我极盼望尽管宽心地写下去。"不巧的是，说完这话后，孙伏园去北京出了趟差，另一个编辑暂时接替了他的工作。新编辑自然没有孙伏园的催稿功底，于是乎，鲁迅抓住机会赶紧将阿Q枪毙了。这说明，编辑从某种程度上不仅能够决定稿子的有无，还能够左右稿子的长短和作品的结局。赵家璧是图书编辑，更多的是催作者的写作进度，让作者尽快交稿。"良友文学丛书"里，不仅仅只有《烟云集》和《四三集》是赵家璧催出来的，但它们却是非常典型的代表。

第四节　"争"过来的《离婚》、《赶集》

1934年8月，《良友》画报编辑部迎来了一位特殊的客人。顿时，整个编辑部都沸腾了，大家不约而同放下手中的活计，围坐在客人

①　赵家璧:《文坛故旧录》，中华书局2008年版，第186页。

周围。

这位客人就是老舍。这是这位地道的北方学者和作家第一次来到上海。1933 年 2 月，"良友文学丛书"已经确定出版了五种，赵家璧正在想尽办法争取一流作家的作品。老舍自然进入了赵家璧的约稿范畴。

从创作的角度来讲，当时的老舍已经出版了《老张的哲学》、《赵子曰》、《二马》等多部作品，蜚声中外。老舍在创作上的成就丝毫不比茅盾和叶圣陶逊色。奇怪的是，赵家璧在给老舍写出的第一封信里，非常希望能得到老舍的一部长篇小说，并且还非常苛刻地要求作品最好是未曾在其他刊物上发表的。而当时中长篇小说出版的惯例，一般都如《阿 Q 正传》那样，先连载再出版。因为这样作者可以获得最大的收益。而赵家璧对素未谋面的老舍提出这个要求，未免有些"过分"。何况，赵家璧也并不打算多给老舍版税。从赵家璧这边看，能够拿到未发表过的名家长篇小说，自然能让"良友文学丛书"顿时光芒四射。但老舍并不以为忤。这或许也是两人之间的缘分吧。当前这位遭遇赵家璧苛刻要求的作者，日后却成为赵家璧延续出版梦想的合伙人。

拿到老舍稿子的过程虽然没有太多的催逼，但也绝非一帆风顺。从中，我们也可以看出赵家璧组稿工作的艰辛。

一开始赵家璧知道老舍有一部长篇小说《离婚》已经动笔，就希望得到这部书稿。但老舍却推荐了自己的中篇小说《小坡的生日》。这篇小说本来由商务印书馆出版，因故底版被毁，所以暂时出不了。所以，老舍在信中说，《小坡》如果想要，立刻就有，内容也不错；想要《离婚》，也不是不行，就是得等。

赵家璧想到"良友文学丛书"的出版规格，觉得《小坡》只有六万多字，篇幅不合，还是执着地希望得到《离婚》。所以，以《小坡》的字数不合规格为由，对老舍如实相告。老舍突然就想起来另一部作品《猫城记》。这是一本长篇小说，字数上肯定没有问题。不过，已经在施蛰存主编的《现代》杂志上连载过了，按照惯例本来也由现代书局出版单行本的，现代书局却以销路不畅为由表示不会出书了。虽然这离赵家璧索要未发表的长篇的要求相去甚远，但以"良友文学丛书"和良友公司的资历，能争得到这样的稿子已属不易了。所以赵家璧没有太多犹豫，即刻答应了。

不料峰回路转。现代书局得知有地方要出版《猫城记》，认为或许销路不会太差，所以很快又反悔了，决定自己出。这样一来二去，老舍从心里就觉得对赵家璧有所亏欠。于是，老舍下定决心尽快完成，在约定的日期前一个月就交稿了。《离婚》就这样没有任何悬念地收入了赵家璧的"良友文学丛书"。7月15日完稿，8月30日就与广大读者见面了。老舍后来回忆《离婚》的写作过程，说："良友的'十万火急'来到……可是我硬着头皮答应下来；知道拼命与灵感是一样有劲的。"[1] 于是，老舍在大热天里，"每天早晨七点动手，写到九点；九点以后便连喘气也很费事了。平均每日写两千字。所余的大后半天是一部分用在睡觉上，一部分用在思索第二天该写的两千来字上。"[2] 看来，赵家璧确实有一种特殊的人格魅力和编辑毅力，能够让老舍甘愿在酷暑天里为之"拼命"。

在"良友文学丛书"前期的39部作品中，《离婚》是极少数的

---

① 老舍:《老舍论创作》，上海文艺出版社1982年版，第30页。

② 老舍:《老舍论创作》，上海文艺出版社1982年版，第30页。

能成为作家代表作的作品。老舍本人对这部作品也是非常满意的，多次毫不掩饰地表示出自己的偏爱，说《离婚》比《猫城记》强得多，紧炼处非《二马》所能及。抗日战争期间，老舍曾去位于云南龙泉镇的北平研究院历史研究所进行学术交流。他让研究生们选出他的最佳作品，"大家一致投《骆驼祥子》的票。老舍说：'非也，我喜欢《离婚》。'"① 赵家璧对于能得到这部稿子，也是非常得意的。如果没有赵家璧屡次的积极争取，《离婚》万万不会归良友公司所有。

不过，赵家璧并没有停止脚步，他接着又给老舍写信，希望能拿到一部短篇集或者杂文集。老舍正好手头有几篇作品，再加上即将创作完成的，凑起来也有 15 个短篇，取名《赶集》，形象有趣地说明了，这里的许多作品都是在文艺刊物的编辑催逼下"赶"着结"集"出来的。

难以想象，到此刻为止，两人居然素未谋面！

当老舍来到良友编辑部的时候，赵家璧当然异常高兴。马国亮也不放过机会，趁机请老舍为《良友》画报写一篇短文，就是后来成为研究老舍早年英国游学生涯的重要资料的《第一天》。1935 年 7 月，老舍又给《良友》画报写了一篇《歇夏》。老舍也成为良友公司的重要作者资源了。

大家兴奋地聊到中午。老舍那字正腔圆的发音和侃侃而谈的京味幽默，让这些久居南方的编辑们觉得兴味盎然。看到时间不早了，赵家璧得着机会提出与老舍共进午餐，多了一些自在交谈的机会。赵家

---

① 吴晓玲：《老舍先生在龙泉镇》，《昆明晚报》1985 年 1 月 26 日。

璧、郑伯奇、马国亮和老舍不仅聊到了即将出版的两部作品和相关版税问题，彼此之间更是加深了了解。老舍也对这位终得一见的年轻编辑留下了深刻的印象。

多年后赵家璧不无得意地回忆起这段组稿经历，感触良多："作家是编辑的衣食父母，反过来编辑向作家敦促，劝说，恳求，甚至不断地'逼请'作家动笔，有时也起一定的促进作用。由于编辑的情词恳切，打动了作家的心，作家就下了'赶紧写'的决心。……读者、编辑、作者三者之间有着密切的关系，而能起主要作用者是编辑。加强编辑与作者间的友谊，就能为读者提供更多的作品；既为读者服务好，由于出版了更多的好书，同时也为作者服务好。这个看来只为他人做嫁衣裳的编辑，我认为虽默默无闻，却是大有可为的！"①赵家璧的这些话对编辑工作的主体性和主动性都有深入的解读。

很多后来者包括同时代的人都羡慕赵家璧的运气，可以碰到这么多知名作家。就连他本人也常常自谦地以为，他有那样的成就得益于前辈作家们的特别关照。其实这不仅仅是他幸运，也不仅仅是作家们对他有特殊的关照，他的成功更多得益于自己不懈的努力。他能够结识知名作家，并且与他们合作，是因为在团结作家、服务作家的工作中，他比别人做得更细致、更深入。而且，在组稿的过程中，他付出了比别人更多的努力。成功从来都没有捷径。

---

① 赵家璧：《文坛故旧录》，中华书局 2008 年版，第 78 页。

第五节 《爱眉小札》背后的遗憾

《爱眉小札》初版于 1936 年 3 月，列入"良友文学丛书"第 24 种。1936 年，徐志摩冥寿 40 周岁。转眼恩师离开这个世界已经五年。五年里，赵家璧在事业上不断前行，也间或从事一些欧美文学的翻译和理论研究，总算没有丢掉自己的专业。五年间，恩师的音容笑貌依然清晰地不时出现在赵家璧的脑海里。在赵家璧的心里，总觉得还应该为老师做一些事情，以报厚爱。

1935 年 5 月底，十卷本的"中国新文学大系"的编辑工作进入尾声，赵家璧给自己放了个假，生平第一次踏上了北平的土地。说是假期，其实是一趟名副其实的组稿之旅。此次北上之行，赵家璧见到了许多通信多时却未能谋面的作家，比如沈从文、冰心、周作人等。还有在徐志摩家认识的陈梦家，"一角丛书"的作者之一。大家坐在一起聊天，难免会提到徐志摩。除了慨叹他的英年早逝以外，大家都一致认为，徐志摩的价值应该得到更大的体现。已有丰富的丛书编辑经验的赵家璧，此时也正对作家全集的编辑跃跃欲试。

而现代作家大多处于创作的高峰期，他们的作品都不符合编全集的条件。只有徐志摩是个例外。徐志摩作品丰富，类型多样，诗歌、书信、日记、散文应有尽有。赵家璧向徐志摩的许多旧友都透露了这个想法，大家都表示赞成，郑振铎更是极力怂恿。郑振铎也是"良友文学丛书"作者，他的《欧行日记》出版于 1934 年 10 月，列为"良友文学丛书"第 14 种。

不久，赵家璧回到上海，求教了两个人。其一是茅盾。他从徐志摩在中国文学史上的地位出发，鼓励赵家璧早日完成这项有意义的工作。另一位是陆小曼。徐志摩去世后，陆小曼一直过着非常消沉的生活，只有给亡夫编书能让她振作起来。她听到赵家璧的打算，顿时精神百倍，立刻开始广泛的资料搜集工作。

赵家璧和陆小曼一边向许多图书馆和收藏者借阅文学期刊，查找已发表和被遗漏的零星文章，一边给徐志摩的朋友们写信，想求得诗人生前的书信。前一项工作进展比较顺利，很快就集成了一卷诗集，四卷散文集、一卷小说集和一卷戏剧集。按照赵家璧拟定的编选大纲，再加上一卷日记集和两卷书信集，中国第一部现代作家全集就可以大功告成了。但是后一项工作颇费周折。按照徐志摩的老乡、同学兼好友郁达夫提供的线索，徐志摩的书信主要集中在胡适之、陈通伯、凌叔华、冰心、林徽因、陆小曼、周作人、邵洵美、梁启超等人那里。陆小曼给这些人一一写信，说明索信的目的，本以为会得到大家的理解和支持，不承想响应者寥寥。或许那些北方的朋友都还在怪罪她，也可能是那些已经获得尊贵社会地位的人不愿将旧物示人，也不相信小小的良友公司能够做成徐志摩的全集。当然，还有一个重要的原因，北方的一些朋友也有意出徐志摩的文集。不过，这些都难不倒聪明的陆小曼。她拿出自己手头的信件凑成一卷，又找出徐志摩从英国寄回的英文信，大概有二三十封，勉勉强强也能凑出来。

徐志摩的日记中最重要的，是有关他与陆小曼恋爱时光的《爱眉小札》。陆小曼名眉，所以从名字上就可看出，这本日记记载了徐志摩对陆小曼的爱恋之情。赵家璧看到这本日记，感触很深，许多往事涌上心头。赵家璧看着这些熟悉的字迹，更加迫不及待地想为老师做点什么。他干脆将这本日记影印了100册，先期出版，很快就销售一空。他后来又决定将这部日记出版，作为"良友文学丛书"的一种。不过，日记的字数偏少。于是，陆小曼又拿出同一时期自己的日记，与前者相互照应，又加上徐志摩写给她的 11 封信，总算符合了字数的要求。相比前面提到的几本书，"良友文学丛书"的这一本显得轻松而自然，大概赵家璧是想借这本书抛砖引玉，希望更多志摩生前的好友能够把信件借出。

就在赵家璧兴冲冲地到处搜集资料，以为不久即可出书的时候，上海来了一位不速之客。

1936 年 7 月间①，胡适从北平来上海。胡适是"中国新文学大系"中《建设理论集》的编选者，与赵家璧保持着直接的通信往来。赵家璧知悉胡适来沪的消息，在北四川路味雅酒楼宴请他，并邀请陆小曼等人一同前往作陪。万没想到，这一顿饭居然把即将到手的《志摩全集》给吃没了。

宴席上，陆小曼高兴地对胡适说："我已经和赵先生把《志摩全集》的初稿编出来了，麻烦你回北平后，把原来志摩给你，还有北方那些朋友们的信一并给我寄回来吧。这样这个集子才圆满啊。另外，集子编好后，还请你为集子写一篇序文，志摩生前跟你最要好了，由你写序最合适。"

席间胡适未置可否，赵家璧以为胡适是答应了。

胡适和徐志摩的交情是人尽皆知的。为了促成徐志摩和陆小曼的婚姻，胡适一边求徐父松口，一边求梁启超证婚，还亲自担任了这场婚礼的主婚人。徐志摩诗人气质浓厚，感情丰富，做事只听从自己的

---

① 赵家璧的回忆录中，屡次将这一时间写为 1936 年 10 月，是为笔误。经笔者查阅胡适生平年表，应为 7 月 7 日至 14 日之间。

内心，胡适则与之相反，处事圆滑得体，有旧时代文人的影子。1924年，印度诗人泰戈尔来华，原本徐志摩为全程翻译，结果鲁迅的杂文惹恼了他，徐志摩当即以"罢译"做抗议。胡适立马顶上，并安抚徐志摩，直到他的情绪回复常态。徐志摩到北平任教后，吃住都在胡适家。他与陆小曼的各种矛盾也尽告胡适，胡适非常心疼志摩，力主两人离婚……

或许正是因为交情太过深厚了，胡适对《志摩全集》早有打算，他要为自己的好友的文集找到他认为的最好的归宿。四天后，陆小曼给赵家璧打电话，说有要事相告。赵家璧以为是书稿的事情有了新进展，兴冲冲赴约，不想，迎接他的是当头一盆冷水：在胡适的安排下，陆小曼已经把《志摩全集》交由商务印书馆出版了！

赵家璧听到消息呆呆地愣在原地，很久说不出一句话来。陆小曼满面愧色，一个劲儿地道歉，说明自己的经济困难，因为商务印书馆已经付给她一笔可观的版税了。干编辑工作前前后后也快十年的时间了，有过高潮也有过低谷，他都能从容应对，从没有出过大的差错。突然失掉的《志摩全集》给他很大的打击，他想怪陆小曼，怪她出尔反尔，但是面对一个柔弱的女子，他实在说不出口。

那么，找胡适理论？赵家璧回忆文章中倒是提到过："胡适对我这个青年编辑施出这样一种手腕，不禁令人气愤。当时胡适住在北四川路块新建成的新亚饭店，我于第二天去找他评理。胡适笑眯眯地对我说：'《志摩全集》不在良友出，对你们并无什么损失，因为你们的工作还在集稿编辑阶段。现在事已成事，你也不必为此生气。我有一本书给良友出，就作为对你们的补偿罢！'……在胡适王云五之类的'大人物'面前，我这个青年编辑只好败下阵来。"①

这段话里对胡适和王云五颇多谴责之词，也许这些并不全是赵家璧真实的想法。赵家璧回忆徐志摩的两篇文章分别写于 1981 年和 1983 年。20 年的政治风暴让本就性格温和的赵家璧变得更加谨小慎微，在当时的舆论环境下，他保留了自己的心声。他内心对胡适是非常尊重的。他一直保留着胡适的信件，直到"文革"时被查抄。如果天假年日，在如今非常宽松的言论环境下，赵家璧笔下的胡适应是另一种样子。赵家璧做了好几年编辑工作，其实也明白，从陆小曼签订合同拿到版税的那一刻起，事情就已经板上钉钉了，再没有回旋的余地。问题的关键不在胡适，更不在完全不知内情的王云五，而在陆小曼。胡适还是秉承着不得罪人的处事原则，把《南游杂忆》交给赵家璧以示歉意。一个月后这本书就在良友公司出版了，这也是胡适唯一一次将书交给新月书店以外的地方出版。即便在局外人看来，《志摩全集》没有能够在良友公司出版，症结也是在陆小曼，或者在赵家璧本人没有先一步跟陆小曼签订约稿合同。如果赵家璧真的那么责怪胡适，不会一边谴责他一边拿走他的书稿。何况，胡适的这本书只是一个单行本，不能为良友公司和赵家璧本人带来什么额外的荣誉。这只能说明，他的内心对胡适，以及胡适的处事方式，都是敬重的，他领了胡适的这份歉疚之情。

从另一方面看，胡适与良友公司一直以来也保持着比较友好的往来，曾为《良友》画报写稿。非常著名的《请大家来照照镜子》，是胡适为美国驻华大使馆的参赞安立德《中国问题里的几个根本问题》

---

① 赵家璧：《编辑忆旧》，中华书局 2008 年版，第 225 页。

写的一篇序文。这篇文稿中文版交由《良友》画报发表。文中提出中国要发展，首先要承认自己不如人家，然后死心塌地地向别人学习。句句恳切，字字珠玑。

而对于这件事，胡适也是出于一片好心。出版《志摩全集》对胡适来说无名无利，他完全是出于对旧友的热爱，希望能在当时中国影响力最大的商务印书馆出版这套书，算是为老友做好最后一件事。客观来说，商务印书馆的影响力比良友公司要大很多。而且，胡适还通过私人关系，向王云五总经理提前争取到很大一笔版税，帮助陆小曼渡过了难关。

赵家璧虽然很难受，但对胡适的做法还是理解的。几天后，他把辛苦搜求了一年有余的《志摩全集》全部资料亲自给陆小曼送了过去。面对陆小曼一次又一次的道歉，他表现得非常豁达，也觉得心酸：当年挥金如土的阔太太，现在却为了一笔2000元钱的版税违背初衷，对晚辈不断赔着小心。最后，反倒是他过来安慰陆小曼了："您不必这样过意不去，老师的集子给商务出也是一件好事。只要把书做好，我的心里是一样高兴的。"

不承想，这部全集的出版却历经坎坷。商务印书馆拿到书稿后，也仔细经营多方搜求，最后排好了清样。不料几天后，八一三事变来了，商务暂时无力出书，辗转搬迁的时候将稿子全部留在了香港。就这样一拖再拖，一直拖到新中国成立后。商务印书馆进行了公私合营社会主义改造，当时的政治环境不适合出版这套书，所以商务将全部书稿以及清样纸型又退还给了陆小曼。直到陆小曼去世前，也未能看到她心心念念了30多年的《志摩全集》。

收入"良友文学丛书"24种的《爱眉小札》，原以为可以当成《志摩全集》的引子。因为赵家璧本打算将这本书作为全集中的"日记"一卷。可是，原本以为计划好了的事情，却节外生枝，最后蔓延成了赵家璧编辑生涯中最大的遗憾。从此以后，每当看到《爱眉小札》，甚至仅仅想到这本书，赵家璧都会唏嘘不已。

最早出版《徐志摩全集》的是台湾的传记文学出版社，于1969年，由梁实秋和徐志摩的前妻张幼仪参与整理编订。1983年，香港商务印书馆按赵家璧与陆小曼主理的，原上海商务的原纸型出版《徐志摩全集》五集，邀请做过重要编辑工作的赵家璧作序。虽然"这已是半个世纪前的旧事了"[1]，赵家璧依然觉得"喜出望外"[2]，是"晚年生活中一件值得高兴的事"[3]。他在序言中回顾了这套书从策划到流产的始末，称赞这部书"不但是我国文艺出版界的一大盛事，也是一件颇为曲折的出版史料；从我个人来说，更可借此告慰徐志摩老师和陆小曼女士于地下的"。[4]几年以后，香港商务印书馆和上海书店拟共同出版《徐志摩全集补编》，将当初赵家璧和陆小曼未收录、其后几十年陆续收集到的全部文章一并加上。年已八旬、身体欠佳的赵家璧欣然帮助审校了四集共计80余万字的稿件。赵家璧儿子赵修义先生提起这一段过往仍历历在目。"那时他的健康已经大不如前，但是他坚持着要完成，一字一句地校对英文的诗篇，搞得十分紧张，经常失眠，终于难以支撑了。郭小丹[5]先生最先发现他的精神异常，马上打电话问我。我赶回老家，听妈妈讲了他的近况，很担心他旧病复发，我和姐姐一

---

① 赵家璧：《编辑忆旧》，中华书局2008年版，第236页。

② 赵家璧：《编辑忆旧》，中华书局2008年版，第237页。

③ 赵家璧：《编辑忆旧》，中华书局2008年版，第237页。

④ 赵家璧：《编辑忆旧》，中华书局2008年版，第247页。

⑤ 郭小丹：时任上海图书公司副经理。

起陪他去医院，他又不得不服用镇定药物，结果大大地损伤了本来健全的头脑和体力。略有好转后，爸爸还是坚持要把书编完，在大学时代的老同学徐承烈先生的通力合作下，他终于了却了从志摩先生去世之时起就立下的心愿。"[1]"这是赵家璧一生中所做的最后一件编辑工作。"[2]此时，距离徐志摩去世已经过了半个多世纪。从赵家璧认识徐志摩到徐志摩不幸遇难，只有短短五年时间；而赵家璧却将出版《徐志摩全集》这件事情惦记了五十余年，并且中途不断付出努力。五年与五十年，赵家璧的重情重义完全经得起时间的检验。如果这位才华横溢的诗人泉下有知，看到自己的遗孀、友人、学生如此尽心尽力，理当含笑九泉。

第六节　"良友文学丛书"的编辑思想

从1933年1月出版鲁迅的《竖琴》到1937年6月出版张天翼的《在城市里》，"良友文学丛书"一共出版了39种图书，跨越了四年多的时间。也正是在这一段时间里，赵家璧完成了"中国新文学大系"第一个十年（1917—1927）的所有编辑工作，成为出版界一颗耀眼的明星。虽然此时赵家璧还不满30岁，但作为一个编辑家和出版家，他已然当之无愧。

---

①　赵修义：《忆父亲》，上海鲁迅纪念馆编：《赵家璧先生纪念集》，上海文艺出版社1998年版，第256页。

②　凌月麟、周国伟：《"书比人长寿"：赵家璧专库述评》，《上海鲁迅研究》2008年秋季刊，第145页。

纵观整个"良友文学丛书"的编辑过程，赵家璧在编辑构思、作者选择、营销推广上都具备了比较清晰的思路，并且不断完善自己的各项工作，稳健而踏实。

第一，有丰富而完整的整体编辑构思。整套图书的策划源于赵家璧对文艺编辑工作的偏爱。而让这种热爱转化为行动源于"近代丛书"的启示。"近代丛书"是当时美国出版的一套畅销文库，收录了许多世界知名作家的文学作品。整套书用软布面精装，每本售价都是美金九角，共 100 本。酷爱文艺图书的赵家璧又一次采取了"拿来主义"。但这一次的"拿来"显然更为成熟。除了在装帧上借鉴了"近代丛书"，采取软布面精装、售价就九角的形式外，还融入了自己的思考。

首先，在内容上坚持以创作的文学作品为主，除了为打开市场而接受鲁迅的两部翻译作品外，不再接受译作。在创作的作品中，优先选用长篇小说或短篇小说集，适当选用散文集、杂文集和剧本。同时，规划以十本为一辑，每一辑较为密集地推出，并且列出重点推广对象。从实际的完成情况看，赵家璧的这些设想都基本达到了。"良友文学丛书"前 20 种出完后，赵家璧就已经把后 20 种的作者和选题都确定好了。

第二，约请名家成为作者队伍中的中坚力量。赵家璧在编辑过程中深深体会到知名作者对市场的号召力，也认识到，要想编出一套高质量的文学丛书就必须有一份高水平的作者名单。在文学丛书的前 39 本里（第 40 本因战争爆发没有出版），几乎网罗了现代文学史上所有的名家：鲁迅两本，巴金三本，丁玲两本，茅盾两本，老舍两本，沈从文两本，张天翼三本，另外还有叶圣陶、谢冰莹、朱光潜、郑振铎、郁达夫等人的作品。正是这些流派不同、风格迥异、地域不一的作家共同把"良友文学丛书"推向辉煌。同时，也给沪上喧嚣热闹的出版风潮带去了一片清新的风景。

即便普通读者也能理解名作者对出版活动的关键作用。赵家璧的难能可贵之处在于他用真诚传达出来的感召力。赵家璧对丛书里所有的作家都采取版税制，版税高达 15%，半年一结，交稿录用的时候就可以预支一部分。这一点就算今天享有政策优待的国有出版社都做不到。他站在以出画报见长的良友图书印刷公司这个舞台上，开拓了良友文艺部的局面，用信心和诚心打动了一位又一位名家，并且使他们成为良友公司的宝贵财富。

第三，营销推广上逐渐有了清晰的计划。"良友文学丛书"从一开始就特别注重面向市场的推广，所以赵家璧千方百计，甚至不惜破坏整个丛书以创作为主的规划，一定要约到鲁迅的稿子打响第一枪。与"一角丛书"相比，这一次赵家璧对营销推广更加自觉主动。而且，他还首次设计了作者签名本，即在良友门市部提供 100 本作者亲笔签名本图书，并标上编号，价格不变，供有意者前来抢购，增加了图书的附加值。当年的灵光一现，导致很多签名本都成为海内外孤本，收藏价值非常高。

此外，为了进一步扩大发行量，赵家璧在后 20 种图书出版前，于 1936 年 1 月号的《良友》画报封底就推出了书目广告，并接受预约订户。尤其值得一提的是，他开创性地让预约订户享受五折优惠。当时大部丛书采取预约征订的方式比较流行，也是弥补出版资金不足、降低经济风险的好办法，但是能有这样的折扣，赵家璧是其中为数不多的一个。这充分显示出赵家璧在营销推广上已经脱离了拾人牙慧的阶段，而有了自己的创新。这个创新源于他对自己编辑实践过程的思考，也得益于他对这套丛书精准的核算和十足的信心。

同时，赵家璧充分利用《良友》画报的影响力，每一本"良友文学丛书"出版前都会先在画报上做大幅广告，也使得整个丛书在推出过程中一直保持着较高的关注度。除了《良友》画报，发行量很大的《申报》、《时事新报》等也是赵家璧重要的广告合作方。

"良友文学丛书"的装帧设计，即便多年以后也还为人称道。"'良友文学丛书'不但以内容取胜，并以书的包装，为读者所接受，而且为出版界所追求，至今为藏书家乐道。"① 好的装帧设计也是一种吸引读者的营销手段。一代文史大家、资深出版人金性尧先生说："凡是称作丛刊的，不但在装帧设计上要统一或和谐，而且还得漂亮大方，摆在一起，自然得令人生出一种美术感——谈到这一点，似又不能不推良友的文学丛书和小型文库（这大约是模仿西洋的几种文库），而以今天的成本算来，那真近乎'豪华'了。即如它的封面以外的护书的纸张，锌板及印工，就是一笔浩大的工程。记得半年前路过四马路的一家旧书摊，见有此书全套，索价六千元，为之挢舌。"② 这段话写于 1945 年。现在一套完整的"良友文学丛书"能够卖到几十万元人民币。

第四，逐渐明白维护品牌的重要性，尝试走品牌化的出书道路。1936 年，"良友文学丛书"又出了四本特大本，分别为：张天翼的《畸人集》、巴金的《爱情的三部曲》、沈从文的《从文小说习作选》、鲁

---

① 冯亦代：《祭赵家璧》，上海鲁迅纪念馆编：《赵家璧先生纪念集》，上海文艺出版社1998 年版，第 20 页。

② 金性尧：《新文艺书话》，转引自 http://www.dfdaily.com/html/1170/2010/9/5/515500.shtml。

迅编译的《苏联作家二十人集》，每本都在 800 页以上。这也是向"近代丛书"新增的 *Modern Library Giant* 学习，一律采用布面精装，可以看作是对"良友文学丛书"品牌的延伸和再开发。不过，这一有益的尝试开始不久，就被日军的炮火阻断了。

但是赵家璧并没有轻言放弃，在接下来的动荡时局中，虽然他本人和整个良友公司都过着朝不保夕的日子，但他始终没有放弃延续"良友文学丛书"这一品牌的努力。1938 年 12 月 31 日，在赵家璧等人的通力合作下，被日军破坏严重的良友公司改名为良友复兴图书公司正式营业，地址设在四川路 33 号的企业大楼五楼。与原来的良友公司相比，只有百余平方米的新公司显得逼仄而简陋，但这并没有阻挡大家的出版热情。1939 年 9 月，赵家璧出版了沈从文著的《记丁玲（续集）》，作为丛书的第 41 种。1941 年 7 月，他又出版了张天翼的作品《一年》，列为"良友文学丛书"的第 42 种。就在赵家璧兢兢业业想逐渐恢复这个品牌的时候，12 月 3 日，太平洋战争爆发了，日军很快占领了上海租界。12 月 26 日，良友复兴图书公司被日寇查封。次年，良友复兴公司正式宣布停业。赵家璧先后逃亡桂林和重庆，继续经营良友复兴图书公司，并分别出版了张天翼的《在城市里》和茅盾《时间的纪录》作为"良友文学丛书"的第 43 种和第 44 种。从上海到桂林再到重庆，赵家璧心中一直对"良友文学丛书"这个品牌钟爱有加。赵家璧带着这个品牌从东向西，走了大半个中国。

不过，需要特别指出的是，出版学界和研究者们对"良友文学丛书"到底有多少册一直以来意见并不统一。按照赵家璧的女儿赵修慧为其整理的图书目录，有以上 44 种。2013 年中国国际广播出版社出版的"人文阅读与收藏·良友文学丛书"中列为 46 种，从第 40 种开始分别为赵家璧译《月亮下去了》、沈从文著《从文自传》、端木蕻良著《大江》、王西彦著《村野恋人》、茅盾著《时间的纪录》、巴金著《第四病室》和耿济之译《兄弟们》。《中国近代现代丛书目录》中将"良友文学丛书"列为 54 种，其中列有序号的为 44 种，未列序号的 10 种。而赵家璧本人在回忆文章《我编的第一部成套书》里，开篇就明确说明"三十年代的良友文学丛书 (47 种)"。① 还有学者认为，"到 1946 年 3 月为止，'良友文学丛书'所出版的种数应该是 48 种"。② 因为这其中夹杂着"良友文学丛书新编"、当事人和研究者的划分标准不同以及战争频仍导致有些作品出版滞后等问题，所以具体的种数无法完全统一。但至少有一点可以肯定：在整个抗日战争前后，赵家璧从上海到桂林再到重庆最后回到上海，这一路，他都在不断地试图延续、修复、维护"良友文学丛书"。这块经他一手打造起来的金字招牌，伴随着近十年颠沛流离的赵家璧和他的复兴梦，一起迎来了胜利和回归。

面对"良友文学丛书"为公司和本人带来的荣耀和收益，赵家璧一直非常谨慎也非常努力。不论在他自己，还是同一时期的其他出版人，以及后来者看来，客观地说，这套丛书在内容上也有一个很大的弱点：虽然拿到了许多知名作家的作品，但这些作品大多不是作家的成名作或者代表作。比如鲁迅、茅盾、叶圣陶等人的作品，很明显带有拼凑的痕迹，作家的名气远远大过于作品的名气。这样就无法形成核心竞争力，容易被模仿、超越，做不到独树一帜。胡适坚持拿走《志摩全集》就有这方面的考虑。当然，从当时各方面的情况综合考

---

① 赵家璧:《编辑忆旧》，中华书局 2008 年版，第 14 页。
② 彭林祥:《〈良友文学丛书〉到底出了多少种?》，《中华读书报》2014 年 5 月 28 日。

量,"当时受到国际国内经济危机的影响,民生凋敝,读者购买力弱,而古籍、综合性丛书和教科书,以图书馆、少数富户和在校学生作为购读群,销路上相对较有保障……那些以出版一般性新书为主的中小书局,日子却相当不好过。"①赵家璧还能不断推出文学丛书和新作品,已经非常不易了。

成功的人总是能够把弱点当作前行的动力,赵家璧在整套丛书的组稿过程中,深刻地体会到拿名人佳作的艰难。他也清醒地认识到,以良友出版公司的实力,如果仅仅依靠名人来稿,永远无法拥有别具一格的竞争力。他开始策划更宏大的出版计划,他要让这个计划成为文学史上的一座丰碑,让知名作者以参与这个计划为荣,为良友公司,也为中国的文化事业作出更大的贡献。

---

① 吴永贵:《民国出版史》,福建人民出版社 2011 年版,第 58 页。

第五章
耀眼的"中国新文学大系"

　　赵家璧第一次到内山书店是为了拜谒鲁迅。后来，他也经常去内山书店看书，尤其是日本文艺书。虽然他不懂日文，但好在日文里有部分汉字，慢慢琢磨一下，也能猜出个大概。内山完造很喜欢这个刻苦勤奋的年轻人，经常送赵家璧一些日本出版商制作的图书目录等宣传品。每次赵家璧都如获至宝，仔细研读。久而久之，他看出了一些门道。他发现日本的文艺图书出版活动非常兴盛，而且形式多种多样，成套书特别多。这些成套书中有专门收集新作品的，也有专门编选旧作的，而且叫法也不尽相同，有丛书、大系、集成、文库等，内容上涉猎广泛，文学艺术作品都有。

　　从书店找出版的选题，于赵家璧已经不是第一次了。"一角丛书"、"良友文学丛书"都是前例。可见，做一个好编辑，首先要做一个好读者，能够从已有的图书中找到新选题的灵感。赵家璧很快将目光锁定一套专门编选近现代文学创作的大套丛书上。这套丛书中所有的作品都不是新作，不过按照一定的体例编选，还附有简短的评论。当时赵家璧正在做"良友文学丛书"，四处找知名作家搜罗新作，也体会到出版新作的艰难。因为新版名家佳作的竞争实在太激烈了，纵使他使出十八般武艺，往往也难以得到有分量的作品。他看着日本的丛书，冒出一个想法："已创刊的'良友文学丛书'，符合出版水平的来稿不多，要经过一个长期积累的过程，才能出成数十种或上百种。我为什么不来一个整理编选工作呢？五四新文学运动以来，现代文学史上已有定评的文艺作品，屈指计算，为数也不少，这些书都是纸面平装本，分散在各处出，极难觅齐，如果我能把它择优编选，统一规格，印成一套装帧美观、设计新颖的精装本，可取名为'五四以来文学名著百种'之类，那不是可期可成的工程吗？"① 不过，他旋即也想到了解决版权问题上的困难，好作品虽然多，版权的归属也非常复杂，很多出版社都不会轻易让渡佳作版权的。所以这一想法好虽好，可行性不大。只得换个思路。

---

　　① 赵家璧：《编辑忆旧》，中华书局 2008 年版，第 104 页。

第一节 "大系"编辑想法初步形成

这一否定，倒让赵家璧猛地燃起了另外一个想法：既然出版已有作品困难重重，为什么不能自己去创造一些经典呢？他仔细思索了一番："编辑是否可以自己多动些脑筋，发挥一些主观能动性，在编辑上变被动为主动，因而有所创造呢？编辑一般来稿是从有到有，把作家的创作成果，通过编辑劳动，变手写原稿为铅印书本，送到读者手中。但编辑是否也可以自己先有一个设想，要编成怎样一套书，然后主动组织许多作家来为这套书编选或写作；整套书完成后，不但具有它自己独特的面貌，而且，如果不真为了适应编辑的这个特殊要求，作家本人不会想到要自己去花时间编写这样一本书。这种编辑方法是否可以称为从无到有的创造性劳动呢？"[①] 得着这样一个宏大计划的鼓舞，赵家璧立刻变得干劲十足。

赵家璧是一个善于集思广益的人。从做编辑第一天开始，他就非常注意不断向前辈和周围人请教，把自己零星的想法和盘托出，然后大家一起讨论。对于别人的好意见，他会不假思索地采纳。这非常类似于今天被称为"头脑风暴"的集体研讨。不过，赵家璧没有一个相对固定的"集体"，他只能不断地辗转在各位前辈和友人之间，搜集每一项有价值的建议。

促使"中国新文学大系"的构想在赵家璧脑海中逐步成熟的有三个人：郑伯奇、钱杏邨和施蛰存。郑伯奇一直都给赵家璧提供无私的

---

① 赵家璧：《编辑忆旧》，中华书局 2008 年版，第 104 页。

帮助，不管是介绍作家、结识鲁迅，还是教会赵家璧一些工作经验。赵家璧毫无头绪地到处翻阅资料的时候，就不止一次得到过郑伯奇的指点。因为郑伯奇的关系，赵家璧认识了阿英。认识了阿英，就等于找到了宝贵的资料库。

阿英本名钱杏邨，是早期中国共产党员，因为工作关系经常找郑伯奇。郑伯奇介绍钱杏邨和赵家璧认识后，钱杏邨还将《创作与生活》和《灰色之家》交给赵家璧出版的"一角丛书"。当时阿英、夏衍和郑伯奇三人在瞿秋白的指示下，用化名受聘为明星影片公司的剧本顾问。钱杏邨为人热情，也对赵家璧一直以来青睐出版左翼作家的作品心存感激。所以，当赵家璧对他说起正在筹谋要编一套"五四"以来文学作品丛书的时候，他给予了高度评价："这样一套书，在当前的政治斗争中具有现实意义，也还有久远的历史价值和学术价值。"①

阿英这样说确实发自肺腑。其时，他刚刚用本名"钱杏邨"编了一本《中国新文学运动史资料》。书中序文针对当时出现的否定新文学运动、文言复古、新文学资料散佚严重等问题表示出担忧，并且提出了希望有人整理新文学成果的愿望："虽只是短短的一十五年内的事，但是现在回想起来已令人起渺茫之感。所以，作为新文学运动初期干部之一的刘半农，在《初期白话诗稿》的序引里，就如此的记着：'当时所以搜集，只是为着好玩，并没有什么目的，更没有想到过了若干年后变成古董。然而到了现在，竟有些像起古董来。'而当他和当时的另一位干部（陈衡哲）说到要印这部书的时候，她的回答是：'那已经是三代以上的事了，我们都是三代以上的人了。'其实，不仅

---

① 赵家璧：《编辑忆旧》，中华书局 2008 年版，第 106 页。

回想起来，使人起寥远之想，就是在不到二十年的现在，想搜集一些当时的文献，也真是大非易事。"① 赵家璧此刻的想法与他几乎不谋而合。所以，他当即表示："他自己搜集新文艺作品数量之丰富，文艺界中人所共知……将来良友如有需要，他愿意无条件供应。"② 这对于手头资料并不丰富的赵家璧而言，无异于雪中送炭。

几天后，赵家璧应邀到钱杏邨位于静安寺的家里。钱杏邨把所有收藏着新文艺书籍和期刊的箱子都打开了。赵家璧目不转睛地看着眼前这些珍贵的文献，感慨万千也惊喜万分。他感慨，钱杏邨经济并不宽裕，能有这么丰富的藏书实属不易；他惊喜，理想中的那套丛书解决了资料来源问题。因为钱杏邨搜集的好多资料连图书馆都找不到，很多文艺期刊都是整套整套的，而且以初版为多。有了这些资料做后盾，赵家璧明显感到，自己的理想不再是悬在空中，而是脚踏实地了。在后来具体编选"中国新文学大系"的过程中，钱杏邨的资料屡次起到了重要作用，几乎每一位编选者都要求赵家璧或良友公司提供材料。鲁迅要求良友公司负责供应《新潮》、《新青年》等刊物。茅盾表示："因为文学研究会名下的作品登在《小说月报》和《文学周刊》上的，我手头有，而散见于个分会办的刊物上或其他非文学研究会办的报刊上的，我没有。"③ 要求提供资料。周作人也写信给赵家璧："大系规定至于十五年止，未免于编选稍为难，鄙意恐亦未能十分严格耳。有许多材料不能找到，将来尚须请尊处帮助。"④

---

① 钱杏邨：《中国新文学运动史资料》，上海光明书局1934年版，第1—2页。
② 赵家璧：《编辑忆旧》，中华书局2008年版，第106页。
③ 茅盾：《回忆录18》，《新文学史料》1983年第1期，第9页。
④ 孔另境：《现代作家书简》，花城出版社1982年版，第60页。

临走前，钱杏邨送给赵家璧一本光明书局 1934 年 1 月 1 日刚出版的《中国新文学运动史资料》，还建议赵家璧去看刘半农编的《初期白话诗稿》。赵家璧认真地把两本书读完，完全理解了钱杏邨的用意。赵家璧知道钱杏邨对他计划的褒奖并非言过其实，也深深体会到了一种责任感和荣誉感。他想起还在松江时，新文化运动的倡议者们那些激情洋溢的讲演，离现在并不算特别久远，但确实找不到那份热情了。出版工作不仅仅要养家糊口，看到经济效益，还应该积累文化，传承文明，为社会作出贡献。对新文学运动的相关文献进行抢救、整理和出版已经刻不容缓了。

第三位促成者施蛰存与赵家璧交情深厚，他们既是同乡，也是志趣相投的朋友。两人都钟爱欧美文学，钟爱出版，钟爱成套丛书。赵家璧为施蛰存主编的大型文艺月刊《现代》投了 13 篇稿，施蛰存也为"一角丛书"、"良友文学丛书"和"良友文库"各出了一本书。他还给赵家璧介绍了巴金等知名作家。所以赵家璧说："在我的编辑生涯中，蛰存是第一个提携我的作家。"[1]有意思的是，两个人都爱板烟斗。赵家璧每逢读书写作，必定是烟雾缭绕的。两人只要在一起，很快那间屋子就变得如同腾云驾雾之所。"文革"时期，赵家璧抽烟时不小心点着了报纸，被造反派认为是故意纵火，还吃了不少苦头。此时赵家璧心中有了如此磅礴的计划，当然不会忘记与施蛰存商量，听取他的意见。

赵家璧把当时心中所有的想法和盘托出，施蛰存很认真地思考了一番，最后才说出自己的意见："这样一套大书，单单作品是不够

---

① 赵家璧：《编辑忆旧》，中华书局 2008 年版，第 23 页。

的，前面应有理论文章的结集，而每集后面各家史料，不如另出一集史料，这本史料集就可请阿英担任。"①这项中肯的建议给了赵家璧很大的启发。他接着说，仅仅有忠实的文献记录是不够的，还应该有文学的理论，因为理论建设也是推动新文学运动发展的力量。所以，丛书里还应该有专门的理论文章结集。另外，与其每一集后面都加一个史料，倒不如将史料放在一起，也结成一集出版，正好阿英写了《中国新文学运动史资料》，就把史料一集交给他去做，非常合适。

施蛰存的意见赵家璧全部采纳了。看着自己一个模糊的设想，经由大家的指点和帮助，逐渐变得清晰起来，成为包括理论、作品和史料的大创作，赵家璧心里有说不出的激动。是时候给自己的理想取一个名字了，赵家璧结合自己对日本文艺图书的了解，选定了"中国新文学大系"这个名字。名字的创意在"大系"二字。这是日本成套书比较普遍的叫法，在中国还没有先例，转换成中文也非常恰当。"大系"之"大"在于资料搜集、选稿范围、出书规模和人员名望；"大系"之"系"在于系统、系列、成体系。从"一角"到"大系"，赵家璧的进步神速。

就这样，"中国新文学大系"编辑计划在赵家璧的头脑中呼之欲出。此时的赵家璧信心百倍，整装待发。因为他已经明白这套书的价值无可估量，他也将因此而攀上事业的高峰。接下来，他要开始把理想一点一点变成现实。

---

① 赵家璧：《编辑忆旧》，中华书局 2008 年版，第 108 页。

第二节 确定编选计划和编选人员

新文化运动是在 1919 年五四运动前后产生的一次"反传统、反孔教、反文言"的思想文化革新、文学革命运动。赵家璧当时还是一位十来岁的少年，并没有机会身体力行地加入这个潮流。而后赵家璧走向了欧美文学学习的道路，跟新文化运动的接触并不算十分频繁。现在要编辑这样大的一套丛书，他非常清楚，专以一己之力是万万不能的。所以，他又一次开始了广泛的意见征集之旅。

赵家璧在前期的规划工作中拟将理论、作品和史料作为丛书的三大块，理论和史料各编一卷，作品则按类型分卷。

他首先解决的是理论部分的框架和编者问题。这一部分他得到了郑振铎极大的帮助。赵家璧是通过巴金认识郑振铎的。当时郑振铎正与靳以和巴金等人合编《文学季刊》，相交甚笃。赵家璧最初与郑振铎接触是为"良友文学丛书"组稿，就是后来丛书的第 14 种《欧行日记》，于 1934 年 10 月出版。此前两月，郑振铎来了一次上海，将书稿亲手交到赵家璧的手上。这时的赵家璧已经坚定了出版"中国新文学大系"的决心，也有了初步的计划。好不容易有机会碰到这位前《小说月报》主编和知名学者，赵家璧自然不会放过讨教的机会。

当郑振铎听到赵家璧说起编辑这套丛书的缘起和思路，并且援引了刘半农在《初期白话诗稿》一书序中所说"五四"时代的战士们已经被挤成"三代以上古人"[①]的时候，非常激动："所谓'三代以上的

[①] 刘半农：《初期白话诗稿》，北京出版社 2010 年版，第 2 页。

古人'的人物，精神表现衰老状态者还是最忠实的，也还有更不堪的'退化'甚至'反叛'的人物，他们不仅和旧的统治阶级、旧的人物妥协，而且还挤入他们之中，公然宣传着和最初白话文运动相反对的主张的；只有少数人还维持斗士的风姿，没有被旧势力所牵引。"① 显示出对某些人强烈的愤慨，也"因而对编辑《中国新文学大系》之举，认为非常及时，极有意义"②。

赵家璧面对这个给他巨大鼓舞的长者，将自己对于"中国新文学大系"的设想和盘托出："《中国新文学大系》分三部分，理论、作品和史料。理论和史料各编一卷。"③ 他趁势提出想让郑振铎担任理论集主编的想法。

郑振铎并没有立刻应允，说："理论部分应分为《建设理论集》和《文学论争集》两册。前者选新文学运动最初发难时期的重要理论，以及稍后一个时期比较倾向于建设方面的理论文章。后者着重于当时新旧两派对文学改革上引起的论争，以及后期文学研究会和创造社之间的论争等等。没有论争就不可能推动文学革命的前进，它与《建设理论集》有联系，但也有区别……有了这样一本集子，至少有许多话今天省得我们重说，也可以使主张复古运动的人省得再说一遍。"④ 郑振铎答应主编《文学论争集》。

赵家璧没料到组稿却组出了新的内容。但想法虽好，总得要找到有足够分量的主编人选才能让《建设理论集》深孚众望啊！找谁合

---

① 赵家璧：《编辑忆旧》，中华书局 2008 年版，第 109 页。
② 赵家璧：《编辑忆旧》，中华书局 2008 年版，第 109 页。
③ 赵家璧：《编辑忆旧》，中华书局 2008 年版，第 109 页。
④ 赵家璧：《话说〈中国新文学大系〉》，载《编辑忆旧》，中华书局 2008 年版，第110 页。

适呢?

郑振铎微笑着沉默了好一会儿,才说出一个名字:胡适。

赵家璧心中一惊,他内心里其实最初就想过请胡适来担任理论部分的编者。因为胡适在新文学运动中属于起步非常早的,学问文章资历都堪当此任。胡适后来在《建设理论集》的导言中自己也说:"所以我是最欢迎这一部大结集的。《新文学大系》的主编者赵家璧先生要我担任'建设理论集'的编纂,我当然不能推辞。"①"白话文的局面,若没有'胡适之陈独秀一班人',至少也得迟出现二三十年。这是我们可以自信的。"②虽然这样的结论不能得到大多数人的信服,但一向谨言慎行的胡适之能写下这样的话语,也绝非空穴来风的自我浮夸。

早在 1917 年,身在美国的胡适就在《新青年》上发表了倡导文学革命的第一篇文章《文学改良刍议》。回国后,胡适担任北京大学教授。这位当时北京大学最年轻的教授,参加《新青年》的编辑工作,并发表了《历史的文学观念论》、《建设的文学革命论》等一系列的文章;1920 年则出版新诗集《尝试集》,成为新文化运动中极具影响力的人物。但那时的胡适对赵家璧而言是一个高高在上的人物,而且也没有人引荐。如果徐志摩在世,也许就没有赵家璧与郑振铎的这番谈话了。更何况,平日里跟赵家璧往来比较多的是郑伯奇、钱杏邨等左翼作家,他们与当时红得发紫的胡适已经走向了不同的政治道路,赵家璧也不能不顾及他们的情绪。

还有一层更为隐蔽的原因,在赵家璧的回忆文章里没有明确写出来,不过从他之前出版的一些胡适的作品中可以见到端倪。此时的赵

---

① 刘运峰编:《〈中国新文学大系〉导言集》,天津人民出版社 2009 年版,第 1 页。

② 刘运峰编:《〈中国新文学大系〉导言集》,天津人民出版社 2009 年版,第 15 页。

家璧，与胡适没有任何直接往来。赵家璧在光华附中读书期间曾经听过胡适的哲学讲座，仅此而已。不过，他主编《中国学生》画报期间，曾经两次用过胡适的作品。第一次是第 1 卷第 8 期上，使用了胡适用毛笔手写的条幅：古人之讲究藏书，我们要教人用书。文字下方还有胡适的签名和印章。第二次在第 3 卷第 2 期上刊载了胡适《我的信仰》一文。后来"一角丛书"的第一种《今日四大思想家信仰之自述》中也收录了这篇文章。这两次使用胡适的作品，赵家璧都没有经过胡适的同意，当然也谈不上给任何报酬。从版权的角度来看，赵家璧对胡适有亏欠。雪上加霜的是，他还曾在《中国学生》上撰文写道："胡适在哲学方面至今还没有多大的贡献；只写了半部中国哲学史"。这样的论断对胡适是为大不敬。而且随着赵家璧本人学问资历的增长，对年轻时自己这样的文字想必也愧悔不已吧。这些胡适可能不知道，也可能知道后无意与良友公司的一个年轻编辑计较，所以并未为难赵家璧。有了这样的因由，赵家璧更不好意思请求胡适了。

因此，这件事情在赵家璧心里盘旋了很久，总不能有一个定论。郑振铎主动提出来，正应了那句话：英雄所见略同。郑振铎虽然并不知道其中许多关窍，但热心地表示自己可以代为牵线。郑振铎在整个"中国新文学大系"编纂过程中，确实履行了自己的承诺，除了联系胡适之外，尽力充当了"中国新文学大系""北平联络员"的角色。

赵家璧自然感激不尽，但也担心会引起阿英、郑伯奇等人不满。郑振铎的一句话彻底打消了他的顾虑："对历史上做出过贡献的人，应当肯定他那一部分；这并不排斥我们对他今天的政治观点持不同意见。"① 这些都来自赵家璧晚年的回忆文章，至于具体的过程外人不得而知。郑振铎更是早已过世了，也没有留下关于这一段的回忆文字，是为孤证。但不管怎样，胡适为整部"中国新文学大系"增色不少是不争的事实。这也为赵家璧在编辑思想上进一步超脱政治、只看稿件质量的风格迈出了坚实的一步。

相对理论集部分来说，史料的编选人员确定就直接容易得多。不论是郑伯奇、施蛰存还是郑振铎，都认为阿英堪当此任，也非他莫属。阿英本人欣然接受。他在此后的编选感想中说："即便暂时不能产生较优秀的新文学史，资料索引一类书籍的印行，在任何一方面，也都是有着必要的。良友图书印刷公司发刊《中国新文学大系》，其意义可说是高于翻印一切的古籍，在中国文化史上这是一件大事。"② 可见，他是带着怎样一种难以自抑的激情去完成这项工作的。

1934 年 4 月，上海生活书店主办的《文学》杂志上刊登了一篇茅盾的文章，引起很大反响。文章在评价 1933 年出版的王哲甫著《中国新文学运动史》的基础上，写道："只希望有一部搜罗得很完备，编得很系统的记载'史料'的书，这本书可以是'编年体'，按年月先后著录重要'理论文章'及'作品'，记载文学团体成立解散，以及杂志的发刊等等，'理论'文可以摘录要点或抄录全文，'作品'可以来一个'提要'。如果不用'编年体'，也可以用'纪事本末体'，把十五年来文坛上讨论过的重要问题详细记述它的发端论证，以及结束。另外再加两个附录，一是重要'作品'的各方面的批评及其影响，二是文学社团的小史。倘使这样的书出来，对于研究现代文学史的人

---

① 赵家璧：《编辑忆旧》，中华书局 2008 年版，第 111 页。
② 赵家璧：《编辑忆旧》，中华书局 2008 年版，第 112 页。

固然得用，对于一般想要明了过去到现在的文坛情性的青年也很有益。"①茅盾的这些憧憬与赵家璧对"中国新文学大系"的设想不谋而合。所以，当赵家璧拿着头脑中的计划去请教茅盾的时候，可想而知茅盾会有多么兴奋。两人除了共同敲定丛书收录文章的起讫日期外，还就作品的部分，主要是小说和散文集，有了更加明确的规划和安排。

首先是小说部分。新文化运动以来诞生的大批白话文小说，成为中国现代文坛上一支非常活跃的力量。小说作品数量繁多，赵家璧明白必须要分册出，但是具体分几册，怎么分，他一直都拿不定主意。茅盾建议他："这十年中的文学作品，短篇小说分量最多，可考虑按文学团体分编三集，文学研究会和创造社各编一集，这两个团体以外的以《语丝》、未名社等为中心又编一集，这样各有其特点。"②

茅盾的建议让赵家璧豁然开朗，他后来跟郑伯奇、钱杏邨、施蛰存和郑振铎等商议的时候，也觉得这个分类方法比较合适。确定了分类，赵家璧开始逐一物色主编。

1920 年 11 月，茅盾开始担任商务印书馆《小说月报》的主编。1921 年 1 月 4 日，文学研究会在茅盾等 12 人的发起下成立。它是新文化运动中成立最早、影响和贡献最大的文学社团之一，其宗旨是"研究介绍世界文学，整理中国旧文学，创造新文学"。茅盾将《小说月报》全面改版革新，成为文学研究会的代用机关刊物。1932 年后，文学研究会解散，但是留下了大批优秀的作品，还出版了"文学研究会丛书"200 多种。要编选文学研究会的稿子，茅盾当然是不二人选。赵家璧顺势邀请茅盾担任该集的主编，茅盾欣然应允。

---

① 茅盾：《中国新文学运动史》，《文学》1934 年 4 月号第 3 卷。

② 茅盾：《回忆录 18》，《新文学史料》1980 年第 1 期，第 9 页。

1921 年 7 月，创造社在日本东京成立，发起人主要是日本的留学生，其中郭沫若、成仿吾、郁达夫、田汉、郑伯奇等人是主要成员。前期的创造社反对封建文化、复古思想，崇尚天才，主张自我表现和个性解放，强调文学应该忠实于自己"内心的要求"，是其文艺思想的核心命题，表现出浪漫主义和唯美主义的倾向。郭沫若的诗集《女神》，郁达夫的小说《沉沦》及郭沫若的译作《少年维特之烦恼》（歌德著），是该社最有影响的作品。成员们先后办有《创造》季刊、《创造周报》、《创造日》、《创造月刊》、《洪水》等十余种刊物。后期创造社与太阳社一起大力倡导无产阶级革命文学。1929 年 2 月，创造社为国民党政府封闭。赵家璧拟从郭沫若、郁达夫和郑伯奇中选出一位来编选创造社的集子。但是前两位经过赵家璧的斡旋，都已经另有他任，这样一来，能担当此任的就非郑伯奇莫属了。

除文学研究会和创造社以外的文学团体和作家单成一集。但是这些文学团体数量多，成员相对比较少，地理位置分散，非常复杂。有新潮社、沉钟社、莽原社、未名社、弥洒社、浅草社和《语丝》、《晨报副刊》、《京报副刊》、《现代评论》等刊物，还有其他一些不属于任何团体的作家。赵家璧考虑过好几个主编，后来又都自我否定了。这一集很"杂"，但最能体现编选者的功力和阅历。编选者必须跳出一家一门之见，站在整个新文化运动的角度去看待问题。新文学运动最初的三个发起者胡适、陈独秀和鲁迅，胡适编选理论集，陈独秀被国民党政府囚禁于南京模范监狱，就剩下鲁迅了。以鲁迅在新文化革命中的地位，由他担任这一"杂牌军"的司令，是深孚众望的。赵家璧提出让鲁迅编这一集，茅盾、郑伯奇和郑振铎一致同意。不过，赵家璧心里顾虑鲁迅不会接受这个差使，因为毕竟与其他两集相比，还是有点"杂牌军"的味道。最后，赵家璧还是决心试一试。为了增加胜算，他特别叫上郑伯奇一起来到熟悉的内山书店，拜访鲁迅。本来在鲁迅面前比较腼腆内向的赵家璧，这一次说了很多。他首先说到来自内山书店的灵感，又感谢鲁迅对他屡次的帮助和支持，最后谈到了丛书的编写计划和预期价值，以及已经选定的各集主编。

鲁迅对于编写这样一套书极为赞赏，所以赵家璧提出请他担任一部小说集主编的时候，他并未多加推辞，而是慨然应允。不料，紧随其后出现了让鲁迅愤慨不已的《病后杂谈》被检察官刁难、肆意删改的事件。鲁迅立刻写信给赵家璧："五四时代比明末近，我又不能做四平八稳，'今天天气，哈哈哈'到一万多字的文章，而且真也和群官的意见不能相同，那是想来就必要发生纠葛……所以我决计不干这事了，所幸开初就由一个不被他们所憎恶者出售，实在稳妥得多。"①明确表示推掉《小说二集》主编一职，以免最后落得个不能出版的下场。但在赵家璧的诚恳要求下，鲁迅最终还是收回了成命，完成了《小说二集》编选的各项工作。命运之神就是如此垂青赵家璧，垂青"中国新文学大系"。再晚一两年，鲁迅过世，就不可能参加编选了。而"中国新文学大系"诸位编者中，如果少了鲁迅这位新文化运动的代表性人物，也将失色不少。

后来在实际的成书过程中，赵家璧也充分细致地照顾了各位编选者的情绪。本来定为三本小说集分别以甲乙丙命名，后来赵家璧始终觉得这似乎显得三者有高下之分，所以最后还是决定以一二三来分别命名。散文集也采取了这种方式。

---

① 《鲁迅全集》第6卷，人民文学出版社1981年版，第158页。

其次是散文。赵家璧最初打算散文出两集，一集由郁达夫主编，一集选周作人。郁达夫得到了大家的赞同，因为他既有新文学革命的精神又擅长写散文。赵家璧与郁达夫最早的合作是请其为木刻连环图书《我的忏悔》写序。他的散文篇篇洋溢着荡气回肠的诗的情调，激情澎湃，展现出一幅幅感伤、忧郁而又秀丽、隽永的情景交融的画面。但周作人的入选就不是那么顺利了。

周作人是鲁迅的亲弟弟，早年也曾经跟鲁迅并肩战斗，兄弟感情本来十分融洽。1923 年 7 月，兄弟二人因故失和，并且再没有恢复往来，成为中国现代史上的一桩悬案。反对周作人入选的无非都是赵家璧身边的左翼人士，想来是怕鲁迅不高兴。但赵家璧顶住了这些压力，坚持选择了周作人。因为周作人对新文化运动的贡献同样很大，而且学识渊博。

在这些丛书的编辑过程中，赵家璧也进一步加强了与作者相处的技巧，直到晚年都能与不同立场甚至相互之间交恶的作者保持良好的关系。比如丁玲与沈从文因为《记丁玲》一书中的一些文字，到后来互相指责，赵家璧却与二人分别保持着友谊，书信往来不断。赵家璧对丁玲一直非常尊重，这种尊重是作家对作者的，是普通群众对一位有坚定信仰的共产党员的，甚至还含有男性对一位执着伟大女性的敬佩。赵家璧对沈从文的感情则要单纯随意得多，更多是一种对老作者老朋友的自然情感流露。赵家璧一生都可以做到与不同作者之间保持着良好的关系，维护着作为一个优秀文艺图书编辑的各方平衡。

既然散文分为两集，当然应该跟小说一样，每集都有一个分类的标准。不过这个标准却不像小说集那么容易确定。茅盾给出的意见是郁达夫收编南方作家作品，周作人则选北方的作家。赵家璧仔细考虑了一下这个意见，也分别去信与郁达夫和周作人商议，郁、周二人未置可否。赵家璧考虑了很久，觉得最好的办法就是让二人自行商议。本来这两人的关系就非常密切，彼此也相互了解，他们自己商议理当更加合适。赵家璧作为主编，这一次就干脆放手了。事实证明，他的决定是非常正确的。两人最后多次写信商议，确定了以人名为划分的标准，即将每位作者的作品集中编排。

再次是诗集。最初赵家璧选定的诗集主编是郭沫若，因为郭沫若是"五四"时代第一个最有贡献的诗人，也是新诗的奠基人之一。赵家璧委托郑伯奇给流亡日本的郭沫若写了一封信，郭沫若欣然答应，只是要求良友负责供应所需要的材料。赵家璧闻讯立刻写了一封感谢信，并承诺会竭尽全力提供素材。

不过，最终赵家璧还是失去了这次合作的机会。早在1927年，郭沫若面对蒋介石的"清党"，写下了震惊一时的《请看今日之蒋介石》，直言"蒋介石是流氓地痞、土豪劣绅、贪官污吏、卖国军阀、所有一切反动派——反革命势力的中心力量"，是"一个比吴佩孚、孙传芳、张作霖、张宗昌等还要凶顽、还要狠毒、还要狡狯的刽子手"。很快，郭沫若遭到通缉，流亡日本。赵家璧当时选择郭沫若并不知道会有这样的遭际。正是因为这段缘由，国民党当局明确规定，郭沫若编写的书一律不得出版，毫无商量的余地。

赵家璧被迫改换诗集选编人，想到了正在清华大学任教的朱自清。1919年朱自清就开始发表诗歌，是新文学运动初期的诗人之一。他还参与发起新文学史上第一个诗歌团体"中国新诗社"和创办第一个诗歌杂志《诗》月刊等工作，支持由青年学生组成的湖畔诗社及晨光文学社的活动，为开拓新诗的道路付出了辛勤的劳动。他的长诗

《毁灭》轰动一时，影响广泛。他的确是一位不可多得的新文化干将。当时赵家璧与朱自清没有任何往来，全凭郑振铎出面帮忙邀请。朱自清虽然并不是第一人选，但完成得非常好，也特别认真，经常与周作人信函往来商议编选事宜。

最后是戏剧集编选人员的确认。正在复旦大学任教的洪深是众望所归的不二人选。他从中国话剧和电影的草创时期开始，就进行了编剧、导演、表演等全面的实践和理论探索，是中国现代话剧和电影的奠基人之一。1915 年开始创作剧本，《卖梨人》是受崂山梨启发而成就的处女作，此后便长期从事话剧活动。他还是哈佛大学第一个专习戏剧的中国研究生。他在编选过程中写了六万字的导言。本来赵家璧规划中，每集选编者作两万左右的导言即可，而洪深显然超额完成了任务。

十位编选者大体确定之后，赵家璧来到了中央研究院院长蔡元培的办公室。此前他们曾打过数次交道。早在赵家璧编辑《中国学生》月刊时，就曾经将介绍国内 47 所大学的资料汇编成《全国大学图鉴》一书。这是一本图文并茂的精装大画册。赵家璧曾经托郁达夫介绍，请求时任中央研究院院长的蔡元培题签。后来又有几次也请蔡元培为他编辑的书题写书名、撰写前言。这次赵家璧打算请他为"中国新文学大系"作一篇总序和一篇内容提要。总序以后打算放在《建设理论集》之前，内容提要则编入宣传样本中。这样一部新文化运动的大结集，怎么能少了蔡元培的名字呢？在十位编选者还没有确定的时候，赵家璧的心里就已经确定了这位德高望重的领路人。蔡元培的声誉和名望，注定会将这部作品带到新文学史领域中无人企及的高度。

蔡元培翻阅了赵家璧的编选规划和编选者名单后，认为："像这样一部有系统的大结集，早应当有人做了，现在由良友公司来编辑出版，很好！"① 欣然答应为"中国新文学大系"写一篇万言总序。巧合的是，"中国新文学大系"选定的这十年，正好是蔡元培在北大当校长的十年。这位前北京大学校长，怀着无比的深情向赵家璧讲起那些激荡的岁月。他如何在校园里提倡"学术"、"自由"之风，如何不拘一格地为北大选教授，贯彻"兼容并包"的思想……繁忙的院务工作，并没有磨灭这位年近七旬的长者依然澎湃的激情。赵家璧看着眼前这位沉浸在回忆中的长者，更加坚定了要出好这套书的决心。如果说他开始构思编这部书的时候是为了自己的事业，那么，在后来的屡次交流中，他越来越明白，这已经不是他个人的事情，而是民族的一段记忆，精神的一段洗礼。

十集的编选者安排就绪，"中国新文学大系"这项工程的各个环节开始启动运转，此时的赵家璧就像一位播种者，只不过他收获的将是一套传世之作。

第三节　那些看不见的努力

作为主编，赵家璧此时并不轻松。他并不担心自己精心选择的各位编选者是否能够保质保量地完成各自的任务，而是努力在各方面精心布置，以求能满足读者的期待，不辜负各位大家的信任。

有了初步的编选计划后，赵家璧会同印制、财务等部门做了一

---

① 赵家璧:《编辑忆旧》，中华书局 2008 年版，第 130 页。

次财务核算。经过比较周密的计算，除去各类成本，大系如能销到2000 部就可以保本。有了内容和市场这两项计划后，赵家璧正式向总经理伍联德报送"中国新文学大系"的出版选题。伍联德看着赵家璧这份沉甸甸的编辑计划和组稿名单，不得不由衷地佩服这个自己一手提拔起来的主编：还不到三年的时间啊，这个年轻人就如此锐不可当了！

在编辑计划里，赵家璧拟采取当下流行的新书预售的方式，直接让利给读者，伍联德对此提出了自己的担心。因为之前孙师毅曾经为良友主编过一套"中国现代史丛书"，也是采取的预约售书，但可惜因种种原因最后没有出齐，失信于读者了，对良友公司的声誉造成了严重的影响。"大系"编选名单中多数为左翼作家，这些人是当时的国民政府不太喜欢的。1934 年 5 月，国民政府正式成立了审查会，规定所有原稿出版前都必须送审，只有审核通过才能出书。伍联德还担心这些左翼作家过于惹眼，最后会耽误丛书的出版。这一点，赵家璧也没有十足把握，所以决定先投石问路。

此前，赵家璧也跟这个审查会打过几次交道，无非都是为了他的文艺书出版问题。这一次却有点不一样。他将编辑计划书和编选名单送审后，结果还没有出来，穆时英却意外来访了。穆时英是赵家璧的同学，也是赵家璧的早期作者之一。穆时英曾经在 1931 年的第 6 期《光华年刊》上发表过《光华文人志》一文，将赵家璧写入其中：

> 这位朋友我不十分熟悉。我所知道的，就是他非常努力，读的书顶多。如果我们光华将来会出一位批评家的话，那一定是他。此外，从他的名字我们就可猜想到他一定是一个生得很白，

很俊美的人。还有，他跟生人说话的时候，怕羞，脸会红。我还知道他每星期六回松江，到星期一才来，因为他是一位结了婚的男子。①

虽然这只是穆时英一家之言，但也大体能表现出一些大学时期赵家璧给同学们的印象：努力，爱读书，俊美，腼腆，顾家。综合赵家璧一生来看，大体不错。不过，赵家璧没有如穆时英所料，成为一个批评家，而是成了一名编辑。就在写这篇文章前后，穆时英创作的小说《被当作消遣品的男子》和《空闲少佐》相继入选了"一角丛书"。穆时英这次来不是投稿，而是发邀请的。他现在正好也在审查会供职，与主管项德言私交很好。他来邀请赵家璧第二天去项德言家里做客。

公事私办，赵家璧的第一反应就是项德言在变相索要贿赂。因为书能不能出，全部掌握在项德言手里。这样被敲竹杠的事情，赵家璧不是第一次碰到了。但为了精心策划的"中国新文学大系"，他必须迎难而上，对付各种可知与未可知的明枪暗箭。"我就抱着'不入虎穴，焉得虎子'的精神，承担了再去闯一次鬼门关。"② 更何况，此时他已经不是一个人在战斗了，他身后还站在许多与他并肩努力的各集编选者和各位良友同人。

项德言这次邀请意在说明两个问题。

第一，希望赵家璧的"良友文学丛书"能够将自己的作品收入。因为"良友文学丛书"当时的软布面精装，在上海的文艺出版界是非

① 穆时英：《光华文人志》，《光华年刊》1931 年第 6 期。
② 赵家璧：《编辑忆旧》，中华书局 2008 年版，第 121 页。

常有名的，而且版税收入比较高，交稿时还可预支一部分。项德言此举在于名利双收。赵家璧心里觉得很好笑，这居然和几年前汤某人的做法如出一辙，既要钱又要名，还让外人看不出破绽。果真的，文化流氓就跟砸玻璃的不一样。赵家璧深知项德言掌握着图书是否能够出版之生杀予夺大权，心中虽然鄙夷，也不愿当面得罪，暂时将稿子收起，答应回去后尽量安排。

第二，坚决要求更换郭沫若和鲁迅这两位编选者。

赵家璧听到要求换人的消息十分着急。这些编选者是他集思广益，并且经过多方努力才组到一起的，每个人都是各集最权威最合适的主持者，一旦换掉，整套书的价值将会大打折扣，也无法对编选者交代啊！赵家璧只得恳求他加以照顾。项德言卖足了关子才说："鲁迅的名字，根据具体情况，可以商量，但郭沫若的名字绝对不行。郭沫若写过指名道姓骂蒋委员长的文章，所以上面明文规定，我也无能为力！"[①]

于是就出现了前文提到的诗集编选者更换的一幕。项德言那部几万字的书稿，名为《三百八十个》，从形式上就不符合"良友文学丛书"的编选标准，赵家璧就委托穆时英如实相告，最后用精装出了单行本，署名鲛人，稿费五百大洋，近乎天价。但以此能够换来"中国新文学大系"的顺利出版，也是一笔非常合算的生意了。

早在项德言出现之前，良友一方就对这样的刁难做了充分的思想准备。作为商人的伍联德在之前与国民党政府打交道的时候就敏锐感受到，左翼作家的作品容易惹上麻烦，但也容易获得很好的销路，利

---

① 赵家璧:《编辑忆旧》，中华书局 2008 年版，第 123 页。

润可观。"激进政治读物往往会畅销，他们的钱花得值，冒的风险越大挣的钱就越多。他们甘愿冒政治上的风险也不愿冒经济上的风险，政治在商人眼中，和天气、行情差不多，都是他们做生意前已经考虑过的因素。在当时的环境下，书店老板们早已练就了一套和政治打交道的本领，他们往往能以最少的投资换取最大的利润。良友的经营者们显然也在实践磨练中获得了这种能力。"①这样去评价作为民营机构的各类书局是比较公允客观的。所以伍联德发现赵家璧的编选名单中出现了鲁迅、茅盾、阿英、郭沫若等左翼人士之后，就要求将"中国新文学大系"的名单提前送交国民党审查会预审。这样如果有问题可以提前解决，免得到以后陷入被动，于读者、编者双方都难以原宥。事实证明，这样的安排是非常具有预见性的。不然《诗集》就很难按时出版了。

鲁迅也非常清醒地认识到了这一点："他们也知道禁绝左倾刊物，书店只好关门，所以左翼作家的东西，还是要出的，而拔去其骨骼，但以渔利。有些官原是书店的股东，所以设了这圈套，这方法我看是要实行的，则此后出版物之情形可以推见。"②鲁迅本人就深受其害。他的《二心集》原本交由上海合众书店于1933年8月出版，但刚一问世就被禁了。出版方为了挽回损失，不顾作者的情绪，按照国民党中央图书杂志审查委员会的要求删去了三分之二以上的文章，并于次年8年改名《拾零集》出版。鲁迅虽然气愤也毫无办法。不过，鲁迅对良友始终是信任和支持的。在长期与国民党

---

① 徐鹏绪、李广：《〈中国新文学大系〉研究》，社会科学文献出版社2007年版，第17页。
② 鲁迅：《鲁迅书信集》上卷，人民文学出版社1976年版，第431页。

各类审查制度打交道的过程中，鲁迅也积累了一些应付的经验，并传授给赵家璧。鲁迅在 1935 年 3 月 6 日给赵家璧的信中说："序文的送检，我想还是等选本有了结果之后，以免他们去对照，虽然他们也未必这么精细，忠实，但也还是预防一点的好罢。"① 赵家璧按照这个建议去做，果然收到了很好的效果，《小说二集》的抽删情况并不严重。国民政府在 20 世纪 30 年代中期和抗战时期实行的各类书籍审查制度，一直备受出版界和文化界的声讨与抵制。查禁与反查禁的斗争，贯穿了民国出版业的始终，考验着出版人的智慧和勇气。

扫清了出版的障碍，赵家璧把更多的精力放到《大系样本》的编写工作中。

1935 年 3 月，"中国新文学大系"开始在各大报刊发售预约广告，说明年底会出齐，并且全部采用布脊精装。赵家璧为了让读者更加明白这套丛书的情况和价值，特意编了一本 40 多页的《大系样本》，作为广告册页发放。样本包含有以下内容：

1.《编辑中国新文学大系缘起》。这是赵家璧自己写的，说明了做这项工作的重要意义、分别介绍了十卷的内容和结构、提出了自己的期望。

2. 用两个版面影印了蔡元培的《总序节要》手迹。

3. 每位编选者的《编选感想》都摘录一页，并且加上编选者的照片和选集的内容简介。

4. 书影、预约办法和预约单。

---

① 鲁迅：《鲁迅书信集》上卷，人民文学出版社 1976 年版，第 767 页。

5. 登上了冰心、叶圣陶、林语堂、甘乃光等当时的文艺名流对大系的评价。

广告一出，四方雷动，订单像雪片般飞来。特别是茅盾的《小说一集》在 5 月 15 日出书后，反映更好，预约订户很快就超过了 2000。赵家璧果断又加印了 2000 部精装本。同时，考虑到学生读者的经济能力，他特意加印了白报纸纸面精装普及本 2000 部，售价十元，是布面精装的一半，预约则只要七元。为了顺应进一步宣传的需要，赵家璧还为后一种版本专门修改了《大系样本》，加入了许多新的内容，比如《舆论界之好评摘录》四页、用 25 页的篇幅把除《史料·索引》外九卷的目录全部奉上，供读者参考。

在一系列精心运作之下，"中国新文学大系"掀起了热卖潮。"在 1935 年年底，立信会计师事务所对良友公司的库存进行了盘查……数据证明，1935 年五月中旬才开始发售的两版精装本 36000 本，到年底已经销售了 90%，九月下旬才上市的普及本经过短短 3 个月的销售，也已经完成了总量 40% 的销售任务。"[1] 在市场上的成功毋庸置疑。

1935 年 5 月，赵家璧专程北上了一次。这也是他第一次去北平。他的学生时代和良友时代是重合的。从进入良友开始，就一直不停奔忙，"中国新文学大系"人选既定，他终于找机会给自己放了一次假。放假或许也应该要打上双引号，因为他没有一天游山玩水，而是借住在好友章靳以家中，每天不停地出门拜访。他一方面拜望了一些老作者老朋友，二则去看望一些较少谋面却通过数次书信的作者和朋友，

---

① 郑瑜：《虹口的空间网络与 1930 年代上半叶虹口民营出版业》，华东师范大学 2008 年博士学位论文，第 53 页。

比如胡适、朱自清、沈从文、周作人、冰心等。这其中许多人都是"中国新文学大系"的编选者。

第四节　"中国新文学大系"的编辑思想

"中国新文学大系"的巨大成功，若论功劳，赵家璧是当之无愧的首位。几年的编辑生涯，迅速让这位20多岁的青年成长起来，为中国编辑出版史，乃至新文学史作出了巨大贡献。此时的赵家璧在他热爱的丛书编辑活动上早已褪去青涩，变得游刃有余。赵家璧的编辑思想，也随着"中国新文学大系"这座丰碑愈益成熟。

第一，认识到编辑是一项主动的、富于创造性的工作。

在此之前，赵家璧一直采取的来稿加工的编辑模式。虽然他有一套自己的组稿方法，但作者写什么，怎么写，他一概不介入，只提一些诸如字数、体裁等形式方面的要求。等作者完稿后，进行惯常的编辑加工和装帧设计就推向市场了。虽然他经过努力团结了一大批作者，但很少拿到作者的重要作品。在当时，有许多其他出版企业也竞争文艺丛书这一块，良友仅靠"一角丛书"和"良友文学丛书"，未必能够独树一帜。此时的赵家璧悟到一条真理：做编辑工作必须要有创造性。只有充分发挥创造性，才能有自己独特的优势，出版独树一帜的好作品。

等稿子不如催稿子，催稿子不如策划稿子。编辑不应该只当加工的工匠，在社会化的大市场条件下，编辑应该有更广阔的发挥空间，主动策划一些选题，再组织合适的人来完成。一套书整个下来，从内容到形式，全凭编辑的推动和思想。作者只是被选定的，完成这个想法的人。这样一来，所有的主动权都掌握在编辑的手里，既不用担心容易被模仿超越，也不害怕有人会横刀夺爱。而作者在合作过程中，也能够比较轻松地名利双收。

编辑"中国新文学大系"的计划就是这样萌发的。赵家璧是一个有着很强执行力的人，会尽一切力量让好的想法变成现实。刚开始他并不清楚自己理想中的作品是怎么样的，就不断地去图书馆、书店查阅近年来的图书资料，研究近年来的作品。对各类资料进行比对后，他发现"五四"以来的作品非常多，小说、散文、诗歌等文学形式也十分丰富。他朦胧地意识到，自己即将编的作品会以这些为基本原料，然后分类编辑。每一类都找一位最权威的人士担当主编，由主编来编选。此外，主编还要在每一集前加一篇序言，说明这一门类作品的发展源流和编选标准等。对于一些因为篇幅没有入选的作品，也附上书目，以便读者查阅。每一集书的后面，还可以加入一些史料，比如人物生平、社团概况等，为读者最大限度保存史料。

这种积极主动的创造意识在编辑工作中尤为难能可贵。

第二，充分尊重作者的选择和劳动。

"中国新文学大系"的编者事实上也可称为赵家璧的作者，此处将二者暂时混在一起。主编中国现存最早的诗文总集《昭明文选》的萧统，在文选序言中就明确提出了"事出于沉思，义规乎瀚藻"的编选标准，为千百年来文学作品选家奉为圭臬。但是在具体的选择过程中，每个编者因为个人学识、好恶等不同，往往会体现出一定的个性。鲁迅先生曾言："选本所显示的，往往并非作者的本色，倒是选者的眼光",① 赵家璧主持的"中国新文学大系"编写工作,其实就是召集选家进行选辑的过程。十位选家个个声名显赫,甚至可以不客气地说,哪一个都比当初的赵家璧有影响力。而赵家璧看重的正是他们远强于自己的影响力。试想一下,如果一套丛书,哪怕主编一人蜚声中外,其余的选家都是无名之辈,这套书又能体现多少价值呢?

正因为如此,赵家璧做了一个聪明的主编。他就像一位运筹帷幄的元帅,放心地让骁勇善战的将军们领兵各伐一方,绝不乱发号施令。不过,当"将军们"需要帮助的时候,比如,"粮草"(文献材料)不充足了,立刻及时代为补上。十位主编就有十种编选标准,赵家璧一概不干涉。每一卷由于编选者个人的学术观点和视野不同,有的甚至与赵家璧原来的宗旨有背离。周作人喜欢议论性文章,就很少选抒情性散文;郁达夫喜欢周作人和鲁迅的作品,就选了82篇,占了《散文二集》一大半的篇幅;茅盾、鲁迅、朱自清等人则相对比较客观,更具有史家眼光,但也不是绝对。比如鲁迅因为误会沈从文的为人,在《小说二集》中就没有选入沈从文的作品。虽然赵家璧与沈从文私交很好,也没有提出任何异议。还有学者批评,"中国新文学大系"的编纂选稿过程,实际上也是一种毁书的过程,因为没有入选的作品由于只能以单行本形式存在,会在很大程度上面临散佚的危险。自古以来,每一部大型类书、丛书的编纂都会遇到类似的质疑,比如《四库全书》。如果仅以此去否定丛书编撰的价值,去怀疑丛书编纂者们在整理文献、传承典籍、保存文化上的巨大贡献,毫无疑问是以偏概全的。

----

① 《鲁迅全集》第6卷,人民文学出版社1981年版,第356页。

不管是赵家璧本人的回忆文章，还是十位编者在各集导言里、各自回忆文章中的描述，都看不到赵家璧对各集具体内容进行增删移改的只言片语。因为他深信自己的选人眼光，各位主编都是所编集子的顶尖专家，远强于自己。一人的眼光终究是有限制的，倒不如博采众长，把事情交给最合适的人做，并且给以自始至终的信任，让他们保持自己的特色。赵家璧这种对编者（作者）的尊重，正好呼应新文化运动最核心的宗旨——"民主"与"科学"。

除了在编选内容上尊重作者以外，他在一些细节上也给了他们充分保留自己特色的权力。比如，当时赵家璧规定每位编选者写一篇两万字左右的导言，洪深写了六万字，他也一字未删；朱自清的导言则非常短，但是创造性地加入了《编选凡例》、《选诗杂记》、《诗话》和《编选用诗集及期刊目录》这四篇附录，赵家璧也原样采用；丛书的时间起讫定于 1917 年到 1927 年，但是郁达夫倒认为由于文学创作的延续性，1927 年以后的作品也应该适当入选一点，赵家璧欣然同意……

现在许多丛书都过分强调统一，反而失去了各集的个性；此外，现在的许多编辑对作者的稿件擅自大修大改，破坏了作品原有的风貌。赵家璧的行为值得当下出版人反思。

第三，不拘一格选作者，首重资历。

赵家璧是 1934 年开始主持"中国新文学大系"编纂工作，选择各集编选者的。赵家璧选择胡适、周作人分别担任《建设理论集》和《散文一集》的编者，引起了争议。但最后赵家璧顶住了这些压力，确实勇气可嘉。因为，他那时只有 26 岁，正式工作才两年。而编选者中的任何一个不谈别的，仅仅在从事编辑出版工作上的资历都比他深。所以，任何一个人的微词都会给他带来很大的心理负担。不管是"左翼"和"右倾"这类政治上的水火不容，还是家庭里的兄弟老死不相往来，在赵家璧看来都不是选择编者应该考虑的问题。在他心里，选择的标准很单纯——资历。只要在某一方面确实堪称翘楚，他就努力去争取。赵家璧明白，新文学运动，不是某一党某一家的运动，而是属于整个民族的历史。同时，他也相信，让这些亲自参与运动的先驱者们加入编选队伍，能够满足他们自身对这些经历和业绩进行历史化处理的愿望，他们应该不会拒绝。

事实证明，这一决定最后得到了大家的理解。十位编选者中，无一人因为这类矛盾放弃自己的职责。

当然，这并不能简单理解为赵家璧选人只看水平，不看人品。十位编选者虽然在很多方面都有较大差异，但除了资历深外，也有一些共同点，其中最重要的是对新文学运动、对祖国的热爱。十位编选者在各自导言中用笔表达了心中对这场运动的深切热爱；在抗日战争中用实际行动表达了对祖国的热爱。十人中，除了鲁迅早逝、周作人当上了有争议的"文化汉奸"（后来北京大学校长蒋梦麟发文证明当时确实安排周作人当四位"留平教授"之一，看守校产）外，其余都没有任何亲日举动，不少还在前线后方参与各类抗日救亡运动。其中最值得称道的是郁达夫。他化名赵廉，在苏门答腊西部市镇巴爷公务充当日军翻译，利用职务之便，暗中保护了大量文化界流亡难友、爱国侨领和当地居民，抗战胜利后，因为了解太多日军内幕，被日本宪兵队秘密杀害，表现出一个爱国文人的铮铮铁骨。这说明赵家璧选择的作者在某种程度上与他本人有着相似的人生信条和人格操守。

第四，丛书活动应该纵横兼顾，有长远规划。

"一角丛书"80种出齐后，这一品牌没有被赵家璧沿用；"良友文学丛书"时，赵家璧就开始有意识地让丛书的品牌延续下来，出了"特大本"等版本。"良友文学丛书"和"中国新文学大系"的编辑工作本来就是交替进行的。所以在编辑思想上也难免有交集。赵家璧在做"中国新文学大系"的时候，就非常明确，1917 年到 1927 年的是为第一辑，以后十年一辑，可以一直出下去。所以"中国新文学大系"有一个副题《第一个十年：1917—1927》。一方面说明了这套"中国新文学大系"的选稿时期起讫，另一方面表明了今后打算出第二辑、第三辑的愿望。这是他在纵向上的期待。他很喜欢以"大系"命名的丛书，紧接着又策划了一套"世界短篇小说大系"，装帧形式与已出版的"中国新文学大系"如出一辙。这是他在横向上发展"大系"品牌的见证。

只可惜时运不济，这两个计划都因为战争的原因不得不放弃，留待后人。但是赵家璧当时确实有了非常明确清晰的整体规划，有的甚至都已经待印了。这比"良友文学丛书"的品牌利用又进了一大步。

第五，编辑的使命：从传播到传承。

赵家璧出版"一角丛书"、"良友文学丛书"的初衷在于介绍或者传播一些作品给读者，而"中国新文学大系"（1917—1927）重点在传承。赵家璧像当时每一个有良知的中国人一样，思考着富国强民的方略。但他只是一介书生，不论披挂上阵杀敌还是推翻各类统治，都不是他力所能及的。他只能从自己所熟悉擅长的事情入手，那就是出版。这种出版不再是仅仅为了稻粱谋，也不是仅仅简单地介绍，而是积累与传承。

他在"中国新文学大系"的前言中，这样写道："它（新文学运动）所结的果实，也许及不上欧洲文艺复兴时代般的丰盛美满，可是这一群先驱者们开辟荒芜的精神，至今还可以当做我们年青人的模范，而他们所产生的一点珍贵的作品，更是新文化史上的至宝。"[1]"把民六至民十六的第一个十年间，关于新文学理论的发生，宣传，争执，以及小说，散文，诗，戏剧诸方面所尝试得来的成绩，替他整理，保存，评价。在国内一部分思想界颇想回到五四以前去的今日，这一件工作，自信不是毫无意义的；而且供给十年百年后研究初期新文学运动史者一点系统的参考资料，也是我们所应尽的责任。"[2]"我们相信新文学运动第一个十年间许多英雄们打平天下的伟绩，是值得有这样一部书，替他们留一个纪念的。"[3]字里行间都透露出非常迫切的文化传承、积累思想，并且自觉地把出版活动放在大文化环境中去考量，提升了自己的出版境界。

这些 80 年前的话语，今天读来依然真实感人。如果新文学运动的开拓者是打天下的人，那么赵家璧愿意尽一个编辑的能力去帮助记载这些丰功伟绩，协助守好这来之不易的江山。正是这样的精神高度，伴随他完成了编辑生涯中最华丽的篇章。

从《晨曦》到《中国学生》，从《中国学生》到"一角丛书"，从"一角丛书"到"良友文学丛书"，再从"良友文学丛书"到"中国新文学大系"，见证了赵家璧编辑生涯的一步步印记。每一步都有前一步的影子，但每一步都是对前者的超越和升华。

---

① 赵家璧：《书比人长寿》，中华书局 2008 年版，第 108 页。
② 赵家璧：《书比人长寿》，中华书局 2008 年版，第 108—109 页。
③ 赵家璧：《书比人长寿》，中华书局 2008 年版，第 109 页。

第六章

"中国新文学大系"的价值和影响

估计就连赵家璧本人，当初也没有认识到"中国新文学大系"的全部价值。

这套书获得了当时社会各界人士的衷心赞美。总序作者蔡元培在最后说："所以对于第一个十年先作一总审查，使吾人有以鉴既往而策将来，希望第二个十年与第三个十年时，有中国的拉斐尔与中国的莎士比亚等应运而生呵！"可见，他对这项工程确是寄予厚望的。

除了参与编写的十余人外，其他文化名流也给出了自己的评价。冰心说："这是自由新文学以来最有系统、最巨大的整理工作。近代文学作品之产生，十年来不但如笋的生长，且如菌的生长，没有这种分布整理评述的工作，在青年读者是很迷茫紊乱的。"叶圣陶说：

"良友邀约能手，给前期新文学结一回帐，是很有意义的事。对于今后的文学界总是有用处。"林语堂说："在将来新文学史上，此期总算初放时期，整理起来，甚觉有趣。当时文学未成为政治之附庸，文学派别亦非政党之派别，此彼时与此时之差别，其是非待后人论之。"①甘乃光说："良友公司把当代新文学体系，整理出来，整个的献给读者，可算是一种繁重而切合时代需要的劳作。"这些评价都记载在《大系样本》上，对"中国新文学大系"贡献的认识集中在搜集和保存上，代表了当时人物对"中国新文学大系"的看法。如果说这种约稿式的评价难免有溢美之词的话，我们还可以再看看旁观者和后来人的评价。

沈从文在"中国新文学大系"出版前夕，便在《大公报·文艺副刊》第 150 期上，热情介绍"中国新文学大系"："从民国六年的文学革命起始，中国有了个新文化运动……这个新文化运动，经过了多少变迁，有了些什么成绩，它的得失何在，皆很值得国人留心……如今上海良友图书印刷公司，聘请了十个代表作家，就这个运动初期十年中的活动，分别整理编辑了十本书，名为《中国新文学大系》……可谓近年来出版界一种值得称道的大贡献。"②"中国新文学大系"出版后，立刻引起了当时文化界文学界和出版界的广泛关注，更有人评价其与郑振铎主编的"世界文库"并称为出版界的"两大工程"："最近一月有两件事算得是'新文学'运动以来的创举。第一是《世界文库》的发刊，第二是《新文学大系》的编印。"③此时的"世界文库"是由

---

① 林语堂:《论语录体之用》,《论语》1933 年 10 月第 26 期。
② 《沈从文文集》第 12 卷, 花城出版社 1984 年版, 第 172—173 页。
③ 姚琪:《最近的两大工程》,《文学》1935 年第 5 卷第 1 期, 第 228 页。

上海生活书店发行的丛刊，每月一册。郑振铎组织了众多著名作家、翻译家、学者，系统介绍中外古典文学名著。有意思的是，赵家璧是"世界文库"第一册的作者之一；郑振铎是"中国新文学大系"的编者之一。当时在清华大学图书馆工作的毕树棠在见到这套大书的时候，也忍不住发声："公正的讲，这部大书不仅是一九三五年中国新出的一部最完美的文学选集，而且是自有新文学以来，第一部有系统有规模的成绩整理，所谓第一个十年（一九一七到一九二七）的文学言论和创作都精粹于此，其重要可知。初期新文学运动以后的爱文学的青年都应该敬读这部书，研究中国近代文艺复兴的外国学者都应该以这部书为大本营，应该不久在外国就有译本的。"[①] 长期在图书馆见惯了古今中外无数典籍的毕树棠，都不免对"中国新文学大系"有这样的评价，可见这套书确实非常耀眼。不过遗憾的是，这套书编成的时候，革命文学盛行，紧接着抗日战争爆发，其价值和影响在当时并没有完全释放出来。

新中国成立后续编"中国新文学大系"的丁景唐说："《中国新文学大系》第一辑的编撰，是赵家璧前辈们为后生解读这一中华民族的集体记忆，提供了一份不可多得的文学路径和历史坐标，这太重要了。"[②] 这句评价很好概括了整部丛书的价值。本章试以丁景唐的评价为本，逐一分析"中国新文学大系"的价值。

---

① 毕树棠：《书评》，《宇宙风》1936 年第 8 期，第 406 页。
② 马信芳：《学者、出版家丁景唐：为中国新文学存迹留痕》，《深圳特区报》2014 年 5 月 12 日。

第一节 一段中华民族的集体记忆

"中国新文学大系"编撰前夕，新文化正面临着三重危机。

其一，来自革命文学的危机。

1925年爆发的五卅运动，将国民革命推向高潮，也加速了新文化阵营的分化。新文学运动发轫之初的领袖人物，或避走西洋或深居书斋，影响力大不如前。1928年开始的无产阶级革命文学运动甚至直接将矛头对准"五四"文学，认为其属于资产阶级意识形态下的产物，缺乏革命性。具有启蒙意义的新文化运动在十年左右的时间就迅速沦为了被质疑的对象。形势变化之快之彻底，令人始料未及。记录并总结新文学成果成为一个迫切需要解决的问题。

其二，来自复古思潮的危机。

1927年大革命失败之后，国民党政府加强了对思想文化领域的控制，推行"新生活运动"。同时，复古思潮蔓延，旧文化卷土重来，大有淹没新文化之势。出版界大批重印古籍，而真正系统总结新文化运动作品和过程的资料却凤毛麟角，远不及古籍出版的分量厚重。新文化发轫之初的热烈劲头已然过去，曾经的提倡新文化运动的志士仁人，不免让人有上古三代之感，甚至还有人对新文化倒戈相向。

其三，新文学本身资料状况上的危机。

新文学运动的作品非常多，但十分分散，完备性和系统性严重不足，要找到一些资料都已经非常困难了。这一点前文已经提到过，此不赘述。

正是基于这样的状况，一些有识之士开始深刻反思，并探索解救之道。对出版界而言，如果能够整理出一套忠实记录新文化运动发展轨迹的作品，将会极大地保护新文化运动的成果，对维护新文化的安全具有特殊重要的作用。"中国新文学大系"的出版正是为了将"关于新文学理论的发生，宣传，争执，以及小说，散文，诗，戏剧诸方面所尝试得来的成绩，替他整理，保存，评价。"① 所以，"大系"刚一出版，就有学者敏锐看出："《新文学大系》固然一方面要造成一部最大的选集，但另一方面却有保存文献的用意。"②

赵家璧在"中国新文学大系"出版时写了一篇《前言》，开篇即道："这二十年时间……对于未来中国文化史上的使命，正像欧洲的'文艺复兴'一样，正是一切新的开始。二十年中所获得的成绩……正是来日大丰收的起点。"③ 字里行间中，我们不难感觉到，赵家璧本人自觉地将"中国新文学大系"的出版与中国文化的发展轨迹紧密结合在一起，对这套书的文化功能寄予了深切的期望。

为了给编选者提供翔实的资料，赵家璧跑遍了上海大大小小的图书馆，动用了所有的社会资源，肩挑手扛，海航陆运，最大限度保证了资料的丰富和权威。在"中国新文学大系"保存新文化运动轨迹的基调之下，各集编选者采用了史家笔法，选择了许多场景性的文本。在编选过程中，主编们不以艺术标准作为评判准则，许多草创时期艺术价值不高，但是重视记录新文化运动轨迹的作品也得以入选。鲁迅在《小说二集》导言最后交代："有些作者，是有自编的集子的，曾在期刊上发表过的初期的文章，集子里有时却不见，恐怕是自己不

---

① 刘运峰编：《〈中国新文学大系〉导言集》，天津人民出版社 2009 年版，第 1 页。

② 姚琪：《最近的两大工程》，《文学》1935 年第 5 卷第 1 期，第 230 页。

③ 赵家璧：《书比人长寿》，中华书局 2008 年版，第 108 页。

满，删去了。但我间或仍收在这，因为我以为就是圣贤豪杰，也不必自惭他的童年；自惭，倒是一个错误。"① 这些作品虽然不具备太高的艺术价值，但体现了新文学创作之初不断探索和发展的足迹，展现了先驱者们开辟洪荒的精神和努力，真实地再现了当时的文化原貌。茅盾也非常自得地说："主要的作品，自信是没有遗漏的。"② 这些都得益于原始资料的保存和积累。

"中国新文学大系"共计整理了1000多篇作品，其中文学理论性质作品两集共计158篇，小说三集共计154篇，散文两集共计221篇，诗歌一集420首，戏剧一集18部，史料性质的一集63篇文章142位作家和出版作品总目若干③。入选作品的数量和涉及的作者人数都蔚为大观。随着"中国新文学大系"的陆续出版，沈从文在1935年11月29日第51期的《大公报·文艺》上再次撰文《读〈新文学大系〉》，详尽分析了"中国新文学大系"的优缺点，并从出版方面与文化建设两个方面，对作品给出了极高的评价："这工作即或从商业上着眼，目的只在发展营业，打破出版界的不景气，也较之抄印《太平广记》，同影印明人小品文集，方法高明多了……这书一出，读者如从所选的作品与编选人导言，就可以明白这十多年来中国文坛是个什么样子，有些什么东西，它如何影响社会，社会又如何影响它。它的得失在什么地方，它的将来趋势又如何，———读者如能够得到那么一个虽已缩小然而眉目朗然的印象……"④ 可见，"中国新文学大系"确实成功

---

① 刘运峰编：《〈中国新文学大系〉导言集》，天津人民出版社2009年版，第91页。
② 刘运峰编：《〈中国新文学大系〉导言集》，天津人民出版社2009年版，第114页。
③ 数据由2009年天津人民出版社刘运峰编《〈中国新文学大系〉导言集》整理而来，与有些学者依据不同版本的统计可能存在误差。
④ 《沈从文文集》第12卷，花城出版社1984年版，第186—187页。

地保留了一段珍贵的文化记忆,达到了出版的目的。阿英在编选感想中不免感慨:"良友图书印刷公司发刊《中国新文学大系》,其意义可说是高于翻印一切的古籍,在中国文化史上这是一件大事。"①

1942 年,东京帝国大学中国语言文学专家仓石武四郎就将"中国新文学大系"视为研究中国文化的重要成果,并于 1943 年组织东京帝国大学和京都帝国大学具有进步思想的中文学者、中国留学生数十人,分成几个小组,分头翻译十卷本"中国新文学大系"。可惜只在 1946 年出了一本,就被美国占领军司令部以各种借口封杀了。"中国新文学大系"虽然在彼时因为各种原因无法形成国际影响,但于灾难深重的中国而言,新文化运动的成果作为一个特殊历史时期各方文化冲击下的产物,不但积淀着我国曾经的智慧和文明,还孕育着牵引它自身走向未来可持续性发展的力量。"中国新文学大系"出版一年后,日军开始全面侵华,为期八年的全面抗日战争爆发。无数精心留存的典籍都被战火付之一炬。如若没有赵家璧策划的"中国新文学大系"对新文学运动成果及时的整理,中华民族必将丧失一些十分宝贵的文化记忆。

"中国新文学大系"除了忠实记录下这一段文化运动轨迹之外,还对这对记忆进行了深入的解读。这些解读文字集中体现在各集的导言之中。"中国新文学大系"十集共计约 500 万字,搜集了中国新文学运动的主要资料,内容上还综合囊括了理论、作品和史料。其中导言就有约 20 万字。不仅全面介绍、深入剖析了新文化运动的成果,还让新文化从作品上和理论上都具备了与革命文学和复古潮流对话的

① 赵家璧:《编辑忆旧》,中华书局 2008 年版,第 112 页。

资格。

在赵家璧的策划之下，"中国新文学大系"的每集主编写了一篇导言，对各自所负责的门类作了系统的描述和准确的评价。每一篇导言因为代表不同的流派和倾向，对现代文学史的研究有了特殊的价值，"假使把这几篇文字汇刊起来，也可说是现代中国新文学的最好综合史。"[①]1940 年 10 月，赵家璧出版了《中国新文学大系导论集》单册发行，足见其价值正在不断升级，有了文学史论著的特征。直到今天，依然有学者和出版者不断学习、整理各集导言。

各集导言的作者都是新文学运动的亲历者。他们耳濡目染，对相关内容早已形成了自己的思考。导言不过是将这些思考进行一个系统全面的再认识、再解读的过程。胡适的《建设理论集·导言》与他1922 年出版的《五十年来中国之文学》、周作人的《散文一集·导言》与他 1932 年出版的《中国新文学的源流》、朱自清的《诗集·导言》与他 1929—1933 年间在清华大学、北京师范大学和燕京大学的讲义《中国新文学研究纲要》都是一脉相承的。撰写导言，给了他们一个机会去发展、推动已有的研究成果，并运用各自深邃的学术眼光，将整个现代文学的研究推向了前所未有的高度和深度。许多导言中所涉及的内容，都成为现代文学研究的经典篇章。下面举例说明。[②]

胡适在《建设理论集》导言中用很大篇幅展示了文学革命的历史背景，字里行间充斥着一位亲历者的思考。在论及新文学运动理论时，他写道：

---

① 曹聚仁：《文坛五十年》（续集），香港新文化出版社 1973 年版，第 172 页。
② 下面导言中的内容系从天津人民出版社 2009 年版《〈中国新文学大系〉导言集》中摘录而来。

简单说来，我们的中心理论只有两个：一个是我们要建立一种"活的文学"，一个是我们要建立一种"人的文学"。前一个理论是文字工具的革新，后一种是文学内容的革新。中国新文学运动的一切理论都可以包括在这两个中心思想的里面……中国文学革命的历史的基础全在那一千年中这儿那儿的一些大胆的作家，因为忍不住艺术的引诱，创作出来的一些白话文学。中国文学革命将来的最后胜利，还得靠今后的无数作家，在那点历史的基础之上，在这一十年来的新辟的园地之上，努力建筑起无数的伟大高楼大厦来。

郑振铎在《文学论争集》导言中认为，1917年胡适的《文学改良刍议》和陈独秀的《文学革命论》点燃了新文学运动的火把。他将现代文学初期的发展描述为四个相连的历史阶段，即"国语的文学，文学的国语"；"扎硬寨、打死战、不妥协"和折中论相斗争的阶段；在与反对派的斗争中彻底打倒对方，自己获得很大发展的阶段；新文学势力反击鸳鸯蝴蝶派、学衡派、甲寅派等复古势力的阶段，被称为"一篇极好的现代新文学小史……他所说的，都是很真实而且很公正的"①。导言的最后，郑振铎写道：

三番两次的对于白话文学的"反攻"，乃正是白话文运动里所必然要经历过的途程。这只有更鼓励了我们的勇气，多一个扎硬寨、打死战的机会，却绝对不会憾惑军心，摇动阵线的。所以

① 曹聚仁：《文坛五十年》（续集），香港新文化出版社1973年版，第172页。

像章士钊乃至最近汪懋祖辈的反攻，白话文运动者们是大可不必过分的忧虑的——但却不能轻轻的放过了这争斗的机会！有时候不愿意重说一遍的话，却也竟不能不说。

茅盾的《小说一集》导言自觉地将这一时期分为前后两段进行论述。他除了详细介绍了文学研究会的发展情况外，还回顾了这十年间，尤其是1922—1926年间的全国各地新文艺活动盛况。接着分析了数篇入选的作家作品，是很好的文学评论材料。比如：

当时文学研究会被称为文艺上的"人生派"。文学研究会这集团并未有过这样的主张。但文学研究会名下的许多作家——在当时文坛上颇有力的作家，大都有这倾向，却也是事实。冰心最初的作品例如选在这里的《斯人独憔悴》，是"问题小说"……《悟》与《超人》中间虽然只隔开一年多，然而中国青年对于"人生问题"已经起了很大的变化，一部分的青年已经不愿再拿这个问题来自苦，而另一部分的青年则已认明了这问题的解答靠了抽象的"爱"或"憎"到底不成。

鲁迅《小说二集》的导言是整个"中国新文学大系"导言中比较简短的，但却介绍了《新潮》、《弥洒》、浅草社、莽原社、狂飙社、未名社等诸多杂志和文学团体及其代表性的作家作品。他对这些文学团体的评论也是重要的现代文学史料。如他对浅草社的评价：

一九二四年中发祥于上海的浅草社，其实也是"为艺术而艺术"的作家团体，但他们的季刊，每一期都显示着努力：向外，在摄取异域的营养，向内，在挖掘自己的魂灵，要发见心灵的眼睛和喉舌，来凝视这世界，将真和美歌唱给寂寞的人们。

郑伯奇的《小说三集》导言，并没有将目光仅仅局限于创造社小说，而是开篇就将美国心理学家史丹莱·霍尔的发生心理学说运用到文学史上，后面论述创造社走上浪漫主义之路时，他又自觉运用了马克思理论进行分析。这种方法提升了文学的理论高度，为文学史的研究开启了一种全新的思路。他对第一个十年的述评：

> 现在，回顾这短短十年间，中国文学的进展，我们可以看出西欧二百年中的历史在这里很快地反复了一番。这不是说中国的新文学已经成长到和西欧各国同一的水准。落后的国家虽然急起直追也断然不能一跃而跻于先进之列。尤其是文学艺术方面，精神遗产的微薄常常使后进国暴露出它的弱点。我们只想指出这短短十年中间，西欧两世纪所经过了的文学上的种种动向，都在中国很匆促地而又很杂乱地出现过来。

周作人在《散文一集》导言中大段引用了自己《中国新文学的源流》中的观点，注重从文学风格上寻找新文学与传统的关系，拓宽了现代文学的研究领域；他还细致考究了新文学与言志派的历史渊源，为后来人研究现代文学与古代文学的关系提供了范本。虽然他的很多观点值得商榷，不过也不乏经典之论：

我相信新散文的发达成功有两重的因缘，一是外援，一是内应。外援即是西洋的科学哲学与文学上的新思想之影响，内应即是历史的言志派文艺运动之复兴。假如没有历史的基础这成功不会这样容易，但假如没有外来思想的加入，即使成功了也没有新生命，不会站得住。

郁达夫的《散文二集》导言从论述散文这一文体的历史渊源、外形、内容等入手，一直讲到现代散文的几大特征，将自古以来的散文，以及与散文有关的知识来了一个大普及，为后世研究散文的人提供了重要参考。他还谈到了与周作人确定分工的内幕和选材时限问题。郁达夫在导言中对入选作者的文章都给了一个大概评价，着墨最多在鲁迅与周作人之间。后人研究这二人的文章还经常引用郁达夫的评断：

鲁迅的文体简练得像一把匕首，能以寸铁杀人，一刀见血。重要之点，抓住了之后，只消三言两语就可以把主题道破——这是鲁迅作文的秘诀……次要之点，或者也一样的重要，但不能使敌人致命之点，他是一概轻轻放过，由它去而不问的。与此相反，周作人的文体，又来得舒徐自在，信笔所至，初看似乎散漫支离，过于繁琐！但仔细一读，却觉得他的漫谈，句句含有分量，一篇之中，少一句就不对，一句之中，易一字也不可，读完之后，还想反转来从头再读的。当然这是指他从前的散文而说，近几年来，一变而为枯涩苍老，炉火纯青，归入古雅遒劲的一途了。

两人文章里的幽默味，也各有不同的色彩：鲁迅的是辛辣干脆，全近讽刺，周作人的是湛然和蔼，出诸反语。

朱自清的《诗集》导言讲了新诗发展的历史，突出地叙述了白话新诗在发生发展过程中，受到外国很大影响的特点。这一论断不仅对新诗研究，而且对于认识新文学与外国文学的关系都有重要价值。他将第一个十年的诗分为自由诗派、格律诗派、象征诗派，概括了新诗初期发展的情况，为后来不少研究者采用。他评徐志摩的诗：

> 他没有闻氏那样精密，但也没有他那样冷静。他是跳着溅着不舍昼夜的一道生命水。他尝试的体制最多，也译诗；最讲究用比喻——他让你觉着世上一切都是活泼的，鲜明的。陈西滢氏评他的诗，所谓不是平常的欧化，按说就是这个。又说他的诗音调多近羯鼓饶钹，很少提琴洞箫等抑制缠绵的风趣，那正是他老在跳着溅着的缘故。他的情诗，为爱情而咏爱情：不一定是现实生活的表现，只是想象着自己保举自己作情人，如西方诗家一样。

洪深的《戏剧集》导言字数有六万之多，充盈着一位爱国知识分子的热情。整篇导言在叙述了新文学运动发生的背景后，大体以时间为轴，记录了每一年份发生的与戏剧相关事件、人物和作品，具有重要的史料价值。其中间或有一些议论颇能指导后学：

> 从事戏剧，比较从事别的文艺，似乎更加难些。戏剧者必须有丰富的生活经验，健全的人生哲学，充分的处理文字工具的能

力，这和诗人小说家是一样的。可是诗人小说家们在把他们的作品写落在纸上的时候，他们底艺术创作的工作，可算已是完毕，但在戏剧者，他才只做得三分之一呢……严格地讲起来，批评一个剧本，应当根据台上的表演，不应当根据纸上的文字；因为一个剧本必须在舞台上实现之后，才能算是完整的艺术作品的。

阿英的《史料·索引》一集并未编写导言，而是以序例的形式说明了具体的编写经过，故此不再举例。此外，蔡元培的总序也值得一提，他对新文化运动做出的评价和寄予的厚望，给现代文学的持续发展增强了推动力。

"几乎所有中国现代文学的重大命题，如现代文学的性质、内容、分期、断限、发生背景、历史动因、发展过程、与古代文学的关系、受外国文学的影响等，都在这里集中提出并得到权威的解答。《大系·导言》是使现代文学系统化、经典化、理论化的成功尝试，基本奠定了现代文学的研究格局，对以后的研究产生了至关重要的、深刻而又久远的影响。"① 如果没有这些导言的精彩解读，整个"中国新文学大系"保留下来的这段珍贵记忆也会略显单薄。

第二节 中国现代文学史整理上的路径价值

中国自古就有编选文集的传统，有许多优秀的文集作品流传于

---

① 徐鹏绪、李广：《〈中国新文学大系〉研究》，社会科学文献出版社 2007 年版，第 88—89 页。

世。这些文集在整理古代文学作品的过程中探索出了一套行之有效的编辑体例。如现存最早的《文选》"凡次文之体，各以汇聚。诗赋体既不一，又以类分。类分之中，各以时代相次"①。《文选》利用东宫三万卷藏书，将所有文学作品大体分为诗、赋、杂文三大类，再细分为 38 小类。在作者选择上，不录生人，即不收录尚在人世的作家作品。这些编辑体例并不适合以整理新文学为己任的"中国新文学大系"。在"中国新文学大系"之前，由于现代出版印刷业的蓬勃发展，出现了各类现代文学的集子。编选体例上，选集性总集很多。有按体裁分的小说总集、诗歌总集、散文总集、戏剧总集等，其中每一文体有可细分为若干门类，如小说有长、短、中篇，话剧有独幕、多幕等；有按时间划分的《现代中国散文选》、《当代诗歌戏剧读本》等；按流派划分的《湖畔》诗集、《新月诗选》。唯独没有系统编选新文学作品的全集性总集出现。

因此，"中国新文学大系"在正式编选之前，必须在前人已有选集性总集的基础上，整理制定出一系列体例规范，搭建起新文学总集选本的框架，对新文学总集的各类文体做一个权威的示范，探索一条合适的表达路径。赵家璧和各集主编生活在一个中西文化交流开放的时代，这让他们的编选活动能够采集各时、各国之长，具备世界眼光。

"中国新文学大系"为现代文学研究创立的路径体现在以下几个方面。

---

① 萧统：《文选·序》，见郭绍虞主编：《中国历代文论选》上册，中华书局 1962 年版，第 289—291 页。

第一，时间路径："民六"起步，十年断代

1919 年爆发了五四运动，历史上称为新文学的起点。而"中国新文学大系"正是对新文学运动进行整理和总结的，所以钱杏邨主张选取从"五四"到"五卅"期间发表的作品，也即 1919 年 5 月 4 日到 1925 年 5 月 30 日。他的《中国新文学运动史料》就是这样划分的。该书的序中就明确说明："从'五四'到'五卅'，在时间上大约是九年的光景，这一个时期，可以说是文学革命期。"① 郑振铎认为这种纯粹以政治事件来划分的日期对文学运动来说并不合适，因为政治事件是突发的，而文学运动是有一定延续性的。赵家璧又去信请教茅盾。茅盾给出了一个大家都比较满意的提法：1917 年到 1927 年。茅盾在复信中写道："'五四'是 1919 年，'五卅'是 1925 年，前后六年，这六年虽然在新文学上好像热闹得很，其实作品并不多。弟以为不如定自'五四'到'北伐'，即 1919 年至 1927 年，如此则把现在中国文学分为两个时期，即'五四'到'北伐'，'北伐'到现在……本来'五四'到'五卅'不过表示了'里程碑'，事实上，第一本的'建设的文学理论'，就有许多重要文章是发表在'五四'以前。从 1917 年到 1927 年，十年断代是并没有毛病的。"② 茅盾的理由非常有说服力，将时间提前到 1917 年，因为很多重要的文章事实上是 1919 年以前发表的，五四运动在文化上是有一个准备期的。1927 年是北伐时期，与 1917 年正好形成一个十年断代。这一分期方法兼顾了历史事件和文学本身发展的实际情况，得到了大多数编选者的认同。"中国新文

① 钱杏邨编：《中国新文学运动史料》，上海光明书局 1934 年版，第 1 页。
② 赵家璧：《编辑忆旧》，《人民日报》1957 年 3 月 19 日。

学大系"的时间起讫就定为"民六的文学革命到民十六的北伐，这整整的第一个十年"。[①] 后来良友公司为"中国新文学大系"做广告的时候就称这一项目为"现代文学运动第一个十年（1917—1927）的再现"。中国现代文学的时间问题，不仅是一个理论问题，而且还是一个重要的方法论问题。

"中国新文学大系"出版之前的文学史也尝试过对新文学运动进行分期，但因为时间间隔太短，结果往往不尽如人意。其中最具有代表性的是 1933 年王哲甫在《中国新文学运动史》中，将现代文学分为 1917 年胡适呼吁文学改良到 1925 年五卅反帝运动高涨和 1925 年到 1933 年两个时期。紧随其后出版的阿英的《中国新文学运动史资料》、王丰园的《中国新文学运动述评》和吴文祺的《新文学概要》都采取了大致相同的方式。这一分期方式却遭到了茅盾的强烈反对。所以当赵家璧向茅盾写信请教的时候，茅盾的复信非常迅速。

"中国新文学大系"收录的作品开始于 1917 年，认定了新文学革命开始的时间，后来的现代文学史也多以这一年为开端，比如钱理群等的《现代文学三十年》。同时，"中国新文学大系"对新文学十年断代的分期方法，"在后来的现代文学编纂中得到了延续和确定，凝固了后来人对新文学历史分期的集体记忆：一部现代文学史就是新文学三个十年不断进步和发展的历史。"[②] 1939 年，李何林撰写的《近二十年中国文艺思潮论（1917—1937）》，新中国成立以后，王瑶的《中国新文学史稿》、丁易的《中国现代文学史略》、张毕来的《新文学史纲》

---

① 赵家璧：《书比人长寿》，中华书局 2008 年版，第 106 页。
② 覃宝凤：《论〈中国新文学大系〉第一个十年（1917—1927）的编纂》，华中师范大学 2007 年硕士学位论文，第 11—12 页。

等作品，也都以此分期方法为纲。1952 年，远在美国耶鲁大学的学者夏志清撰写《中国现代小说史》时，在详细研读了"中国新文学大系"前九卷后，完全采纳了其中的历史分期方法。1998 年，钱理群等人出版了《中国现代文学三十年》（修订本），将现代文学史分为 1917—1927 年，1928 年—1937 年 6 月，1937 年 7 月—1949 年 9 月三个阶段，其中前两个阶段与赵家璧对"中国新文学大系"的分期实践和设想完全一致。直到现在，大多数中国现代文学史著作都沿用了这种分期方法。

第二，内容路径：三大板块与四种文体

"中国新文学大系"诞生之前的现代文学史作品也曾对新文学进行过分类，但影响都不大，而且分类也不完整。面对海量的作品和新文学运动的发展轨迹，赵家璧在综合好友阿英、施蛰存、郑振铎等人的意见后认为，仅仅有忠实的文献记录是不够的，还应该有文学的理论，因为理论建设也是推动新文学运动发展的力量。所以，丛书里还应该有专门的理论文章结集。另外，与其每一集后面都加一个史料，倒不如将史料放在一起，也结成一集出版。就这样，"中国新文学大系"分为理论、作品、史料三大板块。各板块相互之间评选结合，交相辉映，将新文化成果完整展现出来，构成了现代文化史著的基本格局。"整部《中国新文学大系》始于理论而终于资料，以理论为首而张扬精神，以资料为足而站稳脚跟，中间以流派创作为体而显示实绩，从而形成一个严密而富有变化的结构完整的有机体。"[①] 这样三足

---

① 杨义：《新文学开创史的自我证明》，《文艺研究》1995 年第 5 期。

鼎立的格局在中国现代文学的经典化、理论化和系统化过程中发挥了重要的作用，并使现代文学在与异己势力进行斗争时处于非常有利的位置。"自从《大系》出版后，它的这种影响已经深入到每一位治史的人的心底，其后又经过官方的力量得以加强，更成为一种集体无意识，一种潜规则，以至于后来，尤其是建国后人们书写文学史时，根本不再考虑这样的架构是不是合理，而将精力集中在探究文学理论、文学运动、文学作品这三大板块应在文学史中所占的比例关系了。"① 足以见得其稳固的地位。

王瑶的《中国新文学史稿》是新中国成立后出版的第一部现代文学史专著。该书将每一时期的内容都分为评价文艺运动、诗歌、小说、戏剧、散文五个部分，在体例上以文学创作为中心，以文学理论和文学运动为背景，处处可见"中国新文学大系"的影响。唐弢的《中国现代文学史》虽然以作家为纲，也没有打破"中国新文学大系"创立的文学史由文学创作、文学运动、文学理论三大板块组成的格局。钱理群、温儒敏、吴福辉著的《中国现代文学三十年》（修订本）则综合前两者之长，但总体构架上依然能清晰地看到三大板块的分类思想。

此外，"中国新文学大系"创造性地借鉴了西方文体分类方法，把新文学的文体分为小说、诗歌、散文和戏剧四类，并且按照这种分类原则来组织所有的文学作品，彻底摒弃了传统的文学分类方式，确立了中国文学新的体系规范，成为中国现代文学体裁的分类原则。这种综合了西方优秀分类思想的体系，很快就在中国大地上生根发芽。

---

① 徐鹏绪、李广：《〈中国新文学大系〉研究》，社会科学文献出版社 2007 年版，第343 页。

此前的文学史写作"内容上是丰富的,但几乎都没有明确的文体意识,没有把小说、诗歌、散文、戏剧从纷繁复杂的文学现象中剥离出来,没有意识到小说、诗歌、散文、戏剧构成了文学"①。

当然,也有学者认为这是一个文化上自我殖民的选择,因为西方的标准成为人们赖以重新确定中国文学意义的终极权威。但回过头来看,在当时的历史条件下,传统的文学观念已经被打破,新的文学规范又没有建立起来,"现代知识分子不借助西方的权威就不再可能在知识话语中取得有利地位。"② 而且,现代文学发展史本来也可以看作不断吸收、借鉴外国文学的历程,各集的导言中非常明确地说明了西方文学观念的各类影响。所以,合理地借鉴西方文学先进的分类方式,可以早日促进中国现代文学达到与西方相同的高度。这一分类方法得到了所有参与"中国新文学大系"编纂者的一致认可。

"中国新文学大系"之后的现代文学史写作,顺理成章地采用了文体四分法。自此,文学史成了这四种文体发生发展的历史。王瑶的《中国新文学史稿》严格按照文体四分法编写,唐弢的《中国现代文学史》亦深受其影响,钱理群、温儒敏、吴福辉的《中国现代文学三十年》也按照文体四分法组织文学史的写作,并且在此基础上有所生发。这种影响一直持续至今。

---

① 徐鹏绪、李广:《〈中国新文学大系〉研究》,社会科学文献出版社 2007 年版,第351 页。

② 徐鹏绪、李广:《〈中国新文学大系〉研究》,社会科学文献出版社 2007 年版,第348 页。

第三，编者和作品选择路径

编者选择：堪称翘楚的文化亲历者。

"中国新文学大系"一共十集，每集一位主编，分别为胡适、郑振铎、茅盾、鲁迅、郑伯奇、周作人、郁达夫、朱自清、洪深和阿英。这些都是在近代中国文化史上声名卓著的人物。他们都参与了新文化运动，是文学革命的号召者、参与者和拥护者。赵家璧在选择每集编选者的时候，首重资历。

胡适是新文化运动的领袖之一，是第一位在中国提倡白话文和新诗的学者，曾任《新青年》编辑。他在新文化运动之初发表了大量的作品，并十分自信地认为"白话文的局面，若没有'胡适之陈独秀一班人'，至少也得迟出现二三十年"①。这话虽然被许多人认为不免有夸大的成分在内，但其确实有开创之功。郑振铎1919年开始参加五四运动并发表作品，是文学研究会的发起人之一，创办了《文学周刊》与《小说月报》，使之成为新文学的重要发表阵地。让他担任收录文学研究会作品的《小说一集》主编是众望所归。《小说二集》主要收录除文学研究会和创造社以外的社团与刊物的作品，涉及的内容非常广泛，必须要一个能够统帅全局的标杆性人物才能压住阵脚。经过反复商量，鲁迅成为最佳人选。鲁迅不仅是中国现代文学的奠基人、中国第一部白话文小说的作者、左翼文学的领导人，还拥有广泛的社会关系，与许多文学团体关系密切。《小说三集》主要选取创造社作家作品，郑伯奇作为创造社的主将，堪担此重任。"中国新文学

---

① 刘运峰编：《〈中国新文学大系〉导言集》，天津人民出版社2009年版，第15页。

大系"两部散文集分别选取了郁达夫和周作人作为主编。这两人在新文学运动中都有极其重要的地位。《诗集》编者朱自清 1919 年开始发表诗歌，是新文学运动初期的诗人之一，参与发起新文学史上第一个诗歌团体"中国新诗社"和创办第一个诗歌杂志《诗》月刊等工作，支持由青年学生组成的湖畔诗社及晨光文学社的活动，为开拓新诗的道路付出了辛勤的劳动，资历同样非常傲人。《戏剧集》的主编洪深是中国现代话剧和电影的奠基人之一。他是中国第一个专习戏剧的留学生，曾就读于哈佛大学戏剧训练班。回国后他曾加入南国社，任中华电影学校校长、明星电影公司编导主任，蜚声戏剧界。《史料·索引》主编阿英一直致力于新文学运动的整理研究工作，收藏了大量新文学书刊，并编有《中国新文学运动史资料》一书。

这些亲自参与新文学运动的先驱者加入编选队伍，在满足他们自身对这些经历和业绩进行历史化处理的同时，也还原了一个真实的新文化发轫之初的图景。各集的编选者都有着丰富的编辑工作经验，而且对自己负责的领域有着超凡的眼光和深刻的见解。这些文化精英们为每一集撰写的《导言》融入了他们当时文化环境的深入思考。他们作为一个整体，共同保证了"中国新文学大系"的整体质量和文化价值。

当然，这么多文化名人心甘情愿在当时不足 30 岁的青年编辑赵家璧的组织安排下，共同参与编选工作，也从一个侧面很好地说明了"中国新文学大系"无与伦比的文化价值。

作品选择：具有珍珠般价值的精品。

"中国新文学大系"选取的许多作品直到今天都堪称文化史上的经典。新文化运动的成果非常丰富。如何在其中选取既能忠实历史场景又具有流传价值、凸显新文学优越性的作品，是摆在每一集编选者面前的共同难题。当时的情况郑振铎在《文学论争集·导言》中写得非常清楚："伟大的东西被遗漏了，而'砂砾'也有时不免被作为'黄金'而受到重视。到了'国学书目'的两次三番的开列出来，这'估定价值'运动便更如了一个歧途。许多'妄人们'也趁火打劫的在开列书目，在标点古书。其结果，《古文观止》和《古文辞类纂》的新式标点本，也竟煌煌然算作是'新文化'书之列之内的东西了！"[①] 可见，不仅资料搜集困难，滥竽充数的情况也非常严重。

"中国新文学大系"在编选过程中，"尽了我们最大的力量，去搜罗的不让一粒珍珠，从我们的网里漏掉"。[②] 文海撷英、去芜存菁，成为每一位编选者共同的文化诉求。今天我们重新审视"中国新文学大系"中的许多文本，比如胡适的《文学改良刍议》、茅盾的《文学与人生》、鲁迅的《狂人日记》、郁达夫的《沉沦》、朱自清的《荷塘月色》、徐志摩的《翡冷翠的一夜》、郭沫若的《卓文君》等时，发现它们都已被公认为现代文学的奠基之作，其创作成就和艺术价值影响了几代人，至今还被人们反复称颂。而像这样的精品，在整套"中国新文学大系"中俯拾皆是。

当初赵家璧在"中国新文学大系"之名后加上了"第一个十年：1917—1927"的副题，极富远见卓识。总序作者蔡元培当时就预料到："对于第一个十年先作一总审查，使吾人有以鉴既往而策将来"。[③] 事实证明，"中国新文学大系"不仅很好地完成了承新文化发

---

① 刘运峰编：《〈中国新文学大系〉导言集》，天津人民出版社 2009 年版，第 44 页。

② 赵家璧：《书比人长寿》，中华书局 2008 年版，第 107 页。

③ 刘运峰编：《〈中国新文学大系〉导言集》，天津人民出版社 2009 年版，第 6 页。

展第一个十年的整理任务，而且完全担当了启中国新文化发展之后的责任。

"中国新文学大系"的体例和编纂方法，既没有完全桎梏于中国传统选本的藩篱，又不落一味因循西方文化的窠臼，而是在综合考虑当时中国多方因素的前提下，开创了一整套圆熟、科学的文化整理方式，让中国现代文学拥有了独特的表达整理手段。

"中国新文学大系"出版几十年之后，还不断有各类新文艺大系出版，"尽管后起的编者们吸收了先驱者各方面的经验，甚至承袭了它的编辑体例，而且这些出版物也确有较高的阅读价值和文献价值，但编选人员已非前度刘郎，因而从这些新的《中国新文学大系》中，终不复再见当年的恢弘气象。"① 这样的评价是非常客观的。此后的各类"中国新文学大系"，大多为官方编纂，编选人员、入选作品方面都不可避免地受到限制和影响。"中国新文学大系"提升了新文化运动的价值，也为后来模仿者树立了一个难以逾越的坐标。

第三节 总集出版中的发凡起例之功

在出版领域里，"中国新文学大系"的影响同样深远。在此之后，我国出版史上出现了一系列以"大系"命名的各类作品总集。"中国新文学大系"已经出版了80年。它"所开创的编辑体例和编辑方法，兼具总集和丛书二者之长，是一种不同于古代的全新的现代图书编辑

---

① 徐鹏绪、李广：《〈中国新文学大系〉研究》，社会科学文献出版社2007年版，第5页。

方式，对中国现代文学及其以外的学科产生了深远的影响"①。

"中国新文学大系"编成后不久，赵家璧又策划了"世界短篇小说大系"。1945年抗日战争胜利前夕，赵家璧又计划续编"中国新文学大系"。可惜因为各种原因都未能如愿。这些在后面章节将有详细论述。

最早成功继承了"大系"这一总集出版方式的，是1968年香港文学研究社出版的"中国新文学大系"（续集）。整套续集完全按照"中国新文学大系"的体例，共分十集：文学论争集、小说一二三集、散文一二三集、诗集、戏剧集、电影集。所选作品创作年限集中在1928—1938年十年。续集请谭诗国作总序，十集编选者分别为每集做了2万—6万字的导言，详细介绍了这一门类在第二个十年间的发展变化。续集的编选分在东京、新加坡、香港三地进行，历时四年之久，殊为不易。甚至因为特殊的背景，初版的时候编选者的姓名都无法一一刊出。香港文学研究社在这样艰苦的环境下坚持完成如此壮举，从另一方面也足以见得"中国新文学大系"的价值和影响。

"大系"在中国大陆地区的出版晚了许多，但势头很猛。"中国新文学大系"的出版精神在中国大陆的延续和传播更加彻底。

1982年，"中国新文学大系"第二辑由上海文艺出版社启动。1984—1989年间，"中国新文学大系"第二辑（1927—1937）陆续出版，共9集20卷，短篇小说3卷，文学理论、中篇小说、长篇小说、散文集、戏剧集、电影集、史料·索引集各2卷，杂文集、报告文学集、诗集各1卷。其中杂文和报告文学史从原来的散文中分化出来

---

① 徐鹏绪、李广：《〈中国新文学大系〉研究》，社会科学文献出版社2007年版，第390页。

的，电影则是一个崭新的门类，与港版的续集如出一辙。丛书由社长丁景唐主持，赵家璧任顾问，在反帝反封建作品占主导的前提下，兼收各种流派、各种风格的作品。凡入选的作品，皆选自最初发表的报刊或最初出版的图书。整个编选过程贯彻了尊重原作的思想，除了明显错别字外不对作品做任何改动。每集前面都附有一千到一万字不等的序言。在丛书发行过程中，继承了《大系样本》的形式，用《宣传手册》的名字进行征订。这些都与第一部"中国新文学大系"一脉相承。后来，这一辑"中国新文学大系"获得了第六届中国图书奖一等奖。

上海文艺出版社再接再厉，从 1987 年开始编纂"中国新文学大系"第三辑（1937—1949），并于 1990 年正式出版发行。第三辑共分为 20 卷 11 集，由赵家璧和丁景唐担任顾问。11 集分别为：文学理论、短篇小说、中篇小说、长篇小说、散文、杂文、报告文学、诗、戏剧、电影、史料·索引。每集前面分别邀请名家作 6000 至 20000 字不等的序。同样，此书的编选原则与前两部大系一致：凡入选的作品，绝大多数选自最初发表的报刊或最初出版的图书，除明显的错字外，不作其他改动。这一提法是鲁迅编《小说二集》的导言中明确提出来的，以后的"中国新文学大系"都忠实于这一原则。蔡元培当初那"第二个第三个十年"的愿望终于在赵家璧等人的不懈努力下变成现实。

1997 年 12 月，"中国新文学大系"第四辑（1949—1976）出版完成，将赵家璧对现代文学的总结方式带到了当代文学的研究范畴。整套书 20 卷 11 集：文学理论、长篇小说、中篇小说、短篇小说、散文、杂文、报告文学、诗、戏剧、电影、史料·索引。同样由赵家璧、丁景唐担任顾问，邀请名人在每集前作 2000 到 20000 字不等的序言。虽然第四辑在编选范围上扩大了，但在基本体例和忠于历史事实的原则上因袭了下来。选文实现包括"十七年"和"文革"两个阶段。在编纂过程中，对于那些曾经遭遇过不公平待遇的优秀作品都一并入选，反映了新中国成立 27 年间的文学成就。此外，这一时期港澳台地区作家的一些新文学作品也收录了一些。但遗憾的是，这种总集出版方式的创始人赵家璧，没有来得及看到这一辑全部出版完成就驾鹤西去了。

斯人虽逝，精神永存。2009 年，"中国新文学大系"第五辑（1976—2000）出版，共 30 卷，由王蒙、王元化担任总编辑，展示了 20 世纪最后 25 年的文学成就。虽然赵家璧已经不在了，但这一辑的编选标准和体例上依然遵循前例。根据文学样式的发展，此辑增设了微型小说卷和儿童文学卷，使这两大文学样式堂堂正正地进入了文学大系的殿堂。同时，编选者多次研讨后决定将原"报告文学卷"更名为"纪实文学卷"，这样的称谓、概念较为宽泛合理。《大系》编委会还采纳了众多专家、读者的建议，将散刊于五辑百卷的序跋前言后记集于一卷，即"史料·索引卷二"，便于阅读与研究。至此，"中国新文学大系"出齐了 100 卷，完成了对整个 20 世纪新文学的记录和保存工作。参与了编辑工作的著名作家王蒙评价道："百卷沧桑，百卷心事，百卷才具，百卷风流。"已故著名诗人徐迟也曾说这些巨著，构成了我国 20 世纪现代文学的万里长城。饮水思源，赵家璧正是这座为长城规划蓝图，并亲自奠下根基的人。

从 20 世纪 80 年代开始，有些非现代文学总集类的丛书也选择以"大系"命名。比如"中国沦陷区文学大系"、"中国近代文学大系：1840—1919"、"中国近代小说大系"、"中国乡土文学大系"、"中国当代实力派作家大系"等，为整个文学界和出版界注入了活力。这些"大系"在名称、编辑体例、编辑方法、编辑思想上都明显在向"中国新文学大系"学习。以"中国近代文学大系：1840—1919"为例。该书在 1991—1996 年间由上海书店陆续出版，共 30 卷，分为 12 集：文学理论、小说、散文、诗词、戏剧、笔记文学、俗文学、民间文学、书信日记、少数民族文学、翻译文学、史料·索引，将近代文学资料进行了系统的整理。1986 年，赵家璧在光华大学的校友、曾在 50 多年前与赵有过一面之缘的范泉正式从青海调入上海书店，担任总编辑。范泉曾编辑《作品》半月刊，《文艺春秋》月刊，也是享有盛名的文学编辑家。回上海后，他立刻开始着手组织编写"中国近代文学大系：1840—1919"，历时十年完成。为了更好地学到"中国新文学大系"编纂的精髓，范泉在 1987 年 12 月 10 日召开第一次编辑会议的时候，派专车将赵家璧请来出席指导。赵家璧在编辑工作会议上，非常坦诚地提供了主编"大系"时的宝贵经验。比如，各个专集的导言，必须写各该文学品种的历史演变及其特点，要真正起到导读的作用，因此，要有一定的数量（篇幅）和质量。他还建议可以先出版一部，作为"样板"，在得到肯定以后，再一部部推开，这样既可以探索是非得失，总结提高，又可以据此形成套路，让后面的各集遵照执行，免去后期统一体例之劳。这些建议都被范泉采纳。这套被称为"集近代文学精萃，是现代文学桥梁"的大型套书，共 12 专集、30 分册、2000 万字，是国内唯一的一部权威性的近代文学巨型系列套书。1997 年，在第三届国家图书奖评选中，"中国近代文学大系"获得最高奖——国家图书奖的荣誉奖。范泉在得奖后，不免感慨："饮水思源，我禁不住回想到获奖的根子之一，应该是赵家璧学长在十年前给我的坦诚而无私的点拨。"① 由此可见，赵家璧对于"大系"的一整套编纂方法，得到出版界的广泛认同。

除了文学丛书外，其他领域内有些丛书也从"大系"二字中受到启发，吸取营养，编出了相应的全集类作品。1982 年，中国文联出版公司开始进行"中国新文艺大系"的编选工作。该套丛书在时间选择上与赵家璧主编的第一辑"大系"相同，收录文章到 1982 年止，共分五辑：第一辑 1917—1927 年、第二辑 1927—1937 年、第三辑 1937—1949 年、第四辑 1949—1966 年、第五辑 1976—1982 年。和"中国新文学大系"一样，每一辑按不同的艺术分类和体裁分集，聘请著名专家学者担任分集主编，每一集均有主编撰写的导言。

---

① 范泉：《坦诚而无私的点拨——缅怀编辑家赵家璧学长》，载上海鲁迅纪念馆编：《赵家璧先生纪念集》，上海文艺出版社 1998 年版，第 62 页。

第七章

抗战前在良友的其他编辑活动

　　赵家璧在良友公司如火如荼地运作三部丛
书的同时，还出版了许多其他的好作品。良友
公司文艺图书品牌的确立和赵家璧一代名编的
声名，也同时得益于这些书籍的出版。

第一节　壮志未酬的"世界短篇小说大系"

　　"中国新文学大系"的组稿工作非常顺利，
还未出版就已经获得了多方好评，赵家璧深深
感到当时的中国对各类文学作品真切的需要，
一直在思考如何能将更多的好作品介绍给读者。
这时，蔡元培的建议让他看到了新的方法。

　　1935 年 8 月，赵家璧将已经出版的《小说一集》、《小说二集》和《戏剧集》三卷样书赠送给蔡元培。虽然这三卷里没有蔡元培写的总序，但他"见到这三册深蓝色烫金布脊，陪在淡灰色水纹纸封面上的精装本时，这种庄重大方的装帧设计，一下子把他老人家吸引住了。他翻阅了里封和书页，满面笑容地频频点头称好"。① 足以传世的内容配上精心制作的装帧设计，让这套丛书熠熠生辉。蔡元培询问了这套书出版的整体情况，最后说："假如这套书出版后销路不坏，你们很可以续编第二辑。但我个人认为比这更重要的是翻译作品的结集。五四时代如果没有西洋优秀文学作品被大量介绍到中国来，新文学的创作事业是不可能获得如此成就的。当时从事翻译工作的人，他们所留下的种子是同样值得后人珍视的，困难的是这些作品散佚的情形，比这套书更难着手整理了。"②

　　蔡元培的建议给赵家璧打开了另一种思路。诚如蔡元培所说，"五四"以来新文化运动的发展是内力和外力共同作用的结果。外国文学对中国新文学的影响是深入而持久的。许多活跃在新文学领域中的作家，包括"中国新文学大系"第一辑的一些编选者，如鲁迅、胡适等人，都深受外国文学的影响。鲁迅的《狂人日记》是中国现代文学史上第一篇短篇白话小说，"中国新文学大系"之《小说二集》的第一篇。鲁迅在《小说二集》导言中提到自己的小说"颇激动了一部分青年读者的心"，紧接着又分析道："然后这激动，却是向来怠慢了绍介欧洲大陆文学的缘故。一八三四年顷，俄国的果戈里（N.Gogol）就已经写了《狂人日记》；一八八三年顷，尼采（Fr.Nietzsche）也早

---

　　① 赵家璧：《编辑忆旧》，中华书局 2008 年版，第 268 页。
　　② 赵家璧：《编辑忆旧》，中华书局 2008 年版，第 268—269 页。

借了苏鲁支（Zarathustra）的嘴，说过'你们已经走了从虫豸到人的路，在你们里面还有许多份是虫豸。你们做过猴子，到了现在，人还尤其猴子，无论比那一个猴子'的。而且《药》的收束，也分明的留着安特来夫（L.Andreev）式的阴冷。"① 可见受到外国文学影响之深。《小说一集》的主编茅盾也说过："开始写小说时的凭借还是以前读过的一些外国小说。"② 外国文学中的新思想和新的艺术形式，给处在探索期的中国新文学运动的先驱们以饱满的力量。当时许多外国优秀作品都已经零零散散介绍到中国，它们是滋养中国新文学运动爆发和深入的一汪暗泉。赵家璧，以及许多当时的文人，都有充分的理由相信，这些外国作品还将继续滋养中国的新文学运动。"在完成一部五四以来创作文学的结集后，再编一部翻译文学的结集，那对将来研究现代中国文学发展史的人，不是一份同样有用的参考资料吗？"③ 赵家璧很快就正确剖析出其中的利害，探究出其中的价值了。

赵家璧对这个选题格外有兴趣，因为可以跟自己喜欢的欧美文学打一次深交道了。生活中的赵家璧和风细雨，但他在策划选题上一向雷厉风行。他非常庆幸自己能够得到蔡元培的提点，获得这个点子，想尽快把事情做起来。当天他就去翻看了市面上已经出版的一些外国文学作品集，在内山书店发现了一套"世界短篇杰作全集"，是日本东京河出书房新出版的。这套丛书一共七本，收录的许多作品都已经介绍到中国了。赵家璧经过比较研究后，得出了这么一个结论：外国文学作品中，在中国影响最大、介绍最多、最受欢迎的就是短篇小说

---

① 刘运峰编：《〈中国新文学大系〉导言集》，天津人民出版社2009年版，第80页。

② 转引自赵家璧：《编辑忆旧》，中华书局2008年版，第270页。

③ 赵家璧：《编辑忆旧》，中华书局2008年版，第269页。

了。他想干脆仿日本的例子，出版一套外国短篇小说的"大系"。

文体既定，分类的问题也就迎刃而解了。既然只收短篇，无非就是按地域分类、按作者分类和按时间分类几种方法。而从分卷的角度看，第一种方法显然是最好的。根据前一种"中国新文学大系"的体例，赵家璧很快就确定了这一部大系的基本框架。

整体结构上，"世界短篇小说大系"按不同的地域分为十卷，每卷50万字，各请一位对各地区作品和语言非常精通的编者。整套丛书的装帧完全模仿"中国新文学大系"。每卷的编者也必须写一个两万字左右的导言，介绍该地区短篇小说发展的基本情况以及"五四"以来这些作品翻译到中国的经过，最后举例分析此一地的作家作品对中国作家作品的影响。整套书后加两个附录，一个是按作家罗列"五四"以来全部翻译作品的目录，二是根据原作，编一份重要著作目录。这有点类似于"中国新文学大系"的《史料·索引》，只是不单独成卷。等到所有编者都确认后，全书还是要一个总序。这篇总序的作者，非蔡元培莫属了，因为他既是"中国新文学大系"的总序撰写人，也是"世界短篇小说大系"的最初倡导者。

作品要求上，入选的作品在翻译时间上起于1919年五四运动之后，下限则由编辑自己决定。每卷中一位作家的作品选1—3个具有代表性的即可。入选的作品首先要看原作品的价值大小，再看已有译文质量的好坏。遇到原文好但是译文不好的，编者就自行翻译。

有了这些最基本的框架，接下来就是地域的划分和编者的选择。把世界上100多个国家和地区划分为十个，着实是一件颇费脑筋的事情。有的国家，比如美国、英国、法国、日本、德国比较好办，作品介绍得多，而且各有特色。但是欧洲和苏联就比较复杂了。

欧洲国家众多，赵家璧就按照地理位置分为北欧和南欧。北欧包括瑞典、芬兰、挪威、丹麦等国，南欧则主要是意大利、西班牙和葡萄牙。除此外，当时东欧还有一些民主国家如波兰、匈牙利、罗马尼亚、保加利亚等，这些国家的社会体制构成比较复杂，统称为"新兴国"，另立一集。苏联是一个社会主义联邦国家，以俄国为主，1922年成立，当时中国文化界称为"新俄"。苏联成立之前，中国已经涌入了大批俄国文学作品，影响深远。赵家璧打算分为两卷来介绍，但不知道如何命名划分。耿济之提议分为《俄国短篇小说集》甲集旧俄之部和乙集新俄之部。不过引起了一些争议。赵家璧又征求茅盾的意见。茅盾建议分为俄国和苏联两册，赵家璧采纳了。无巧不成书，"中国新文学大系"在策划过程中，茅盾对分期和小说散文分集等问题也起到一锤定音的作用。可见，这两个"中国新文学大系"编辑规划的产生，是脱胎于相同的几个人的，称作"姊妹篇"再恰当不过了。赵家璧本人对这套书的定义是："系统介绍近百年间的各国短篇小说，分别整理五四以来的文艺翻译作品"，"《中国新文学大系》的姊妹篇"。

赵家璧接下来分别确定了十卷的主编。法国集由曾在巴黎大学求学的翻译家黎烈文主持。英国集由曾任商务印书馆编译员的傅东华负责。日本集邀请了曾留学日本的郑伯奇做编辑。德国集原本请的是精通德语的郁达夫，但考虑到北欧集也需要精通德语的人，而郁达夫精通五门外语，更能胜任，所以改请了郭沫若。南欧集交给了戴望舒这个精通法语、西班牙语和俄语的诗人翻译家。茅盾本来被定为编译被统称为"新兴国"的东欧人民民主国家和其他一些国家一集，由于分身乏术，推荐了巴金和鲁彦。俄国集和苏联集本来分别交由翻译家曹靖华和当时身在苏联的耿济之。两位主编后来申请掉了个个儿。事后赵家璧才知道，耿济之的工作实际上多由戈宝权在做。美国卷的工作赵家璧则毛遂自荐，一力承担。考虑到编者可能还需要承担一部分翻译工作，所以赵家璧在新书预告的时候，一概用"编译"二字，以避免不必要的纠纷。

人选确定后，赵家璧开始模仿"中国新文学大系"的前例，编《世界短篇小说大系样本》。样本除了收入十位编选者的感想外，还需要一篇序言。他再次到中央研究院拜访蔡元培。此时的蔡元培身体非常虚弱，但听了赵家璧的汇报非常激动。他没有料到，两年前自己随口提出的一个建议，竟然真的在这个年轻编辑手里变得有模有样了。他原以为年轻人都是喜欢做能够立刻看到好处的事情的。赵家璧却能够静下心来做了两年，实在难得。所以，即便是在病中，蔡元培也答应一定尽快写篇短文，今后身体允许了，马上写总序言。这也是赵家璧最后一次见到蔡元培。三年后，蔡元培在香港离世，享年 72 岁。这篇序文终于没能写成。

十卷作品中，《南欧短篇小说》中是最早交稿的。赵家璧决定先出这一卷。新书预告最早出现在《良友》画报的封底，预告上说明这套"中国新文学大系"将于 1937 年 8 月 25 日出书。《新兴国短篇小说集》等也已经交来部分稿件，良友同人们在编辑部也完成了附录的大部分工作。一部能与"中国新文学大系"比肩的传世之作呼之欲出。

然而，"世界短篇小说大系"没有"中国新文学大系"那样的时运。

1937 年 8 月 13 日，日军在上海发动了大规模进攻。中国军民奋勇抵抗，拉开了历时三个月之久的淞沪会战的序幕。上海再一次陷入炮火之中。"世界短篇小说大系"的出版计划就这样搁浅了。但是赵家璧在此后的近 30 年内，一直妥善地保存着已经交来的稿件和书目，希望有一天能够重新组织起来，完成蔡元培早年的心愿，也给编译者们一个交代。可惜，"文革"期间，所有这些珍贵的资料都不知所踪了。赵家璧和各位已经动手的编者们在"世界短篇小说大系"上的所有努力都化作泡影。

第二节　"磨"出来的《苏联版画集》

1936 年初，上海的文化界显得特别热闹。原因之一是苏联对外文化协会应中苏文化协会的邀请，将于 2 月到上海来举办大型苏联版画展览。上海许多进步的文艺人士奔走相告，迫切地想接触到来自世界上第一个社会主义国家的艺术作品。

中苏文化协会于 1935 年 10 月 25 日在南京宣告成立，孙科任会长，蔡元培、于右任、陈立夫、鲍格莫洛夫、颜惠庆、卡尔品斯基为名誉会长，张西曼、徐悲鸿等 15 人为理事。该协会主要从事沟通中苏文化、增进中苏友谊，宣传苏联社会主义建设成就等工作，是一个很有影响力的半官方性质的进步团体。协会 1936 年创办会刊《中苏文化》杂志，是两国交流的窗口。

俄国十月革命的炮火吸引了中国先进分子的注意。革命胜利后建立的苏俄，为孜孜以求探寻救国之道的知识分子提供了新的希望。紧接着的新文化运动和五四运动，向中国介绍了很多俄国文化和文学作品。1927 年，随着蒋介石发动四一二反革命政变，国共关系恶化。同年，国民政府严禁出版介绍俄国、苏联和社会主义的文章。1931 年，九一八事变爆发，国民政府开始修复同苏联的关系，以求共同抵抗日本侵略。1932年，在各界的倡议下，中苏正式恢复邦交往来。与此同时，许多苏联的文学理论和文学作品，以及介绍苏联的图书成为出版界的宠儿。当时的文学杂志对苏联文学理论和作品译介成风。苏联对外文化协会驻中国代表萨拉托夫采夫在一次对当月杂志的随机调查中得出结论："三分之一以上的杂志刊登了有关苏联的报道（文章、短评、插图等），苏联的日常生活、风俗习惯、建设事业等各个方面均处于中国杂志的视野之中……"

作为国民政府首府的南京和出版中心的上海两地，很快成为传播苏联文化的重要阵地。中苏文化协会刚成立就联合苏联对外文化协会、中国美术会、中国文艺社三个文化团体，先后在南京和上海举行苏联版画展览会。

在苏联文化和作品大量涌入的环境下，赵家璧既是关注者也是参与者。他主编的"一角丛书"中就有许多介绍苏联及俄国的册子：第21种《苏维埃式的现代农场（农业）》，第35种《苏联的新妇女》，第38种《第二次五年计划》，第41种《高尔基传》，第42种《苏联的音乐》、第51种《中苏复交问题》，第55种《苏联的机构》，第66种《苏联的演剧》，第73种《苏联的教育》等。1933年间，他还主持出版了四本《苏联童话集》。这次声势浩大的版画展也给了赵家璧一个绝妙的选题：让鲁迅从展品中选出一些出版，并由先生亲自作序！

1933年9月，在赵家璧的主持下，良友公司曾出版过以比利时著名版画家麦绥莱勒画作为题材的《木刻连环图画故事》四册，分别由鲁迅、郁达夫、叶灵凤和赵家璧本人作序。此书的出版不仅推动了我国的木刻版画艺术，而且为我国连环画的发展增加了一个极具特色的品种——木刻连环画。当时，这套小书用硬纸面厚纸印了 2000 套。1936 年 8 月，赵家璧又将这套书用白报纸印了 1000 套普及版；1949 年又印了 1000 套；1957 年，在上海人民美术出版社工作的赵家璧又把其中《一个人的受难》和《我的忏悔》各印了 5000 册。鲁迅在这套书的成书过程中除了亲自作序外，还给予赵家璧很多出版上的指导。比如书名"木刻连环画故事"，要求写序者介绍故事梗概以适应中国人按文看图的习惯，等等。

无论从哪一方面来，鲁迅都是完成这个选题的最佳人选。鲁迅对版画的热爱始于童年时代。那时版画大多是木刻的一些绘本读物。1929 年，鲁迅发起成立了朝花社，其重要的目的之一就是希望输入外国的版画。1930 年 2 月，他主持编印了该社美术丛刊《艺苑朝华》第 1 期第 5 辑，即上海光华书局出版的《新俄画选》，内收苏联绘画和木刻 13 幅。后来，鲁迅开始慢慢与苏联一些知名的版画家建立起友谊和信任，用中国出产的白纸换取画家们的作品，收藏了许多珍贵的艺术品。1934 年，他从手头已有的苏联版画原作中选了 59 幅，印刷出版，取名《引玉集》，取"抛砖引玉"的意思，纪念用白纸换佳作的过程。因为《引玉集》是鲁迅自己掏钱到日本制版印刷的，一共只印了 250 册，因为他知道这是一个亏本的买卖，但求不辜负这些好作品而已。鲁迅曾赠给赵家璧一本。赵家璧看着由鲁迅亲自装帧设计的《引玉集》，更加明了先生对苏联版画的重视。所以，赵家璧心里有十分的把握，先生一定会应下这份差事的。

赵家璧真正担心的事情是版权问题。良友图书印刷公司在当时的上海只能算一家中型出版社，苏联方面不一定愿意跟他们合作。赵家璧决定不管怎样，还是先睹为快。于是，版画展览开幕的那天，他一大早就来到八仙桥青年会九楼参观。当时展出的都是直接从莫斯科不远万里运过来的原作。一共有十位苏联作家的作品,除了木刻外,还有铜刻、石刻、油画刻、水彩、粉画、素描等共 200 余幅。图画的内容大多数反映了苏联在社会主义革命和建设时期取得的伟大成就,深深地吸引着参观者。赵家璧从观众们那无限憧憬的眼神、无比向往的神情和依依不舍的脚步中,看到了出版画集的重要意义和市场前景,坚定了他要努力出好这部作品的决心。

第二天,赵家璧去内山书店找鲁迅商讨出版事宜。鲁迅非常爽快地答应了选编画册并且作序的要求,但拒绝了赵家璧委婉提出的希望帮助协助解决版权问题的请求。鲁迅对他说:"出版这样一本画集是一件有益于革命的工作,而革命工作是要自己去争取的啊!"① 一向敢于组稿的赵家璧想"偷懒"一次,却得到了鲁迅发自肺腑的教益。当时,赵家璧对"革命"二字并没有多么深刻的理解,但他非常信服先生的教导,引为金科玉律,并受益终身。

接下来的几天,展览厅都能看到赵家璧的身影。这时的他可没有心情再欣赏画作了,而是找工作人员打听谁是展览会的负责人。他想着,找到负责人才能商谈版权的问题。他一再向工作人员说明来意,解释将要做的事情的意义,却始终得不到满意的答案。工作人员对这位不速之客最先不理不睬,然后相互推诿。赵家璧不急不恼,每天去,找同样的人问同样的问题,为自己的目标努力争取着。终于有一天,一位被他诚意感动的工作人员告诉他,应该找上海交通大学校长黎照寰,因为此人马上就要出任中苏文学协会上海分会会长了,应该

---

① 赵家璧:《编辑忆旧》,中华书局 2008 年版,第 182 页。

对这类事情有些权力。

赵家璧立刻奔向上海交通大学向黎照寰说明来意。黎照寰也很赞成这件事，不过，最后还是表示无能为力，因为展览会是苏联对外文化协会主持，他无权处理这样的事情。他建议赵家璧直接去找苏联驻沪领事馆的负责人，并允诺帮助赵家璧转达希望版权合作的心愿。

几天后，赵家璧接到了苏联领事馆电话，约他第二天去领事馆商议。刚一听到这个消息，赵家璧非常高兴，毕竟努力的事情还是有了一点希望。但随即他就有点害怕了，因为国民党当时有很多特务就在领事馆附近，对来往的中国人都盯得很紧。而且，第一次直接和来自社会主义国家苏联的人打交道，又不会俄语，不知道结果会怎样。事已至此，赵家璧也明白，他没有退路，也不能退。

第二天一早，赵家璧依约来到领事馆。这时，修习英国文学专业的赵家璧一定非常庆幸自己的选择，因为他可以用英语与对方交流。他由门卫领进了一个大厅。不一会儿，从大厅的边门走出一位高个子苏联人，非常热情地与赵家璧握手寒暄。苏联人自我介绍叫萨拉托夫，是负责秘书工作的，事先对赵家璧的来意非常清楚。所以当赵家璧提出版权合作以及准备邀请鲁迅选画写序的设想时，萨拉托夫当即欣然应允。最后，萨拉托夫代表苏联方面提出了两个条件："第一，要保证把原作保管好，不得污损，对于制版印刷，要尽量使印刷效果接近原作；第二，定价要便宜些，使一般读者都有能力购买。至于作品的出版权，苏联方面不要求任何报酬，将来对每位作者送些书就可以了。"[①] 实际上，即便萨拉托夫不做要求，赵家璧也会这么做的。

---

① 赵家璧：《编辑忆旧》，中华书局 2008 年版，第 183 页。

赵家璧没有想到整个过程竟然这样简单，道谢告辞，并在第一时间将这个好消息告诉给鲁迅先生。如果不是先生鼓励他自己去争取，他又怎么会获得这些作品的版权呢？看来，懂得去努力争取也是好编辑的必备素质。

赵家璧第二次到苏联领事馆的时候，心情十分轻松。萨拉托夫告诉他，现在就可以把展品带走。还不等赵家璧接话，他就派人把装满展品的木箱搬上领事馆的小车后座，让赵家璧跟着车一起回了良友公司。这些珍贵的作品就这样轻而易举地来到了良友公司。可见当时苏联与中国关系十分密切。赵家璧此刻却感到轻松不起来了，他拿着大箱子不知道该往哪里藏，生怕弄丢了。但良友公司只有这么大，相比较而言，就只有自己的办公室最安全。于是，他把箱子藏在办公室的长沙发底下，回家前又给办公室多上了一道锁。

他马上开始着手图书的出版工作，写信准备把版画搬到内山书店去给鲁迅选，同时再一次向鲁迅求序文。4月7日，鲁迅本着对画作和图书负责任的态度，亲自到赵家璧的办公室来选作品。赵家璧看到鲁迅那天的脸色不太好，就连上楼梯都气喘吁吁。不过，他当时并没有太在意，因为他的整个思想都被那些画作占有了，非常兴奋，没有过多考虑别的问题。鲁迅也什么都没有说。

赵家璧从沙发底下搬出画作，鲁迅就坐下来认真选起来。他一看到那些作品就显得特别精神，小心翼翼地把入选的放在左边，不选的放在右边。良友公司的许多同事听说鲁迅先生亲自来选画了，就凑到赵家璧的办公室来。一则想再欣赏一下那些精美绝伦的作品，二则也看看鲁迅先生，听听教诲。鲁迅看着这些活泼可爱的青年，兴致特别高，讲起了自己从前搜集苏联作品的艰难，也介绍了版画的种种好处。就这样谈着选着，到任务完成的时候，不知不觉两个多小时过去了。此时的鲁迅已经显得非常疲惫，但他仍然向赵家璧提了一些关于这本图书的建议。第一，一定要在制版上花费功夫，最大限度地避免作品失真；第二，每幅作品下面除了要有作品名称和画家姓名外，还应如实标明原作尺寸。后者比较容易做到，但是对于前者，赵家璧是很花了一番工夫的。

赵家璧首先想到援引《引玉集》旧例，拿到日本去制版印刷。但这些画作实在太宝贵，路途遥远，万一有闪失就太可惜了。而且去日本印制后，就不能满足苏联领事馆提出的定价低廉的要求了，只得放弃这一想法。赵家璧发动所有的关系，满上海找合适的制版所，终于被他找到了一家可以用铜锌版的。这家制作出来的作品既有深度，又能保持住线条的细腻，很好地解决了制版的问题。

此刻赵家璧心里念念不忘的就是鲁迅的序言了。最初鲁迅准备用一篇已经于 1936 年 2 月 24 日发表在《申报》上的文章《记苏联版画展览会》代替，但赵家璧再三恳求，希望能得到一篇新作。鲁迅后来答应了，只是从那日选画后一个多月，始终未见序言。赵家璧不得不对这位尊敬的长辈使用"催逼"的本事了。每印刷完成一部分图版，他都寄给鲁迅，美其名曰"给先生作序参考"，事实上醉翁之意不在酒，而在那篇序言也。他是在不断提醒鲁迅，序言也应该要写了。

这样又过了一个多月，6 月 24 日，赵家璧终于收到了鲁迅的序言，而笔迹却是夫人许广平的。赵家璧觉得十分奇怪，读到最后才明白：鲁迅已经病得无法握笔了。但为了不耽误图书的出版，他卧病在床口述了这篇序言。

　　良友图书公司要印一本画集，我听了非常高兴，所以当赵家璧先生希望我参加选择和写作序文的时候，我都毫不思索地答应了：这是我所愿意做，也应该做的。

　　参加选择绘画，尤其是版画，我是践了凤诺的，但后来却生了病，缠绵月余，什么事情也不能做了，写序之期早到，我却还连拿一张纸的力量也没有。停印等我，势所不能，只好仍取旧文，印在前面，聊以塞责。不过我自信其中之所说也还可以略供参考，要请读者见恕的是我竟偏在这时候生病，不能写出一点新的东西来。

　　这一个月来，每天发热，发热中也有时记起了版画。我觉得这些作者，没有一个是潇洒，飘逸，伶俐，玲珑的。他们个个如广大的黑土的化身，有时简直显得笨重，自十月革命以后，开山的大师就忍饥，斗寒，以一个廓大镜和几把刀，不屈不挠的开拓了这一部门的艺术。这回虽然已是复制了，但大略尚存，我们可以看见，有那一幅不坚实，不恳切，或者是有取巧，弄乖的意思的呢？

　　我希望这集子的出世，对于中国的读者有好影响，不但可见苏联的艺术的成绩而已。

　　一九三六年六月二十三日，鲁迅述，许广平记。[①]

　　7月4日，赵家璧和鲁迅花费了大量心血的《苏联版画集》终于出版了。正如刊登在《良友》画报封底广告的介绍的那样，全书360

---

① 鲁迅编译：《苏联版画集·序》，上海良友图书印刷公司1936年版。

面，全部采用单面印刷，分为精装本和普通本。精装本正文用产自瑞典的铜版纸，封面则用 18 开的皮纸，外面包上了一层丝绸，书脊另外金色皱纹纸，上面用朱红色印上书名。普通本则用 100 磅黄道林纸印正文，20 开的纸装封面。两种版本既能满足收藏者的需要也能让普通读者能够买得起。赵家璧为了介绍得更加详备，亲自将展会上的许多介绍，直接从英文翻译过来，避免了一些不必要的讹误。同时，他还请蔡元培为图书写了一段题词，并将题词的手迹制版，放在书前。这样一本集子中就有了两位大家的名字，成为一个很大的卖点。

晚年赵家璧回忆这本书的出版过程，谈到解决版权的问题时写道："我就天天去和他们磨，缠住不放。"[①] 其实，这本书的出版又何止是这一个地方在"磨"呢？他磨着鲁迅写序文，又为图书的印刷质量到处切磋琢"磨"。这本书就是他"磨"出来的啊！同时，这本从无到有的图书，也体现出赵家璧编辑思想中已然根深蒂固的主动性和创造性。

《苏联版画集》问世后，引起了很大轰动。许多没法亲临展览会的读者争相购买。赵家璧在第一时间给鲁迅送去了 20 多本。鲁迅对这本书大体上还是非常满意的。这部作品在我国版画界具有里程碑意义，为也赵家璧打开了另一种出版思路。日后赵家璧出版的许多版画作品，都赖此集的开拓之功。1947 年，赵家璧在自己创立的晨光出版公司出版了萧乾编的《英国版画集》。受到《苏联版画集》的启示，赵家璧心心念念出版一本中国人自己的版画集。1946 年，上海举办中华全国木刻协会"抗战八年木刻展"，终于让赵家璧有了圆梦的机

---

① 赵家璧：《编辑忆旧》，中华书局 2008 年版，第 182 页。

会。1948 年 7 月，赵家璧的晨光公司出版了凝结着中国青年木刻家心血的第一部版画集——《中国版画集》。该集一共收录了 64 位作者的 97 件作品。这些作品都是从"抗战八年木刻展"后，由中华全国木刻协会举办的第一、二、三届全国木展中选出来的。画集附有《中国新兴木刻发展史》一文，出版了中、英文两种版本。英文版由老舍作序。赵家璧甚至还有意把这样的出版延续下去，将世界上主要国家的版画作品分国别结集出版，做成《世界版画大系》。只可惜，这一想法由于种种原因没有能够实现。1949 年，赵家璧将《苏联版画集》以晨光公司的名义再版。

造化弄人，收获的喜悦很快就被噩耗冲刷得一干二净，取而代之的是永久的怀念和感激，还有愧疚。

1936 年 10 月 19 日早上 5 时 25 分，鲁迅因肺病医治无效，在家中与世长辞。鲁迅的身体早就已经非常虚弱了。赵家璧立刻想起鲁迅来良友选画时苍白的脸色，想到自己一再催促序文的执着，想到知道先生生病却总以为无大碍，一直没有探望，想到从认识鲁迅开始就得到的所有帮助和鼓励……

赵家璧怎么也料不到，上次良友选画，竟然是与先生的最后一次生离！他用最快的速度赶到先生位于大陆新村 9 号的家里。与先生相识数年，得到无数提携，这还是第一次到先生家里，不想竟是做最后的死别！赵家璧头脑昏沉地回到良友公司，走进自己的办公室，看着先生坐过的凳子和沙发，恍如隔世，放声大哭。

他很快想到鲁迅还有一个遗愿未完成，心中十分愧疚。原来，1936 年 7 月，病中的鲁迅曾经向赵家璧推荐过翻译家曹靖华的作品，并且亲自为作品取名《苏联作家七人集》。这是鲁迅生前选编校读的最后一本书，也是他在病中一直惦记着的事情。但由于当时良友的排字房工作繁忙，清样一直没有出来。鲁迅 10 月 12 日还写信催问过，并且几次表示要换一个更合适的书名。赵家璧答应 20 日以前一定出清样。可是先生却永远离开了他们。"没有能够在他（鲁迅）生前把样书送到病榻上，让他亲自看到，这已成为我一生追悔莫及的遗憾了。"①鲁迅去世几天后，许广平将他生前为这本书写的序言寄给了赵家璧。赵家璧看到熟悉的字迹，悲痛不已。为了纪念鲁迅，赵家璧与曹靖华商议，书名《苏联作家七人集》不变，告慰先生在天之灵。一个月后的 11 月 27 日，赵家璧写道：

> 鲁迅先生死了，许多相识和不相识的人都在写哀悼的应时文章。我现在也不想再说什么悲痛震惊的话，因为最大的悲哀既隐藏在沉痛的静默中，我们就学学许广平女士的样，忍着眼泪，劝痛苦师生的朋友们"还是多做些事情吧"。②

以最快的速度出版《苏联作家七人集》就是赵家璧做的事情。1937 年 6 月，赵家璧按照鲁迅生前的设想，又出版了曹靖华的另一部译作《第四十一》（插图本）。先生虽然故去，但赵家璧牢记他的教导，出了一辈子好书。

从徐志摩到鲁迅，赵家璧用自己的方式怀念着这些前辈曾经给予的温暖。

---

① 赵家璧：《编辑生涯忆鲁迅》，人民文学出版社 1981 年版，第 141 页。
② 赵家璧：《书比人长寿》，中华书局 2008 年版，第 15 页。

第三节 昙花一现的《二十人所选短篇佳作集》

赵家璧在良友公司的文艺图书事业蒸蒸日上的同时，也在不断考虑做一本有影响的文艺刊物。当时的上海，杂志出版蔚然成风，尤其在1935年和1936年间。上海许多出版机构都有非常优秀的文学杂志，如商务印书馆的《小说月报》，现代书局的《现代》。如果良友能够拥有一个大型权威性的文学期刊，不仅可以为公司其他文艺图书做充分广告宣传，还可以为文艺图书的出版提供源源不断的稿源，真可谓一举两得，相得益彰。但文学期刊的成功与否，主编人选非常重要。而这样的人才在整个出版界是最珍贵的。赵家璧一直在留意寻觅。皇天不负有心人，让他得到了章靳以。章靳以的作品《虫蚀》是"良友文学丛书"第15种。鲁迅逝世后，为之扶柩执绋的就有章靳以，嗣后移柩至虹口公园安葬时，章靳以也是扛扶者之一。

1935年底，郑振铎和章靳以合编的《文学季刊》停办。赵家璧知道后，立刻找到章靳以，希望其与巴金一起为良友公司办一个大型文学刊物。在巴金的帮助和支持下，1936年6月开始，与《文学季刊》传统非常相似的《文季月刊》开始在良友公司出版。虽然刊物挂名主编有巴金和章靳以两人，实际上的负责人是章靳以。在这期间，章靳以与赵家璧合用一间办公室，让两人多了一层友好的同事关系。《文季月刊》为16开本，有长篇连载、中篇、短篇、诗、散文、随笔、剧本、论文、译文、书评等栏目，以发表中长篇文学作品为主，主要撰稿人有巴金、章靳以、张天翼、鲁彦、曹禺、萧红、茅盾、丁玲、刘白羽、叶圣陶、潘从文等人。《文季月刊》是赵家璧作为良友文艺部主任在图书之外的一种尝试，虽然持续的时间很短，但也反映出赵家璧的经营头脑和管理才能已经非常了得。日后，他接手运营整个良友公司，不论画报业务还是图书业务，都能很快就上手。

赵家璧正是在这一时期萌发了编写文学年鉴或者小说年选的想法。与"中国新文学大系"这样集大成的选本不同，年选类的选本集中在某一年。文学领域内，当时上海出版界有英美国家编纂的《英美最佳小说选》。我国出版界也受到启发，各类年选、年鉴接连出版，都是以年度为单位总结文学成就。最早的大概是1922年8月，"北社"编选的《新诗年选：一九一九年》，由亚东图书馆出版印行。书中收录了刘大白、玄庐、沈尹默、李大钊、周作人、俞平伯、胡适、郭沫若、陈衡哲、傅斯年、叶绍钧、刘复、罗家伦等41人的90首诗歌。书末附录了《1919年诗坛略纪》和《北社的志愿》两篇文章。从其出处看，这些诗歌大多选自《新青年》、《新潮》和《时事新报》等报刊。1923年3月，上海小说研究社出版鲁庄、云奇编选的《小说年鉴》。它是我国以"年鉴"为名的第一部短篇小说集。此书分为三卷，收录了鲁迅、孙伏园、郁达夫、叶绍钧、王统照、陈大悲、王任叔等人的43篇小说。这一部"年选"和一部"年鉴"，在当时的影响都非常大。到了20世纪30年代，随着大量新文学作品出现，中国出版界兴起了一股"年鉴热"。1933年8月10日，上海现代书局以"中国文艺年鉴社"名义出版的《中国文艺年鉴》（第一回，一九三二年）的诞生，具有开创性的意义。该书有698页，开本为19厘米×13厘米，主要的编者是杜衡和施蛰存。这部以给"我国文艺界每年清晰的照片"为目的的文艺年鉴，在我国尚属首创。该年鉴不仅描述了一年中文艺界的活动状况，而且对这一年里作家所发表的作品和出版的文艺书报编目进行了汇总。接下来的几期年鉴共产党员杨晋豪也付出了巨大努力。不过，与《中国文艺年鉴》影响同样大的还有关于它的争议。上到声名显赫的鲁迅，下至化名"李影心"的神秘人士，都直接点名批评该书。

作为旁观者的赵家璧冷静地分析这一切，希望从这一出版热门中找出适合良友公司的选题。他与章靳以反复商议，结合新文学运动发展的情况，决定从选择短篇小说入手。但在具体方式上要有别于《小说年鉴》。最开始他打算集合几种文艺刊物的作品进行联合评选。原来已有的选本多为某一人或某一团体主持，在作品选择上难免有失公允或者无法面面俱到。但由于不同的刊物属于不同出版商，版权问题协调起来也殊为不易，只得作罢。他沿着这个思路继续伸展下去，想到了让文艺编辑和著名作家参加评选的办法。这样资历深厚、结构多元的评选队伍，能够做到最大限度地保证选本的权威性和公正性。

他的这一想法得到了许多朋友的赞同。章靳以与赵家璧一起进一步确定了具体编辑方法：选取 20 位编选人，每人推选三部左右作品，辑成厚厚一册发行。"赵家璧意在借助于编辑群体的智力、能力合成来弥补独立的编辑个体的缺陷。显然，在这 20 人的群体中蕴含着意向相似性与意向差异性，能力相似性与能力差异性的矛盾；而且，能力的相似性与差异性以及与之有关的知识差异性与相似性都是对立统一的关系，两者共存一体，正好促成了编选群体的能力互补性。不同地域、不同特长、不同心理特征的成员相互协助，共同合作，正可以弥补个人的缺陷，提高工作效益。"[1] 后来证明这确实有效。图书出版前，赵家璧在《前记》中写道：

---

[1] 李频：《全体甄别对个人独识的超越》，《河南大学学报》（社会科学版）1991 年 9 月，第 107 页。

　　这二十位选稿人的思想、趣味和所在地既代表得相当广泛，由他们每人在自己所读到的一年（一九三五年十一月卅日至一九三六年十一月卅日）中的短篇里推选一篇至三篇，再由我们辑合成一部一年中的短篇佳作集，也许不但可以包含更广更精的作品，而且会反映不同选稿人的不同的标准；同时我们从这里除看到创作界的动向外，一年来文艺批评界的趋势，也能在稿件的取舍间明白的感觉到。①

　　在具体编选者的人选问题上，章靳以与赵家璧从多个角度衡量，力求全面，煞费苦心。因为要将全国各地文艺刊物上的优秀作品选出来合成一册，所以当时许多参加编选的人都是文艺刊物的编辑，比如《文学》的王统照、《中流》的黎烈文、《现实文学》的张天翼、上海《大公报·文艺》的萧乾，天津《大公报·文艺》的沈从文，《武汉文艺》的凌叔华，报纸文艺副刊《东西南北》的洪深，良友公司《文季月刊》的巴金和章靳以。在地域方面，赵家璧也着意兼顾到全国各地的作品。当时中国实际上四分五裂，东北早已落入日寇手中，西南各地军阀拥兵自重，帝国主义正虎视眈眈，再加上全国的交通和通信情况远比不上今日，全国范围内选文很难指望少数几个编选者顺利完成。因此，赵家璧刻意在全国不同地域寻找编选者。北京、上海两地自不用说，其他编选者足迹遍及武昌、广州、福州、青岛等地，照顾到文学界的各个地区。这种多人编一本年选的编辑体例，在当时的中国是首创。总体来说，选者的名气普遍大于作者的名气，再一次体现了赵家

---

　　① 赵家璧：《书比人长寿》，中华书局 2008 年版，第 113—114 页。

璧在选本编辑上非常重视选家资历的思想。为了增加整体编选队伍的分量，他又一次邀请远在日本的郭沫若选文。书名定为《二十人所选短篇佳作集》，很明显是以选家为中心的，所以在具体的图书结构编排上，也依照此例，相同选家的作品排在一起。这种以选家为中心，多人选一本的选本体例，是赵家璧与章靳以二人首创。由于章靳以同时要做编辑工作和从事文学创作，无暇多顾，只能提一些建议，实际上的主持者唯赵家璧一人。

现将《二十人所选短篇佳作集》具体选目情况列于下表，以便进一步分析。

表1 《二十人所选短篇佳作集》选目情况一览表

序号	编选人	作者及作品
1	茅　盾	老舍《且说屋里》；端木蕻良《遥远的风沙》；白尘《小魏的江山》；宋越《关饷》；金山城《黑暗的一角》；王道《鸡》
2	萧　乾	刘祖春《回家》；严文井《风雨》；青子《紫》
3	章靳以	屈曲夫《逼》；刘白羽《冰天》；荒煤《长江上》
4	郑伯奇	夏衍《包身工》；戴平万《满洲琐记》；郭沫若《楚霸王自杀》
5	叶圣陶	端木蕻良《鹭鸶湖之忧郁》；青子《黑》；刘白羽《草原上》
6	鲁　彦	萧军《江上》；罗淑《生人妻》；萧红《牛车上》
7	黎烈文	宋之的《一九三六年春在太原》；华沙《生手》；舒群《没有祖国的孩子》
8	凌叔华	陈荻《传令嘉奖》；李威深《渡头》；维特《家》
9	郁达夫	秀子《最后的管束》
10	沈从文	刘祖春《荤烟划子》；李欣《乡居杂记》；田涛《荒》
11	朱自清	曹卣《长班船》；罗皑岚《谜》；张天翼《探胜》

续表

序号	编选人	作者及作品
12	老　舍	陈琳《奔》；艾芜《荣归》
13	王统照	罗烽《第七个坑》；沙汀《苦难》；丁玲《一月二十三日》
14	巴　金	萧红《手》；芦焚《迷茫》；丁玲《团聚》
15	郑振铎	罗烽《特别勋章》；沙汀《查灾》
16	洪　深	香菲《糖羹》；楼西《出关》
17	丁　玲	周文《三个》；奚如《初步》；绀弩《酒船》
18	张天翼	葛琴《犯》；吴组缃《某日》；碧野《募捐》
19	林徽因	张天翼《贝胡子》；萧乾《矮檐》
20	赵家璧	蒋牧良《集成四公》；鲁迅《出关》

全书一共选取53位作家的56篇作品，其中刘白羽、端木蕻良、罗烽、沙汀、萧红、青子的作品都有两篇。从作家资历看，除了鲁迅、郭沫若、老舍三人外，其余都是按"中国新文学大系"划分中第二个十年起点，即1927年以后涌现出来的青年作家。这些作家当时在文坛上刚崭露头角即被编选者看中。许多作家和作品后来流传广泛，如夏衍的《包身工》。这其中有三部作品，端木蕻良的《鹭鸶湖的忧郁》，罗淑的《生人妻》、田涛的《荒》，都分别被两位不同的编选者同时选中，赵家璧开始就料到会出现这样的情况。为了避免引起误会，他在目录和正文中一律以来信顺序为准，将具体情况在《前记》中予以说明，省去了很多可能存在的纠纷。由于选者个个蜚声文坛，为了不显示出在具体编排上的厚此薄彼，论资排辈，赵家璧最初就明确按照选稿完成顺序排列的原则。茅盾的稿子最先交来，所以选在最前面。来稿收齐后，赵家璧又特别请求茅盾从其主编的《中国的一日》

中再选三篇青年作者的作品。茅盾选择了宋越的《关饷》、金山城的《黑暗的一角》和王道的《鸡》。这三部作品依然严格遵照之前的规矩，依来稿顺序放在了林徽因选稿之后。后来因为各种原因，临到付排印刷时郭沫若的选目还未到赵家璧手中。为了不耽误出版，赵家璧临时当起了选家，将鲁迅在当年发表于《海燕》第一期上的小说《出关》选入最后一篇，为全书压轴。这些巧妙的处理方式体现了他的编辑和处事智慧。

全书一共 60 多万字，整个排版完成后有 1000 多页，按照良友文艺图书管理，纸面精装本和布面精装本同时发行。可是这样一来，售价就要到两元了，许多读者难以接受。为了更多的读者能够得到这本书，赵家璧想出了两个变通的办法。第一，将此书作为订阅 1938 年全年《文季月刊》的赠品，帮助《文季月刊》扩大销量；第二，在书后用 60 页的篇幅刊登 120 种良友文艺图书内容提要，将部分成本列为广告开支，终于将定价降为一元。虽然可以预计，这些做法对于《文季月刊》的销量和良友本版图书的销售带动作用十分有限，但经理余汉生还是同意了这项明知赔本的买卖。可见，此时的赵家璧在良友公司文艺图书这一块拥有相当的话语权。这些年来，他用自己的成绩赢得了良友上下的尊重，就连经理也敬他三分。

《二十人所选短篇佳作集》于 1936 年底完成，1937 年初正式出版发行。就在图书出版前夕，仅仅出版半年的《文季月刊》与其他 13 种进步刊物一起，被国民党查禁。章靳以接着离开良友公司。赵家璧随《文季月刊》赠书的设想落空了。即便这样，仅在 1937 年上半年，该书就连印三次共 7000 册，销量非常可观。如果不是因为随后的战乱，应该会更好一点。与赵家璧订刊赠书设想同时落空的还有图书策划之初定下的以后每年出一卷，做成一年一度小说选的计划。1937年版的《二十人所选短篇佳作集》是第一卷，也是最后一卷。"我们苦心筹划的这本小说年选，因为抗战开始，良友关门，真似昙花一现。"①在内忧外患的局面里，赵家璧的许多出版理想都非常遗憾地破灭了。

1982年，广州花城出版社将《二十人所选短篇佳作集》重印出版。赵家璧欣然应允出版方要求，写下一篇重印后记，回忆了这部书产生的过程。四十五年一瞬间，多少感慨都融于这些朴实的文字中。

第四节 隐没无声的《中篇创作新集》

受鲁迅、郑伯奇等人的影响，赵家璧出版的作品中，左联作家的占了很大一部分。因此，人们评价他的时候，经常会为他打上"进步"的标签。其实，当年的赵家璧没有卷入任何政党和派别的纷争，这种超然的态度伴随了他的一生。他在新中国成立前编选了很多进步作品，一方面是受到他所崇敬的人的影响，另一方面在于他对现实生活的密切关注。赵家璧是一个很"实"的人：现实，务实，实干。左联作家的作品大多反映现实生活，不像当时非常流行的鸳鸯蝴蝶派那样天马行空。赵家璧从来没有出过一本纯粹风花雪月的作品。不过，赵家璧与左联作家们接触的过程中，慢慢对他们有了更多的了解，从心理上也逐渐倾向于他们了。

除了将许多左联作家的作品收入丛书以外，赵家璧还为一些熟识

---

① 赵家璧：《书比人长寿》，中华书局2008年版，第133页。

的左联作家出版了单行本：郁达夫等作《半日游程》（1934 年 10 月初版）、钱杏邨著《小说闲谈》（1936 年 6 月初版）、鲁迅编选作序的《苏联版画集》（1936 年 7 月初版）和郑伯奇著《两栖集》等。鲜为人知的是，他还曾经专门为左联的青年作家编印了一套《中篇创作新集》。

1935 年 5 月，赵家璧去北平的时候，途经南京，停留了几天，拜访了作者张天翼。这个选题就是在这几天时间里产生的。张天翼已经是赵家璧的老朋友了，从"一角丛书"中的《脊背与奶子》到"良友文学丛书"的《移行》和《一年》，作者与编辑之间已经建立了充分的信任和友谊。赵家璧这次南京之行一来是为自己放松一下心情，随意游览一下；二来则与张天翼沟通，希望把他已经发表的中短篇作品合成一集，编入"良友文学丛书"特大本。这套丛书是赵家璧对"良友文学丛书"品牌的延伸，同时他在与知名作家们接触的过程中，深感应该以各种形式多出版一些他们的作品，满足不同读者的需求。当时赵家璧已经约好了鲁迅、巴金和沈从文三本。

张天翼与赵家璧年龄相仿，当时已经是一位非常高产的作家了，也是左联成员之一。他对赵家璧的来访非常热情，极尽地主之谊，带着赵家璧游玩了许多地方。赵家璧对张天翼说出"良友文学丛书"特大本的设想时，张天翼很爽快就应承下来了。虽然张天翼是最后接受邀请的，但第一个交稿。张天翼也趁机向赵家璧提议："过去良友出的几套书，质量不差，但作者队伍较杂，而且大都是已成名的老作家；是否可以编一套纯粹由左联青年作家写的创作丛书呢？这方面的新人很多，质量也不低，就看良友敢不敢出。"[①]

---

① 赵家璧：《编辑忆旧》，中华书局 2008 年版，第 160 页。

赵家璧觉得这个选题很有新意，也意识到不仅要担经济上的风险，而且可能还要承担一定的政治风险。但他同时也明白，知名作者最初都是无名之辈，如果没有人肯为他们出书，整个出版界就会出现青黄不接的情况。作为一个有理想有魄力有责任的出版人，不应只顾偏向知名作者，而应该为青年作家尽一些培养、提携之责。

一场意外，帮助催生了这套丛书。

1935 年 5 月 4 日，上海《新生》周刊第 2 卷第 15 期刊载了一篇名为《闲话皇帝》的文章，其中有一段文字涉及日本天皇。上海的日文报刊立刻做出反应，认为文章侮辱了日本天皇，要求严惩当事人。国民政府迫于压力处罚了主编杜重远，日本人依然不肯善罢甘休。到了 6 月，事情反而更加严重了。日本驻上海的领事提出了许多无理要求，包括严惩新闻检察官等。这样一闹，国民党审查会也被迫关门，为出版《中篇创作新集》扫清了障碍。赵家璧回到上海后跟公司领导层一商量，决定接下这个选题。

虽然这部丛书全部出版新人新作，但赵家璧同样非常用心，准备长期做下去。他准备丛书每本收录一篇中篇小说，字数在 5 万到 7 万之间，一辑一出，每辑 12 种，统一售价。巧的是，最初的提倡者张天翼也于这个时候来到上海，与几位左联作家一起合编《现实文学》月刊，为赵家璧送来了编这套丛书最好的组稿帮手，或者说主力更加合适。张天翼利用自己的影响，迅速组织了 12 位作家，并在 1936 年9 月的《文季月刊》上刊登了预告。

但是当时时局紧张，许多进步作家都奔赴抗日前线或者大后方了，给交稿工作也带来了一些困难。最后只出了第一辑的十本，作者分别为蒋牧良、奚如、白尘、欧阳山、舒群、艾芜、周文、罗烽、葛琴和草明。对于已有的稿件，赵家璧依然精心对待。"书用四十二开本，成长方形，袖珍本，别开生面。每面排三百字，天地头宽敞，清楚悦目。封面是由在良友工作的汪汉雯设计的，用进口硬纸板做封面底版，再标上封面纸，穿线订，产生一种类似纸面精装的感觉。书名、作者等美术字翻做整块阴版，印不同底色。封面正中留一圆形空白，用黑色套印一幅动物木刻，是一位英国版画家的创作。整套书排在一起，十种不同走兽的生动形态，跃然纸上。"[1] 看不出一丝杂乱和敷衍。

书出来之后，恰逢战乱，再加上本来也就只印了 2000 册，并没有造成什么影响。这也难怪，多是些不太知名的青年作家的新作，内容观照现实生活，没有任何哗众取宠的成分，响应者寥寥也是情理之中的。赵家璧作为一个已经比较老练的出版人，早已预料到这样的结果。但为了能够更多地为进步的青年作家作品寻找出版机会，他还是组织出版了这套书。更加可贵的是，他仍然非常认真地做这套书。

除了前文中提到的作品外，八一三事变之前，赵家璧还主编了"万有画库"、"良友文库"、"儿童自然科学丛书"、"现代中国史丛书"、"世界各国现势丛书"、"百科写真集"、"良友文选"、"人间世丛书"、"图画知识丛刊"、"现代散文新集"以及 50 多册单行本。

六年时间里，能够这样高产，有这样大的成就，赵家璧真的是把编辑工作当成自己的生命的。

---

[1] 赵家璧：《编辑忆旧》，中华书局 2008 年版，第 164 页。

第八章

颠沛流离中的文化坚守

残酷的战争让无数人失去了生命或幸福的生活。淞沪会战打了三个月，整个上海除了法租界和苏州河以南的半个公共租界以外，都陷入了战火中。良友图书印刷公司所在地自然未能幸免，只能暂时歇业。到了11月中旬，战斗终于停了，却是以日军的胜利告终。上海沦为了"孤岛"。

第一节　上海"孤岛"时期

"商女不知亡国恨，隔江犹唱后庭花"。大上海依然是一个纸醉金迷的世界。舞榭歌台的繁荣掩饰不了每一个爱国者心中的愤怒和悲怆。

几十万将士用生命换来了民族工业内迁的宝贵时间，也包括出版企业转移的机会。随着日军占领上海，民族出版业就彻底丧失了言论自由，难以为继，许多大出版社也开始了内迁或者避走香港。良友公司所处的北四川路是日军的军事基地，因而受到很大冲击。公司的许多设备、藏书都被不法分子盗窃一空，贱价沿街叫卖。"良友文学丛书"一角一本，精装的"中国新文学大系"也只要三四块钱。公司经理余汉生当即给正在广东度假的《良友》画报主编马国亮发去电报，让他暂时不要回上海，立即到香港去筹划一个办事处，做好转移的准备。《良友》在上海的许多同类刊物中，是唯一从上海迁往香港的画报。11 月 1 日，第 131 期《良友》画报就复刊了。由于 8、9、10 三个月停刊，131 期画报相当于四个月的合刊。

与此同时，良友图书印刷公司也在余汉生的组织下，积极地出版时代需要的作品。8 月 15 日，良友公司迁至江西路 264 号继续营业。八一三事变后一周就出版了《战事画刊》，16 开大小，五天为一个周期，每册一角，由上海良友公司发行，向上海人民报道战况。紧接着又出版了《战时画报》，八开大小，每月一期，每册五角，由香港良友公司代为发售到华南及南洋等地。此外，还出版了《军事知识》、《第二次世界大战画报》等。一批文人，用自己的良知和笔墨勇敢地担起了宣传抗日的责任。战事结束，日本开始严格控制各项舆论，良友公司岌岌可危，很多刊物都被禁止出版。

从 8 月 13 日战事爆发到 8 月底，短短半个月左右的时间里，赵家璧就像钟摆一样在上海和松江两地安顿着一家老小。13 日当天，赵家璧就租车将一家老小接到上海租界旅馆住着，以为这样会安全。结果租界里物价飞涨，商人忙着发国难财，不顾百姓死活。而且不时有炮弹在不远处爆炸。第二天，赵家璧只得又一次雇车将家人送回松江。当时松江地处战区，一日里日本飞机轰炸无数次，即便他带领着家人挖了一个简易的防空洞也无济于事。一家老小随时都有被炸死的危险。赵家璧只得再一次将家人迁往上海，住高价旅馆。祖父赵启昂悲愤交加，故土难离，坚决不走，与老妻一起住到一个佃户家里。结果不几天就因为水土不服病死。赵家璧立刻再回松江，以长房长孙的身份为祖父操持丧事。祖父虽然从来没有宠溺过他，更没有让他感觉到长辈那种特别的疼爱，但在大事上尊重他。入沪求学，婚姻大事，都由赵家璧自己做了主。赵启昂在赵家璧的成长过程中扮演了一个类似封建家长中"严父"的角色。在经济上，祖父也竭尽所能关照他这个失了父亲的孩子。虽然在赵家璧印象中祖父脾气暴躁，然爱之深责之切，已经身为人父的赵家璧对这个道理岂能不知？祖父坚决不与他到上海，又何尝不是从心里不希望为孙儿增添多一重负担呢？他从心里非常敬爱祖父。可是，国破家亡，他纵使心下有再大的悲痛也不得不打起精神来为一家老小做打算。他将刚刚寡居的祖母接到上海后不久，赵家的松江老宅，和妻子陆家的老宅，都毁于日军炮火。

住旅店的费用十分高昂，赵家璧的积蓄支持不了太久。就在他一筹莫展之际，路遇好友章靳以。此时章靳以尚在恋爱期间，还没有结婚，独自一人住在万航渡路华邨一号。他力邀赵家璧一家与他同住。就这样，赵家璧一家老小总算有了一个较为稳定的住所。赵家住一楼和二楼，章靳以一人住三楼。再加上与章靳以一起编辑《呐喊》的巴金和当时还是其女友的萧珊，三大家人经常聚在一起吃饭聊天，相处得非常融洽。

家庭生活暂时安顿妥当，公司的事务又出现了危机。其实，良友股东的内部矛盾由来已久。纷乱的时局也进一步加深了良友的债务危机。雪上加霜的是，良友大股东之间的内部矛盾也日益变得不可调和。伍联德、余汉生与陈炳洪被称为良友的"三巨头"，也是良友最大的三个股东。三个人彼此之间都有很深的渊源。伍联德与陈炳洪在岭南大学读预科的时候是同学，二人曾经一起翻译《新绘学》，这也给伍联德提供了后来进入商务印书馆的资本。后来陈炳洪赴美留学读新闻专业，伍联德去美国为《良友》画报做宣传的时候，他给予了很多无私的帮助，比如介绍当地知名华侨，开拓海外销售渠道等。陈炳洪不仅为伍联德引见了很多日后对画报发展很有帮助的人，还说服自己的父亲入股良友公司，解决了伍联德在经济上的难题。1927年，陈炳洪正式进入良友公司。伍联德与余汉生同样是老相识，从小一起长大，从小学到大学都是同学，感情很好。伍联德拟创办良友印刷所的时候，在上海没有得力的帮手和伙伴，立刻就想到给余汉生发电报。余汉生二话不说就从南方到了上海，与伍联德并肩创业。伍联德为人豪爽大方，不拘小节，常常感情用事；余汉生强于经营，面面俱到，会算经济账；陈炳洪易于合作，淡泊名利，事事无可无不可。在良友草创初期和处于发展上升期的时候，三人的合作非常默契，在性格上也形成了良好的互补。良友公司在三人的精诚合作之下，蒸蒸日上，资金规模也越来越雄厚。良友公司在开创初期有两次招股融股活动，共计10万元。1928年11月，良友公司又向社会公开招募股金10万元，其中的四成向"老古董"定向募集，六成向社会公开发售。1931年10月，良友公司又一次招募了10万元股金。这样一来，公司业务越来越多，加入的股东越来越多，利益的分配越来越复杂，三人最初如"金三角"般的互补性格就逐渐演变成了经营上矛盾的根源：

许多股东都认为伍联德太会花钱，而且不善经营。那一次的矛盾最终以伍联德的黯然退出收场。不过，伍联德失去的只是良友的经营权，依然是公司的大股东之一。

其时赵家璧正在如火如荼地出版着"中国新文学大系"。作为雇员的赵家璧，并没有受到那次角逐的影响。这一次依然是"三巨头"的矛盾，不过主要存在于余汉生和陈炳洪两方之间。从良友公司这些年的实际情况看，余汉生在经营上贡献最大，陈炳洪则在经济上支持最多。《良友》画报是公司利润最多、声誉最高的刊物，自然成为双方逐鹿的焦点。余汉生当时将《良友》画报转移香港当属权宜，所以陈炳洪一方也没有阻挠。上海的局势稍一稳定，矛盾就显现出来了。双方就去与留、利益分配等诸多问题都进行了争论，都希望画报主编马国亮继续为自己服务。经营上一贯处于主导地位的余汉生，一气之下"在香港将《良友》画报用岳父名字做独资登记，随后向上海租界法院宣告公司破产，同时解雇了赵等三人"。[①]他用强势的行为将自己与上海彻底分开。

这一次的股东纠纷直接导致了良友公司破产，也让赵家璧失去了工作。

编辑工作是赵家璧唯一的生活来源，虽然从来没有日进斗金，但一直也算酬劳丰厚，养家糊口不成问题。突然之间经济来源断了。所幸，不久之后，他就经人推荐，到光实中学当了副校长，总算勉强解决了一大家子的生计问题。不过，赵家璧没有当教育家的理想，也没有张元济那种"昌明教育平生愿，故向书林努力来"，能够将教育和

---

① 臧杰：《天下良友》，青岛出版社 2009 年版，第 165 页。

出版结合起来的情怀。他的心里始终惦记着出版。

所以，1938 年 10 月，当《大美画报》创始人张似旭邀请赵家璧担任该刊主编的时候，赵家璧立刻答应了。虽然这离他的文艺图书相去甚远，但好歹也算做了一些出版的事业。《大美画报》1938 年 5 月创刊，主要宣传抗日，最初的主编是已经离开良友图书印刷公司的伍联德。后来，伍联德因与张似旭意见不同而去职。习惯了股东身份的伍联德实在难以说服自己变成一个打工者。赵家璧在《大美画报》工作期间，却发现了一个让良友图书印刷公司复业的好方法。

南京沦陷后，上海日军报道部妄图控制中国人的思想言论，对租界内的华人报纸实行严格的新闻检查，内容只要涉及抗日、反日的，一律不得出版。中国的文化人不是巧笑倩兮的歌女，当时的新闻如果不刊登抗日反日的消息，还能叫华人报纸吗？就这样，《申报》、《大公报》相继停刊。赵家璧奇怪：为什么《大美画报》宣传抗日却能正常发行呢？

他很快就弄清楚了其中的关窍。美国商人办了一个英文版的《大美晚报》。发行人史带于 1937 年 12 月 16 日发表了一个《责任声明启事》，说明英文版的《大美晚报》与中文版的《大美晚报》同属美国人的杂志，没有必要接受任何新闻检查。日本当时还不欲跟美国撕破脸，所以也就默认了这种方式。张似旭就是在这股风头下，用同样的办法操作了《大美画报》。一时之间，这类依托洋人办报的风气蔚为大观，上海的报业很快就呈现出比较繁荣的景象。当然，这类报刊版权页上是不能署中国人名字的。不过，只要能出版，这点妥协也是值得的。

赵家璧立刻就想到了《良友》画报：如果能花些钱，请外国人担任名义上的发行人，不就可以复刊了吗？赵家璧为自己的想法激动不已。他一边做着《大美画报》的编辑工作，一边为《良友》画报复刊四处奔走。他联系在上海的联工会，并以联工会的名义召集原良友公司债权人陈炳洪、张汝梅、张沅恒等开会商议合作。因为事关良友公司，不再是像之前他编一部书那么单纯了，所以他必须要争取更加广泛的支持。陈炳洪是原来良友公司最大的债权人，余汉生宣布良友公司破产从经济上对他的影响最大。虽然他一贯不喜欢多事，后来也没有跟着余汉生去香港，但余的行为确实让他很生气。赵家璧提出这个建议，又愿意出力奔走，陈炳洪当然也乐得顺水推舟。而且，余汉生的举动也伤害了许多为良友公司作出多年贡献的老员工、老股东。所以，这次商谈的结果是愉快的，大家一致表示如能复业，是一桩绝对的好事情。只是，本来已经宣布破产的公司，如果要用老牌子重新开业，会涉及许多法律问题，必须仰仗律师来解决。赵家璧等人一起请求上海著名的大律师袁仰安帮忙把法律事务办好。为了良友这块招牌，赵家璧他们给出的条件非常诱人——让袁当良友复兴公司的董事长，袁的同乡李祖永成为大股东。所以从头到尾，袁仰安都非常尽心。袁仰安受托向伪法院申请接手原良友图书印刷公司的全部资产，并收回《良友》画报的出版权。为了办好这件事，袁仰安专程去了一次香港。他的香港之行是历尽周折的。因为，要成立良友复兴公司，就必须宣布《良友》画报在香港的出版是非法迁往。经验丰富的袁仰安办到了，余汉生岳父名下的公司随即被宣告为非法。

为了尽快复业，赵家璧亲自去了一趟香港，邀请马国亮回上海继续当主编。但马国亮拒绝了。"当三方面都提出要求我的支持时，我坦率地说我对他们每人都有过一份愉快合作的情谊。此刻我难以对任何方面做左右袒。我竭力在他们当中调停。……我明确表明我的态度：只有在他们像以前那样合作的情况下，我才能像以前那样继续为他们效命。"① 虽然他们的友谊持续到了彼此生命的最后一刻，但至少在此时，两位同样热爱良友的人实在不适合共事。在赵家璧的奔走之下，昔日的"三巨头"已成为过去，唯有陈炳洪还留下任总经理，但股份上已无法主导良友复兴公司了。因为原有的债权仅折合一成变作新公司的股本。直到晚年马国亮还是不讳言"三国尽归司马懿"，表达自己的遗憾。可以说，赵家璧为了复兴良友，还是很花费了一番心思的，甚至是手段。紧接着，赵家璧又找了一位美国律师，以每月300元的代价聘为良友复兴公司名义上的发行人。1938年12月31日，良友复兴图书公司正式成立，定址上海四川路。从此以后，余汉生这个名字就从赵家璧的生活中彻底消失了。

赵家璧现在对良友的意义，显然已经不是一个编辑或者一个主任，而是实实在在成了一名经理人，也是董事之一。新的良友公司总资本4万元，为有限公司，赵家璧本人投入了2000余元。他对良友的责任不再是编好书出好书，还包括整个公司的经营和管理。赵家璧此时的职务也已经不再是文艺部主任了，而是良友复兴公司的副总经理和总编辑，是良友公司的精神支柱和业务核心。良友公司的主要人员结构也由广东人为主转成以江浙人为主。作为公司高级管理层的赵家璧在员工眼中是一个很好的领导者。股东翁瑞午的女儿翁香光曾在良友复兴图书公司赵家璧手下工作过。她晚年这样描述这段经历：

---

① 马国亮：《良友忆旧》，生活·读书·新知三联书店2002年版，284—285页。

　　赵对工作十分认真负责，对他手下工作人员也严格，同时也很关怀和照顾。因我画报资料整理、校对、归类等工作十分忙碌，对他交给我的丛书校对工作实在无时间，后得他的同意带回家去做一部丛书，经过我三次校对完毕后由总编辑看后定稿出版发行。赵家璧另外给我加班费，我得了一笔额外收入十分愉快，将钱给母亲，母亲说赵先生待你真好，叫我好好工作……

　　赵家璧对我的工作，如有错误时就耐心教导和指点，满意时就奖励我，良友的工作我十分乐意去做，我喜欢。能见到许多大作家来良友取他们出书所得之酬劳，能见到他们作品原稿。[①]

　　可见，赵家璧对下属非常关心爱护，是一个很得人尊敬的上司。

　　从良友公司大局出发，《良友》画报必须尽快复刊才能打开局面。马国亮既然不可得，那么跟着赵家璧一路从《中国学生》走来的摄影专家、华光校友、《良友》画报全国摄影旅行团成员之一张沅恒成了当时最合适的人选。

　　1939 年 2 月，《良友》画报在上海复刊。同时，赵家璧重拾了挚爱的文艺出版事业，继续出版发行原良友的各种书籍。不过因为资金和政局的原因，许多之前拟订的计划都只能暂时搁浅了。他在力所能及的范围内出版了许多好书。沈从文的《记丁玲（续集）》，张天翼的《一年》被列为"良友文学丛书"，还有"第二次世界大战丛书"、"耿译俄国文学名著丛书"、《现代散文新集》、《中国版画史图录》和 14 期《第二次世界大战画报》。

----

① 　翁香光：《回忆在良友与赵家璧同事的五年》，《上海鲁迅研究》2009 年 3 月，第 19—20 页。

《中国版画史图录》是郑振铎多年心血的结晶，是他从自己多年搜求的 3000 余幅历代木刻版画中编选出来的。战局混乱，他当时已经没有能力完成出版工作了，但如果不及时出版发行，恐怕会毁于战火。他找到赵家璧寻求帮助。客观说，赵家璧那时自身难保，不过，一想到这些作品在整个中国文化史上的重要价值，赵家璧还是应承下来了，并且答应提供经济上的支持。有着丰富图书宣传经验的赵家璧迅速理清头绪，着手宣传征订工作。他首先让郑振铎写了一篇题为《谈中国的版画》的文章，又加上 20 余幅版画插图，在《良友》画报上发表。同时，他还登出了这套丛书的广告和征订启事。然后，他着手编了一本《中国版画史样本》，专供有意预订者参考。这套丛书在良友复兴图书公司一共出版了 4 辑 16 册。在当时的中国，这套书注定在经济上不会有大作为，多数人过着朝不保夕的日子，无暇也无钱来买这样一套大部头的作品。前方将士浴血杀敌，"孤岛"上的编辑赵家璧奋力挽救中华民族的珍贵历史资料，同样值得钦佩。

赵家璧曾专门为《良友》复刊号撰文《"良友"十四年》。他在文章最后写道：

> 这次停业后，大家所以认为值得用任何代价把它恢复回来，最大的原因就在为了不忍见在历史较久的出版机关已如凤毛麟角的中国，当了这样一个空前的时代，还要蒙受偌大的损失。刚过的是一个可怕的黑夜，现在黎明的曙光已透露在我们的眼前；《良友》图画杂志的复刊，只是晨光晓月中的号角声而已。①

---

① 赵家璧：《书比人长寿》，中华书局 2008 年版，第 18 页。

良友复兴图书公司的《良友》画报大量采用国内各条抗日战线和欧洲战场的实况、延安来稿以及关于八路军、新四军的报道，维系了一直以来的纪实风格，在内地、香港和东南亚都有不小的影响。然而好景不长，1941 年，太平洋战争爆发，日本也不再把这些真真假假的洋招牌放在眼里。12 月 26 日，日军同时查封了商务、中华、大东、世界、开明、生活、光明和良友八家中国出版机构。整个上海出版界一时之间再次被迫陷入沉寂。良友总经理陈炳洪被日军带走关押了半天，许多图书报刊都跟着一起被没收了。赵家璧本来将一整套《良友》画报放在良友复兴公司的橱窗里，作为公司样品展示，也相当于为公司做广告。这次，这套画报也被日军没收了。不过，值得庆幸的是，一位姓谢的年轻编辑连夜冒险翻窗而入，用当年的合订本掉包。不久，赵家璧想方设法将这套珍贵的画报运送到苏州乡下，保存了下来。这套幸存的《良友》画报赵家璧一直小心翼翼地保存到新中国成立后，1954 年捐给了国家。

1942 年 3 月，良友复兴图书公司启封。但在日军的监视下，启不启封都是一样的，没有任何自由，也没有复业的希望。陈炳洪、赵家璧和张沅恒决定将公司转移。赵家璧本来不想良友一家企业孤军奋战，就托人打听生活书店的打算，以便参照执行。他们的计划还没有来得及实施，就被迫夭折。因为董事长袁仰安有另外的打算。

赵家璧和陈炳洪被迫参加了一场"鸿门宴"。良友复兴图书公司董事长袁仰安同时邀请了二人和日本副领事福间，还有另外两人作陪。赵家璧原以为只是寻常宴请，并未作他想。没料到袁仰安已经私下与日本人做了商谈，想让《良友》画报与日本人合作，宣扬"大东亚共荣圈"。而日本人在研究了近两年画报的内容后，发现抗日、反日的东西太多，不愿意合作。虽然是四月天气，赵家璧还是惊出了一身冷汗：自己差一点就当了汉奸！主人袁仰安设宴本意在于让陈炳洪、赵家璧二人与日本人见面熟悉一下，为日后合作打下基础，不想在席间当着这两位良友经理的面，遭到日本领事的明确拒绝，十分难堪。但袁仰安与日本人合作的想法并没有打消。

陈炳洪经过日本人的一番关押心有余悸，决定避走香港。临行前，大家商议由赵家璧和张沅恒负责将公司迁往内地。陈炳洪虽然在良友这些年里于事业上并没有很大的建树，但在关键时刻没有丢掉自己作为一个中国人的气节。三人取得一致意见后，赵家璧把情况跟妻子陆祖琬说明了。陆祖琬当即就吓得哭了起来，她担心丈夫和孩子们的安危。赵家璧的母亲更是六神无主，也跟着一起哭了。唯一的儿子就要走上流亡的道路，老人实在无法接受。时间紧迫，公司内外都还有许多事情要安排，赵家璧考虑到家里老的老小的小，一时也不可能带着一起走，干脆就让他们暂时留在这里，等他去内地安顿好了，再接出去。第一次要远离家人，而且不知道何年何月能够再见，更不知道还能不能再见，赵家璧心里万分不舍。他让张沅恒帮家人拍了许多照片，留作纪念。

当时上海与他相熟的朋友都走了，除了沪上亲眷外，他只能将家人托付给陆小曼和翁瑞午。所以临行前，赵家璧专门带着儿女去拜访了一次陆家，请求二人帮忙照应。二人当即应允。翁瑞午也是良友复兴图书公司的股东之一。翁香光说，良友复兴公司创立的时候，赵家璧"拉我父亲入股，当时父亲任职江南造船厂财务处处长，银行方面贷款比较方便，赵三天两次跑福煦坊或到我家中，我父亲就加入了良友股资入股。凡是良友有经济方面困难赵就找我父亲"①。可见，翁瑞午和赵家璧非常熟悉。可能也是因为陆小曼、徐志摩的关系，翁瑞午对赵家璧复业良友帮助很大。陆小曼在徐志摩死后一直与翁瑞午生活在一起，受到外界许多议论。赵家璧对此并不理解，哪怕翁瑞午给他很多帮助，他依然无法从心里喜欢这个人。陆小曼对此心知肚明。

　　安顿好妻儿和公司业务，9月间，赵家璧与张沅恒二人穿上最好的衣服，拎着高级皮箱，扮作富商离开了上海。离开之前，赵家璧还特意把最珍爱的三样东西安放妥当。一样是鲁迅先生给他的四十多封信，他放入了外滩中国银行的保险库；一样是全套《良友》画报，他放在公司阁楼上怕被雨水浸湿，放在橱柜里怕再遭贼手，得友人相助运往苏州乡下妥善保管；一样是良友复兴图书公司的营业执照，他让妻子将其拍成照片缝在鞋垫里，跟着他一起踏上流亡之路。他当时想，只要有这个执照在，总有地方可以重新把良友的旗帜挂上去。

第二节　桂林时期

　　出逃之前，赵家璧和张沅恒就想好了要去桂林重建良友。因为当时很多出版社都已经内迁桂林了。但是他们二人都是靠文字生活的，并没有足够的资金。知道了袁仰安的底细，他们不会用袁仰安一

────────────

① 翁香光：《回忆在良友与赵家璧同事的五年》，《上海鲁迅研究》2009 年 3 月，第19 页。

分钱。所以，临行前，赵家璧向陆祖琬的姐姐陆郁文的一个好朋友求助。这位好友说服远在美国的丈夫张瑞芝为良友公司注资，成为未来良友的董事长。张瑞芝同意了，并且委托在内地的儿子张继芝经手资金事宜。

赵家璧与张沅恒先乘轮船到了汉口。一路上，他们不敢用原名，各自弄了个化名，赵家璧就成了赵访梅。"良民证"上的名字也是赵访梅。不料在汉口下船时，检查的人中有一个就是他们二人的大学同学。赵家璧和张沅恒顿时吓出了一身冷汗。好在他们并没有上日本人的黑名单，赵家璧急中生智，说上海不易谋生，想来汉口试着做做生意，养活一家老小。同学念及旧情，并未多加盘问就放行了。袁仰安几日不见赵家璧，打电话到赵家询问。一开始陆祖琬以回松江老家办事为借口搪塞，但时间一长自然就露馅了。袁仰安恼羞成怒，扬言要向日本宪兵队告发赵家璧。陆祖琬和家人吓得心神不宁，焦急万分又无可奈何。陆祖琬每日在家吃斋念经，祈祷丈夫平安。幸亏后来袁并没有真的去告。不几日，赵家璧和张沅恒又到了长沙。在长沙，赵家璧受到薛岳将军及其部下的热情款待。赵家璧有感将士们为国杀敌的英勇豪情，在欢迎宴会上向数千名官兵致辞，获得极大欢迎。之后赵家璧一路向西，终于在 8 月，到了大后方的文化名城桂林。

抗日战争时期，桂林是广西省的省会，也是著名的历史文化名城。"桂系为了发展自己的力量，在政治上采取了较为开明的政策，为出版业的发展提供了有利的宽松环境，桂林出版业一时称雄。"[1] 此

① 吴永贵：《民国出版史》，福建人民出版社 2011 年版，第 106 页。

时的桂林文人荟萃，很多知名老作者都在此。经过短暂的休息，赵家璧欣喜地感觉：良友公司复业有望。不过，限于当时桂林的纸张和印刷条件，复刊《良友》画报并不现实。于是，赵家璧就专注于出版文艺书籍。因为文艺书籍对印刷质量的要求毕竟比画报要低一些。而且在战时条件下，即便总体质量差一些，只要内容好，大家都可以理解。上海良友的老职工王九成不远千里赶来履职，还带来了赵家璧的长子赵修仁。

　　谁也无法预料抗日战争会持续多久，也不知道桂林是否会一直这样安稳繁荣下去。赵家璧没有考虑太多，对他来说，只要能出书，哪里都可以。张瑞芝的资金一到，他迅速地组织起来，很快就把良友复兴图书公司的招牌挂到了这座美丽的城市。公司刚刚复业的时候，赵家璧为了尽快在新环境中立足，再版了很多上海良友的图书，以"良友文学丛书"为最。这在当时的确是一个非常明智的决定。因为偏安一隅的桂林远远无法与战前的上海比较，出版新书无论是宣传还是发行都受很多条件的限制。这一时期赵家璧一共出了九部新作品，其中五本是译作：耿济之译《兄弟们》（第一部），赵家璧本人在这一时期翻译的《月亮下去了》，萨空了翻译的《公民汤·潘恩》，还有《间谍的故事》和《日本还能支持多久》。另外还有沈从文的《从文自传》，欧阳予倩的《桃花扇》、《不能忘怀的人物和经验》，端木蕻良的《大江》。虽然《良友》画报此时复刊无望，但公司也积极出版了一些与时事相关的画片集。《开罗会议画片集》、《蒋主席就任大典画片集》等都在这一时期陆续推出。

　　即便新作在内容上并没有针对当局的意思，但出版也不是一帆风顺的。当时，广西省图书杂志审查会在战争条件下还牢牢地把控着言论。《日本还能支持多久》一书本来有一篇序文，是金仲华写的，被审查会全文删去。因为国民政府对金仲华的抗日主张非常抵制。1941年，金仲华不顾国民党当局的禁令，将周恩来在《新华日报》发表的亲笔题词："千古奇冤，江南一叶；同室操戈，相煎何急！"制成锌版，在《星岛日报》国内新闻版上刊出，并冲破国民党政府的封锁，刊登有关报道，使海内外读者通过报纸了解皖南事变的真相。《公民汤·潘恩》的译者萨空了正关在国民党在桂林的集中营，婉转托人把狱中译成的译稿取出。赵家璧不避嫌疑，用笔名帮他发表，编入"双鹅丛书"。

双鹅图案是良友图书印刷公司的出版标记，由伍联德亲手设计。从第13期《良友》画报开始，白色的"双鹅"图案放在了封面的右端，作为杂志的符号标志和理念识别。标志中的两只鹅如良友般面对面相拥，表征追求体贴、关爱的文化理念。后来这一标记逐渐用到赵家璧主编的文艺书上，抗战前的"良友文库"就以此为出版标记。到良友复兴图书公司期间，这一标记彻底代替了播种者。但此前赵家璧从来没有以此作为丛书的名字。此时做出这一决定，大体上有进一步说明前后两个良友公司一脉相承的意思，也表明了伍联德在他心中的重要位置。虽然此时伍联德已经离开良友公司快十年了。

凑巧的是，马国亮1942年初也来到了桂林，在《广西日报》编副刊。两位好友又重逢了。不久后，马国亮接手了《人世间》杂志，但是因为资金和渠道的限制，困难重重。赵家璧立刻应允，帮助解决这些问题。

1944年春，就在赵家璧的各项出版工作逐步稳定下来的时候，他的老母妻儿正不远千里从上海赶来与他团聚。一行老弱妇孺历尽艰难，走了两个多月才到。赵家璧与张沅恒在桃花江畔租了一幢带花园的小楼，供各自的家人和良友职工住宿。良友上上下下其乐融融，晚饭后就在江边嬉戏玩耍，如同战乱时期的"桃花源"。假日里，他们还带着家人到象鼻山等景点游玩。

好景不长，一个月后豫湘桂战役爆发了，桂林即将面临恶战。这座千百年来被无数文人墨客不吝褒扬过的城市很快就沦为一片废墟。赵家璧不得不进行第二次大迁移。不过，这次去重庆的准备稍微从容一些，他不仅可以带着从上海过来的一家老小一起走，还可以把所有的良友存书、纸型、纸张都带上，并且亲自运送。他与张沅恒分工。张负责带领老弱家属们先行向贵州、四川方向走。赵家璧作为公司经理留下来照管公司资产，伺机转移。张沅恒一行途经柳州、都匀到了独山。等到赵家璧赶来会合的时候已经过去了一个月。大家又一起到了贵阳。赵家璧安顿好家小，把孩子们送进学校后，又匆匆赶回桂林，和长子修仁一起托运良友公司的财物。一路上，赵家璧看到满目疮痍、饿殍遍野的情景，心中悲痛无比。国难当头，无数百姓跟着受尽苦难，他们的生活谁关心过呢？这些无辜的百姓是战争和政治最大的受害者，而史书上是没有他们的身影的。遭受创伤的民众，不仅需要物质粮食，精神食粮也相当重要。他想到了自己出过的那些立足现实的作品，深感一个出版人责任的重大。此时的上海呢？一别两年，受否还是那样的车水马龙，粉饰太平？什么时候能够重回上海，将良友公司也一起带回去呢？

他没有想到，更大的困难就在前面。托运良友公司全部存书、纸张的火车在金城江遭遇火灾。赵家璧拼上性命也只能从大火中把打好的纸型抢出来，其他东西都付之一炬，赵家璧感觉自己毕生的理想也跟着一起化为灰烬。如果没有身边这些纸型，这些集合了他与作家辛勤劳动的果实，他将真正变得一无所有。他带着剩下的纸型，爬火车皮，搭汽车，翻山越岭往贵阳走。当他和修仁终于回到贵阳时，全家人都大吃一惊：眼前的赵家璧与之前判若两人，满脸乌黑，衣衫不整，表情木讷，眼神灰暗。家人立刻意识到，这才是真正的灾难！

妻子二话不说，拿出箱笼中的衣物，在家门口摆起地摊，用卖来的钱勉强维持一家生计。

第三节　重庆时期

1937 年 11 月 20 日，国民政府发表《迁都宣言》，宣布移驻重庆。1940 年 9 月，重庆正式成为中华民国陪都。"从 1937 年 8 月至 1939 年底，在国民政府组织下，以上海为中心，北起青岛，南讫香港，数百家国营和民营工厂迁往重庆及其周边地区，增强了重庆的出版、传播能力。……大批文化界、艺术界人士聚集山城，使得重庆迅速成为中国战时出版文化中心。"[①] 在贵阳停留了一两个月的赵家璧决定到重庆去继续做出版。金城江的火焰再炽热也敌不过他做出版的热情。经过这段时间的休整，赵家璧慢慢走出了沉重的打击，决定向着新的出版中心继续走下去。全家跟随其他逃难的人一起，坐上一辆严重超载的货运车，提心吊胆地沿着一路上都是坠落破汽车的盘山公路到了重庆。

---

① 吴永贵：《民国出版史》，福建人民出版社 2011 年版，第 104 页。

初到重庆，赵家璧身上除了良友公司的营业执照和几包纸型，别无他物。张沅恒退缩了。"他的老同学、与他风雨同舟在桂林一起复兴良友公司的原画报主编张沅恒，看不到在国难如此深重之时文化出版事业还有什么前途，加上他的妻子又将临产，便决心弃文经商。"[1]赵家璧女儿的这段回忆不太带有个人的感情色彩，只是客观讲述了张沅恒的境遇。她还说："当时的情景我并没有亲眼看到，只是爸爸回来的时候衣服纽扣扯掉了，妈妈问起来，他才说跟张沅恒动手了。"[2]赵家璧在回忆录中也只是轻描淡写地说了几句类似分道扬镳的话。很难想象，这两个一向温和的文人居然还动手了。也许他们并不是真的生对方的气，只是在一系列打击和变故面前找到一个彼此情绪宣泄的出口而已。赵家璧没有太多理由去苛责张沅恒，因为他知道张沅恒是做画报的，以重庆当时的条件，很难使《良友》画报复刊，英雄同样没有用武之地。何况，张沅恒即将为人父，经济压力更大了。他能够坚持到现在，已属不易。

人各有志，赵家璧知道是该分别了。他谢绝了张沅恒邀请他放弃出版转而经商的建议，虽然他明白这其实是一个非常"合时宜"的想法。但他从大学开始就做出版，出版已经融入他的生命，如果不做出版，他觉得自己的生命将无处安放。"当时，国难深重，物价昂贵，一家生活，极难维持；张沅恒曾屡次苦劝赵弃学（编辑出版）就商。赵考虑再三，认为良友的进步出版事业，自三十年代白色恐怖时期开始，历尽坎坷，复兴良友，逃离上海，都得来不易，现在抗战已进行了快到最后阶段，良友在作者和读者中已建有一定的信誉，从少年时

---

① 赵修慧：《他与书同寿》，中国出版集团东方出版中心 2009 年版，第 14 页。

② 这句话来自赵修慧女士给笔者的信件。

代就爱上编辑工作，鲁迅先生的教导、茅盾先生的帮助都使他不忍舍弃这一事业，故当即婉谢了张沅恒的劝告，并让他离开良友。"① 多年以后，赵家璧回忆起当时的情景，只用这样平实的语言道出，似乎不夹一丝情感，但沧桑之意尽显。这一次他是真正的孤军奋战了。一个出版文艺图书，一个做画报；一个总编辑，一个副总经理，走到了彼此合作的尽头。两人既是同学又是同事，本来两家关系也非常密切，从此再也没有什么往来。对于有的人来说，做出版是事业是理想也是生意；对另外极少数人来说，做出版是事业是理想更是生命。赵家璧无疑属于后者。他对出版的执着，极少有人能够企及。

张沅恒的离去是有道理的，也是一个理性的选择。赵家璧一家到重庆后生活确实非常艰苦。为了省钱，他一个人住在重庆做出版，一家老小经由良友公司经销商唐性天的照顾，才得以蜗居在北碚一个书店的楼上，没有一件像样的家具。为了维持日常开支，妻子陆祖琬屡次被迫到当铺去把值钱的东西抵掉。赵家璧最钟爱的女儿十岁生日，他用积攒了一个月的零花钱才勉强买了一个蛋糕。在那样艰苦的日子里，这个蛋糕见证着一家老小团结爱护的心意。

1945 年 3 月 1 日，在赵家璧的多方筹措奔走下，良友复兴图书公司在重庆民生路英年大楼复业，赵家璧既是总编辑也是总经理。公司虽然一共只有三间办公室，但毕竟可以开始做出版业务了。赵家璧打开重庆的出版业务是从重印一些桂林版本的图书开始的。良友能够在重庆复业，是因为赵家璧执着做出版的心意，得到很多老同学老朋友的支持。老同学王家域家中只有两间房，硬是腾出一间让赵家璧一

---

① 赵家璧：《书比人长寿》，中华书局 2008 年版，第 193—194 页。

家住了一个多月；重庆良友公司的办公室和启动资金是老同学张华联帮忙联系的；好友张继芝说服在桂林时已任良友公司董事长的父亲张瑞芝继续注资良友……

每到周末，赵家璧都会由重庆回到北碚看望妻儿，享受天伦之乐。赵家璧自幼失去了父亲的关爱，立誓要让自己的孩子们得到完整的父爱。无论多么困难，他都尽可能把孩子带在身边，关心他们的生活和学习。孩子们都能清晰地记得，每当父亲下班回家后，他们会一窝蜂地围上去，没大没小地翻父亲的皮包，看能否找出好吃的东西。周末更是孩子们盼望已久的假期，父亲会带他们去公园玩各种游戏，就像他们的好朋友一样。路人肯定不会想到，这位跟几个孩子打打闹闹的高个子男人，竟然是那么多文化名流信赖的编辑。也不会想到，这个看起来温文尔雅的男人，对待出版竟有着飞蛾扑火般的执着。

那时的北碚非常热闹。尤其是他们居住的地方，更是许多战时文化机构和不少知名文化人士的栖身之所。好多都是赵家璧以前结识的作者。他就是在这里第二次见到了老舍。

在这段时间里，赵家璧一家和老舍一家结下了深厚的友谊。因为都在难时，这种友谊就更显得珍贵。老舍先到重庆，对环境比较熟悉，还帮助赵家璧解决了孩子们的入学问题，让他们进入重庆师范附属第二小学读书。这一个编辑和一个作家走到一起，谈得最多的就是文艺界和出版界的事情。有一次他们谈到了姚蓬子。早在20世纪30年代，姚蓬子的短篇集《剪影集》就收入到"良友文学丛书"中，与赵家璧也算老相识了。姚蓬子本是中共党员，左联成员，从事革命活动被捕后，经不住国民党的劝降，于1934年5月在《中央日报》发表《脱离共产党宣言》，正式投靠了国民党，任国民党中央文化运动委员会委员、国民党中央图书杂志审查委员会委员。1938年5月，他在武汉与老舍合编中华全国文艺界抗敌委员会刊物《抗战文艺》。8月，武汉沦陷，他到了重庆，创办了作家书屋。赵家璧在重庆开展起出版业务的时候，发现作家书屋私自将良友版权所有的作品《母亲》印刷，跟姚蓬子就打起了第二回交道。

赵家璧与老舍谈到《母亲》版权问题的时候，才得知，原来老舍也曾经是作家书屋的投资人之一。当初姚蓬子以《抗战文艺》为基础，打算另起炉灶，成立作家书屋。之所以叫这个名字，按照姚蓬子当时的说法，是"我们不都是作家吗？宗旨就是为作家服务"。[1]民国时期文人办出版社非常普遍。章锡琛办了开明书店，李小峰成立了北新书局，徐志摩发起了新月书店，邹韬奋更将生活书店做得有声有色，吴朗西的文化生活出版社也名气不小……这些有理想的文化人，怀抱着文化的理想，都将目光投向出版这项事业。老舍很显然也是有这个愿景的。作为作家的老舍，目睹了许多作家因利益得不到保障在生活上陷入困顿，轻信了姚蓬子的承诺，拿出20元投资。结果姚蓬子根本没有为作家服务的精神，作家书屋的经营极为混乱，"既无正常的会计制度，又不按时结算实售书本的册数，然后按版税率书面通知作者来书店按期领取版税或稿费。而要让作者等得不耐烦了，才上门向蓬子来算账。蓬子就从身上几只口袋里乱摸，摸到几张钞票，就一边抱歉一边把钱塞到作者手中。"[2]这显然大大背离了老舍投资的初衷。老舍曾反复劝说过，终究无效，一气之下要求撤回投资。不料，第二天

---

① 赵家璧：《文坛故旧录》，中华书局2008年版，第87页。
② 赵家璧：《文坛故旧录》，中华书局2008年版，第88页。

姚蓬子就将 20 元钱退还给了老舍，让老舍以后不要管他的事情了。

老舍当初的投资是入股的形式，不论于公于私退还 20 块钱的举动都滑天下之大稽。于公而言，"姚蓬子办书店利用一些名作家，不但恢复了名誉也赚了钱，他是尽可能地拖付版税，或者多印少付，一切看他的'良心'了。他赚了钱，买了房子，还打算和同乡做别的赚钱的买卖。"①老舍当初的 20 块钱早已跟着身价倍增了。于私而言，姚蓬子将朋友的信任和坦诚肆意践踏，让人始料未及。

如今，赵家璧和老舍成为合伙人，办起一家出版社。这家出版社同时延续了一个作家和一个编辑的出版理想。

良友复兴公司的牌子在重庆挂起来了，业务也开始了，不过效益并不让人乐观。当时重庆的纸张非常缺乏，政府采用定量供应的方式来满足各个出版社的基本需要。而出版业务是需要达到一定的量才能维持公司运转的。一味翻新旧作，公司始终无法进入一个很好的经营状态。赵家璧心急如焚却又无可奈何。

一天，赵家璧去拜访茅盾，希望能约到一部书稿，提升良友在重庆的出版地位。1942 年 12 月底，他们在茅盾离开桂林去重庆的送别宴会上匆匆见过一次，未及细谈。这是他第三次见到茅盾。他就像看到了自己的兄长一样，向茅盾倾情讲述了从上海出逃后一路的艰难。现在公司终于复业了，"良友文学丛书"也在再版中，希望茅盾能够给一部文集，支持丛书续编出版下去。茅盾被赵家璧的出版热情深深打动，答应给一部散文集。

1945 年 6 月 24 日，重庆文化界举行庆祝茅盾 50 寿辰的纪念会，

---

① 胡风：《深切的怀念》，《新文学史料》1985 年第 4 期，第 12 页。

赵家璧也应邀参加了。会议休息期间，茅盾不声不响地拿过赵家璧的皮包，若无其事将一部文稿放进去了。这部书稿一共 20 多篇，除了《风景谈》一篇外，其余都是茅盾在从香港回到"大后方"这两年多时间写的一些见闻和感想，其中有杂文，也有对邹韬奋等已经去世的优秀文化工作者表达追悼怀念的文章。取名《时间的纪录》，表明了作者这段时间内的心路历程，对于喜欢茅盾的读者来说非常珍贵。由于条件所限，赵家璧只能用重庆生产的劣质土纸印刷，于 7 月出版，印了 2000 册。即便是纸张和印制条件十分有限，赵家璧也设法让这部书装帧设计和内文排版做到整齐干净。这也是良友公司在重庆期间出版发行的唯一一本新作。这雪中送炭的情谊赵家璧感念了一辈子。

巴金的支持也让赵家璧非常感动。巴金与吴朗西创办的文化生活出版社重庆分社早已在重庆运作起来。他听说赵家璧遭遇金城江大火后，依然不放弃，独自一人承起良友公司重任时，惺惺相惜的感觉涌上心头。所以，当赵家璧说起继续出版"良友文学丛书"的艰难时，巴金毫不犹豫地答应给予帮助，将手头正准备创作的一部长篇小说交给良友出版。待到两年多以后，该书出版，巴金对当时在重庆初见赵家璧的情景还历历在目，并写入《后记》：

> 一九四四年冬天桂林沦陷的时候，我住在重庆民国路文化生活出版社楼下一间小得不可再小的屋子里，晚上常常要准备蜡烛来照亮书桌，午夜还得拿热水瓶向叫卖"炒米糖开水"的老人买开水解渴。我睡得迟，可是老鼠整夜不停地在三合土的地下打洞，妨碍着我的睡眠。白天整个屋子都是叫卖声，吵架声，谈话

声，戏院里的锣鼓声。好象四面八方都有声音传来，甚至关在小屋子里我也得不到安静。那时候，我正在校对一部朋友翻译的高尔基的长篇小说，有时也为着几位从桂林逃难出来的朋友做一点小事情。有一天赵家璧兄突然来到文化生活出版社找我，他是空手来的。他在桂林创办的事业已经被敌人的炮火打光了。他抢救出来的一小部分图书也已在金城江的大火中化为灰烬。那损失使他痛苦，但是他并不灰心。他决心要在重庆建立一个新的据点，我答应帮忙。①

可见，虽然当时巴金本人生活的条件非常艰苦，依然不计回报地支持着赵家璧。后来赵家璧离开良友，良友公司宣告破产。赵家璧办起了晨光出版公司，巴金并没有因为晨光当时默默无闻就改变初衷，依然将已经完稿的《寒夜》交给赵家璧，还介绍一些朋友的书稿给赵家璧。这部作品对人物的心理描写令人拍案叫绝，代表着巴金在小说写作上的最高艺术成就。赵家璧刚拿到书稿就兴奋不已，意识到作品的珍贵价值。在巴金眼里，赵家璧与良友之间的关系并不重要，重要的是赵家璧是一个执着而优秀的文艺图书编辑。不论良友还是晨光，都不如"赵家璧"三个字让他安心，值得他信赖。

除了茅盾、巴金外，老舍对重庆良友的帮助也是非常重要的。老舍不仅在生活上关照着赵家璧一家老小，还把《四世同堂》中的第一部《惶惑》和第二部《偷生》交给了赵家璧。两部作品一共 60 万字，赵家璧打算列入"良友文学丛书新编"的第一种和第二种。而还未动

---

① 巴金：《寒夜》后记，晨光出版公司 1947 年版。

笔的第三部《饥荒》，赵家璧也争取到了，拟列为第三种。巴金的《第四病室》在这时也到了赵家璧的手里。赵家璧在重庆的出版业务一步步开展起来，有了一些更新的气象。无论走到哪里，他都念念不忘出版优秀的文艺图书。无怪乎后来老舍的儿子舒乙评价，赵家璧是中国第一个专业的现代文学编辑。

赵家璧发现，虽然与张沅恒分道扬镳了，但他不是一个人，还有那么多支持他的作者和读者们。为了这些人，他觉得自己的一切努力和付出都是值得的。条件再艰苦，生活再窘迫，他都能够找到出版的乐趣。不过，总体来说，重庆时期的整个出版环境都远不如桂林时期。抗日战争到了最后也是最艰难的阶段，再加上很多人发国难财，导致各地通货膨胀严重，物价飞涨，一般民众的购买力急剧下降，无力买书。

他的友人在 1946 年写了一篇名为《出版界的一颗彗星，八年中的赵家璧》的文章，记录了赵家璧在这段岁月的心路历程：

> 虽然环境如此的恶劣和逆转，他的意志依然是一样的坚决，记得他在一封给笔者的信中写着："……我们生存于现时代的中国，不免有许多黑暗要遭遇到，但这只不过是整个中的一部分而已，有时会连你自己也不相信的深刻的刺激，但是不要害怕，更不要畏惧，我们应该奋斗下去，奋勇直前，以大无畏的精神劈除它，直到雾去天清，完全获得胜利为止……"于此一段短话中，便可以看出他的决心奋斗的铁般的意志。
>
> ……
>
> 赵先生在这段绝顶困难的境况中，还是以艰苦卓绝的精神，

为他十数年来争取的事业支撑，环境的恶化和倒逆，绝磨减不了他的坚强的决心，他曾这样的对笔者说过："每次我想到当前的环境，一肩是良友的事业，一肩是家庭的重负，简直把我压得透不过气来，我真想偷偷地放下担子，一走了事，但是顷刻又想起了我的责任。我们为人，本来是艰苦的，忍受和奋斗才是我们的目的，我们既然来到了这个世界，就应该拿出勇气来，不怕一切地照着意志去干干。"[①]

赵家璧这么写，这么说，也是这么做的。抗日战争八年，赵家璧始终没有放弃出版，放弃良友，放弃家人。他一直在奋斗。

1945 年 8 月 15 日，日本正式投降。中华大地一片沸腾。赵家璧和许多中国人一样，跑到街上欢庆这一来之不易的时刻。大家奔走相告，彻夜狂欢。

第四节　宁为玉碎的转身

抗日战争胜利的消息传来，重庆避难的各地人士纷纷打点行装，踏上回家的路。赵家璧的心情也是无比的欢欣雀跃。终于胜利了，和平了！又可以回到上海，让良友回归故园了！马上就可以同时开展好几项工作了！

第一，出版全集。他当时已经用良友公司的名义签下了《老舍全

---

① 筱鹿：《出版界的一颗彗星，八年中的赵家璧》，《辛报周刊》1946 年第 6 期，第 6—7 页。

集》的约稿合同。吸取《徐志摩全集》流入他人之手的教训，他早早就与老舍签下合同。他还与郁达夫的家属一起酝酿《达夫文集》，与版权继承人郁风、郁飞签订了出版合约，拟将郁达夫生前作品全部整理后重新编选出版，郭沫若答应帮这部全集作序。之前良友从来没有出过这类全集，回到上海后，如果能够把这项工作抓起来，肯定能很快打开局面。另外，老舍的《惶惑》、《偷生》和巴金的《第四病室》也已经付排，一回上海就可以立刻开机印刷。

第二，献上《我的良友》。此时，离伍联德创办良友公司已经整整 20 年了。赵家璧决定仿照 1936 年夏丐尊开明书店编辑《十年》纪念集的方法来为良友的 20 年做一个纪念。赵家璧拟约请当时国内与良友公司有关的著名作家，去信请求他们仿照美国《读者文摘》专栏《我所最不能忘怀的人物》，写一位自己最不能忘怀而值得纪念的朋友，文体不限。稿子还没有收齐，日寇投降了。有些作家还没有来得及写就搬离重庆。赵家璧决定干脆就手上已经得到的十篇稿子先出一个上集。上集作者有巴金、艾芜、冰心、老舍、沙汀、茅盾、洪深、郭沫若、曾虚白和章靳以。为了纪念伍联德的功劳，赵家璧将伍联德设计的双鹅商标绕在封面的四周。封面中间是一只大手擎着一只火炬，很有点薪火相传的味道。这本书 1945 年 8 月在重庆付排制型完成，印刷成书指日可待。

第三，续编"中国新文学大系"。赵家璧重庆时期还组织完成了"中国新文学大系"第三辑的部分编辑工作。他将 1937—1945 年这抗战的八年作为第三辑的起讫，并且确定了所有分集的编选者。因为"第二个十年"即 1927—1937 年的资料多集中在上海，重庆不便搜集齐全，所以先动手的是第三辑。他联系了时任中华全国文艺界抗敌协会总会秘书的张梅林编选《史料集》。张梅林是 20 世纪三四十年代相当活跃的作家，更是文学界尽责的组织工作者，在文艺界的资格较老，且人际关系丰富。尤为难得的是，他手头解放区、国统区和沦陷区的资料都非常丰富，很像当年的钱杏邨。老舍编选《报告文学集》，巴金推荐的李广田编选《诗歌集》，郭沫若编选《理论集》，茅盾依然编选《小说集》，叶圣陶编选《散文集》，洪深仍然负责《戏剧集》。人选确定后，赵家璧与他们一一签订了出版合同。茅盾是第一个也是唯一一个交稿的。可惜，赵家璧满怀抱负地返回上海准备重整旗鼓的时候，意料不到的麻烦也在等着他。这套书的出版再没人提起。

细想一下，分崩离析的伏笔早已埋下。1945 年 9 月，抗战胜利后一个月，袁仰安以董事长的名义给赵家璧打电话，让他尽快回上海一起筹备良友公司的复业。当时赵家璧就有点纳闷：谁都知道，良友公司在桂林和重庆复业的时候，并没有用上海的任何资金，都是他另外找人募集的，袁仰安还算董事长吗？并且每到一地复业的时候，赵家璧都到经济部申报增资，变更登记，获得了新的执照，张瑞芝才是良友公司现在最大的股东。带着各种复杂的心情，1945 年 12 月 11 日，赵家璧从商务印书馆一位朋友那里得到一张飞机票，立刻只身先行飞回上海，留下王九成看管重庆良友的资产。

他刚到上海，就在南京路哈同大楼租了一间办公室，找老同学张讳涛的公司借了一张写字台，迫不及待在报上刊登了复业广告。复业后，他迅速展开工作，将《我的良友（良友图书印刷公司创业二十周年纪念文集)》和《惶惑》、《第四病室》、《村野恋人》出版了。

早已分道扬镳的张沅恒的弟弟、翁香光的丈夫、原《良友》画报助理编辑张沅吉，已经于 1945 年 10 月用良友图画杂志社的名义，主编出版了第 172 期《良友》画报。当时远在重庆的赵家璧就诉诸重庆的经济部和宣传部，以所有权变更要求当局禁止《良友》画报继续出版，袁仰安却抢先一步收买了赵家璧仰仗的投资人、桂林和重庆期间良友最大的股东兼董事张瑞芝，改变了良友公司的内部结构和决策结构，也改变了赵家璧在良友公司的地位。赵家璧面对定局，有口难言。举国艰难中，他用毅力，甚至差点赔上全家人的生命，把良友这块旗帜从上海带到桂林又带到重庆，辗转几千公里。而现在坐在他面前，衣冠楚楚跟他讲着条件，劝他识时务的人，不是在上海过着挥金如土的生活，就是发了国难财，甚至一度想将良友作为日军的宣传阵地。他们是真的爱良友吗？还是仅仅把良友作为一个角逐名与利的战场？就在这段时间，重庆的华中图书公司遭遇大火，良友内迁后仅存的资产也没有了，赵家璧更没有了与其他股东竞争的资本。他想起上海刚沦陷，他们决定要复兴良友的时候，伍联德听到非常高兴，但是却说：我已经无能为力了。是的，无能为力，心有余而力不足。赵家璧现在深深体会到这种心情。

初入良友公司时，他还只是一个大学生，对出版知之甚少，却有人支持他一直往前冲；良友复兴公司时期，企业规模和经营大不如前，甚至连基本的人身安全都难以保障，但他可以拿着营业执照，依靠同人们的鼓励，带着梦想孤军奋战。过去的事业和生活，即便在万般艰难中，他始终觉得是有希望有闯劲的，因为他相信事在人为，相信只要努力就有收获。而这一次，他清楚地明白，他的梦想和希望都无法在此时的良友公司去追寻了。有 20 年历史的良友公司，或许在他编辑《我的良友》时，就十分凑巧地结束了。"良友"不是两个字，而是一种精神一种追求，既然精神和追求变了，那它就不再是良友。从伍联德 1935 年 4 月无奈退出良友开始，整个公司就已经蕴藏着巨大的股东危机了。良友是民营企业不假，但也是有责任有担当有文化感的集体！既然如此，宁为玉碎，不为瓦全。赵家璧的一番热情被现实浇得透凉，他选择了愤然出走，离开这个他为之奋斗了近 20 年的企业。不久，失去了得力干将的良友公司因为内部纠纷无法协调也黯然退出了历史舞台。袁仰安离开上海，去香港办电影公司，从此再也没有回来。张沅吉虽有满腹才华和文艺气质，无奈良友已经是强弩之末。他在良友各方股东的角逐之下，终究免不了成为画报的末代主编。拥有 20 年历史的《良友》画报定格在 172 期。如果加上两期特刊，一共 174 期。

赵家璧晚年的回忆文章中，对余汉生、陈炳洪、袁仰安都甚少提及。陈炳洪不理世事，与赵家璧的交往和帮助都比较少；袁仰安彻底断送了赵家璧的"良友梦"，对此二人着墨不多可以理解。而余汉生则相对复杂一些。于私，赵家璧在良友公司第一个熟识起来的好友谢至理，是余汉生的妹夫；于公，余汉生与赵家璧共事多年，对赵的支持和帮助不会少。赵家璧主编《中国学生》的时候遇到的第一次官司就依赖余汉生的奔走才得以解脱。后来，赵家璧因为出版左翼图书，屡次被国民党找麻烦，余汉生每次都挺身而出，从无怨言，维护自己下属的迫切心情溢于言表，赵家璧到晚年都不否认这一点。赵家璧每一次丛书编辑出版的设想都得到伍联德的极大支持，但最终也需要作为经理的余汉生拍板。没有余汉生的信任，赵家璧同样难以施展拳脚。就连与赵家璧共事的马国亮也承认：

　　我至今仍然认为，良友公司的创始人总经理伍联德和经理余汉生，都是出版界罕见的开明人物。也许他们也很年轻，都是三十出头，所以对我们的年纪轻轻也不存在怕我们年少不懂事的顾虑。相反，他们对我们绝对信任，从来没有干预我们的工作，也从来没有规定我们只能怎样做。可以说是百分之一百地放手把一切编辑方针计划完全交给我们。即使在后来国民党市党部以及特务的恐吓和威胁之下，他们在保护我们的同时，仍然对我们不加干预，这在古今中外的出版业老板而言，是非常罕见的。①

　　这是马国亮在赵家璧去世后不久，写的一篇追悼文章。同样也深受良友股东内讧之害的马国亮能够这样写，我们有充足的理由去相信其中的公允性。至少在马国亮心中，余汉生和伍联德有着同样重要的地位。余汉生对良友的贡献，以及对马国亮和赵家璧的提携都是不容忽视的。

　　但在回忆文章中，赵家璧多以"经理余汉生"或者干脆"经理"这样冷冰冰的字眼来代替余汉生，迥异于回忆伍联德时那样充满感情的文字，更没有专门写一篇回忆余汉生的文章。究其原因，恐怕与当时余汉生不顾上海良友股东和员工利益，执意将公司南迁，最终导致与赵家璧一方对簿公堂有关。又或许，赵家璧从心里对他有些愧意，不愿多谈吧。因为赵家璧本人也认识到："由于上海已成'孤岛'，《良友》画报无法继续出版，经理余汉生和画报总编辑马国亮为了使这份中国创刊最早、海内外销路广影响大的画报的生命不致中断，转移到

---

　　①　马国亮：《家璧和我》，载上海鲁迅纪念馆编：《赵家璧先生纪念集》，上海文艺出版社 1998 年版，第 11 页。

香港去注册，继续宣传抗日。今天回来来看，这样做是完全正确的，是爱国的出版者应走的道路，当时上海的商务、中华等都把总部从上海移往香港了。"① 从实际情况看，迁往香港的《良友》画报大力宣传抗日，的确表现出了商人和文人强烈的爱国热情和责任感，成绩有目共睹。虽然赵家璧本人也认识到当时南迁香港是正确的，但还是义无反顾地与余汉生对簿公堂，终结了余汉生的"良友梦"。就像此时良友股东终结了赵家璧的"良友梦"一样。不过，从实际情况看，即便没有赵家璧的举动，1941 年太平洋战争爆发后不久的 12 月 25 日，香港也同样沦陷了，《良友》画报很大可能会被迫停刊，业务终究还是要内迁，又或许干脆宣布彻底解散了。不管所为何故，当事人都已经作古，各自心里作何感想，旁人不得而知。但有一点可以肯定，赵家璧把良友这块招牌夺回来之后，用接下来八年的时间证明了当时支持他这么做的人并没有所托非人，也证明了他是良友名副其实的守护者，直到最后。

① 赵家璧：《文坛故旧录》，中华书局 2008 年版，第 78 页。

第九章

"相见以诚"的晨光岁月

离开良友的赵家璧难过了很长一段时间。但作为家里的顶梁柱，他必须尽快打起精神来，承担养家糊口的责任。这次，轮到马国亮帮他了。1946 年，马国亮介绍赵家璧在《前线日报》做副总经理。两人又成了同事。马国亮不仅仅给赵家璧介绍了一份体面的工作，还告诉他一则意料不到的消息：伍联德就在上海。赵家璧一听到这个消息就坐不住了，立刻联系了几位良友时期的老同人，让妻子做大厨，以最隆重的方式诚心邀请这位给过他许多机会和支持的前辈。席间大家不约而同地回避了良友公司最后解散的话题，把话题集中在 20 世纪 30 年代那段共甘共苦的日子里。临别时，赵家璧送给伍联德一本《我的良友》。当那熟悉的双鹅图标映入眼帘时，伍联德哽咽得一句话也说不出来，只是紧紧地握着赵家璧的手，迟迟没有松开——这才是他的良友啊！让赵家璧想不到的是，这位看似不问世事心灰意冷的恩主，竟然于1954年在香港创办了《良友·海外版》，14年间出版了正好174期！

《前线日报》创办于1938年10月，是抗日战争时期国民党第三战区司令长官司令部的机关报。在整个抗日战争期间，报纸的许多栏目在分析战况动态和国际问题上面起到了积极的作用。1946年初，报纸迁至上海，由官办转为民办。赵家璧去了之后主要管管经营，工作非常轻松，待遇非常好。赵家璧的女儿在晚年时，还经常乐道那种出门有车进门有仆的日子。抗战期间生活那么艰苦，突然一下变得锦衣玉食了，一个刚过十岁的孩子肯定是非常兴奋的。但是，优越的物质生活并没有磨平赵家璧在出版上的激情。相反，他的心里时时刻刻都惦记着那些作家朋友们和他的文艺图书出版事业。良友复业已经成了镜中花水中月，难道这辈子真要跟文艺图书告别了吗？

第一节　一个作家和一个编辑

1946年2月，就在赵家璧被良友公司内部的股权纠纷弄得焦头烂额的时候，他在上海见到了老舍和曹禺。二位即将一同去美国讲学。回到上海后，这还是赵家璧第一次见到他们。赵家璧还是一如既往的热情，请大家一起吃了顿饭。叶圣陶、郑振铎、许广平、章靳以、巴金、赵清阁、凤子等好友也一起参加了。席间大家庆祝劫后余生的同时，自然就谈到了赵家璧的处境。郑振铎十分激动，迫不及待地要为赵家璧打抱不平，巴金则是比较平和地谴责和安慰了一番。老舍什么也没说。临别时，老舍让赵家璧次日去他住的地方一叙。

第二天，老舍在住处非常真诚地握着赵家璧的手说："家璧，现在'良友'既然有人作梗，办不下去了，我们两个人来合办一个新的。一个作家和一个编辑携起手来，办个出版社，也可以打出一块新牌子来，你不必恋恋不舍那块'良友'的老牌子了。我到了美国可能会拿到一点钱，如果有多，我就给你汇些美金来。你自己也去想法凑些钱，这个出版社，除了出《老舍全集》外，其他仍按你过去经营'良友'的办法。我仅投一点资，一切由你去主持，赚了钱，分我一份，亏本，我不管，不能再向我要。我们用'相见以诚'四个字来共同合作。"①

这一个月以来，赵家璧在良友受尽委屈，无非是在股权和经营权上的你争我夺。眼前这个人居然肯只出钱不要权，岂不怪哉！老舍的话对赵家璧还有另一层醍醐灌顶的功效："良友"仅仅是一块牌子，只要人在精神在，就可以创立新的品牌。与其停留在对过往的追忆和惋惜中，不如振作起来打开新的局面，创造新的辉煌。

老舍去美国后，两人信函往来十分频繁，都为理想中的那个出版社兴奋不已。一开始，老舍的美国之行并不顺利。原先说好要拍电影的公司因为在改编剧本的问题上无法与老舍达成一致，合作没有成功，自然也就没有版税。但赵家璧没有多等，自己想办法四处筹钱，只是数额都不大。集聚已久的出版激情让他想到了最后一个办法：变卖祖产。"父亲为他所钟爱的出版事业，仍毅然决然地顶着族人的鄙

---

① 赵修慧：《他与书同寿》，中国出版集团东方出版中心2009年版，第68页。

讯，变卖了部分田产，迈开了创业的第一步。"① 这些祖产大多为祖父去世后遗留下来的田产，待到新谷登场立刻变卖。但是，在日益闭塞的松江老家，赵家璧的举动遭受了不少非议和嘲弄。作为传统的中国人，他当然明白自古以来都讲究光耀门楣、衣锦还乡、惠泽乡邻，而变卖祖产则一贯被视为大逆不道，数典忘祖。可谁让他爱上了出版这项没有什么"钱途"的事业呢？为了延续出版的梦想，他只能狠心地充耳不闻一切嘲弄，假装看不见任何鄙视的目光。他对出版事业的热情，足以融化任何严寒冰霜！

公司开办前的筹备工作非常琐碎，一切都要从无到有。经过几个月的准备，1946 年 7 月 30 日，赵家璧向工商部发出了申请。根据上海档案馆的资料，"申请是民国三十七年（1948 年）发出，9 月 17 日由工商部长——陈启天签字核准，附有董事会章程、监事章程，公司资本总额 5 亿元分 500 股，赵家璧 200 股，舒舍予 150 股，陈熙元 22 股，陆祖琬 98 股，胡絜青 30 股，以上 5 人为发起人，赵家璧、舒舍予、陆祖琬为董事，胡絜青为监察人。"② 不难看出，公司规模很小，而且不论在股权还是经营上，都只在赵家璧和老舍两家人之中（陈熙元是赵家璧的外甥女婿），有点家族企业初创的感觉。相比之下，赵家璧一边占有更大的份额，也相应负有更大的责任。1948 年春天，公司业务逐步进入正轨，赵家璧辞去了《前线日报》的工作，一心扑到晨光中。不过，正是在《前线日报》工作的这段经历，让赵家璧多认识了一些人。新中国成立前，他利用这层关系，帮郑振铎弄到了通行证，秘密助他途经香港奔赴解放区。

---

① 赵修慧：《他与书同寿》，中国出版集团东方出版中心 2009 年版，第 69 页。

② 赵修慧：《他与书同寿》，中国出版集团东方出版中心 2009 年版，第 69 页。

一贯注重设计的赵家璧请著名美术家庞薰琹设计公司的商标。庞薰琹运用唐朝砖刻上的一副雄鸡图案，寥寥几笔就制成了一个与"晨光"二字交相辉映的作品。商标中的雄鸡单腿直立，昂首挺胸，顶天立地，刚劲有力，大有"雄鸡一唱天下白"的架势。以后，晨光公司出版的所有图书上都印有这个商标。晨光商标与之前良友公司设计的"播种者"有着异曲同工之妙，二者都立足于充满期待的开始，憧憬着美好光明的未来。47 天后，公司正式核准成立，选址上海市虹口区哈尔滨路 258 号。这也是赵家璧家里的地址。具体的办公地点就在客厅。最初的雇员只有一名——赵妻陆祖琬的侄儿陆元勋。民国时期许多大书局，如商务印书馆、中华书局、世界书局、大东书局、开明书店，都是用股份制形式运营的。赵家璧在老舍远在大洋彼岸的情况下，将公司注册成有限责任公司，显示出两人合作的根基，也防备日后出现经营上的问题老舍与自己背负太多债务。

在费正清夫人费慰梅女士的斡旋下，《骆驼祥子》英译本的出版社给了老舍一笔版税。1946 年 10 月开始，老舍开始陆陆续续从美国汇款过来，虽然数目算不上庞大，但诚意着实感人。晚年赵家璧的书房中只挂了两个人的照片，一张是鲁迅，另一张就是老舍。他的书柜摆放得最多的，也是鲁迅和老舍的书。鲁迅对赵家璧是一位长者尊者，而老舍是挚友伙伴。足见赵家璧非常看重与老舍之间的深情厚谊。晨光公司在赵家璧的一手操持下逐渐步入正轨。每年两次结算版税，老舍作为重要作者之一收入可观；年终结算股息红利投资人老舍也有不少进账。由于老舍人不在中国，所以每笔账目赵家璧都向他写信说明，以示其"诚"。老舍打算怎么处置这些银钱，是继续投资还是给尚留在重庆的家小，也回信向赵家璧交代得一清二楚。赵家璧

——照办。

就这样，一个作家和一个编辑，一个在美国一个在上海，成立起了晨光出版公司，都延续了自己的出版理想，开启了一段"相见以诚"的岁月。

第二节 "晨光文学丛书"

公司刚刚成立，赵家璧立刻着手出版工作。他冷静地思考了自己的专长，决定还是以文学丛书起头，一点一点把品牌做出来。于是，他仿照"良友文学丛书"的各项传统，推出了"晨光文学丛书"。赵家璧一直以来将出版丛书作为工作的重点，是一种非常正确的商业选择。对于读者而言，丛书往往比单行本要经济实惠，也更能系统搜集获取某一方面的知识信息；对于出版者而言，丛书规模性推出，更加容易树立品牌，扩大影响，获得稳定的经济收入。"民国时期丛书总数当在 6400 种左右，超过历代出版丛书数目的总和。"[1]可见，丛书出版在民国时期就已经被广泛认可。拥有多种丛书运作经验的赵家璧更是感同身受。但丛书只是一种出版的形式，必须要有内容优秀的图书才能获得读者青睐。

美国出版家小赫伯特·S.贝利在谈自己的经验时写道："出版社并不因它经营管理的才能出名，而是因它所出版的书出名。出版史是出版了杰出书的杰出出版社的历史，也是图书文化品位发展的历

---

[1]　吴永贵：《民国出版史》，福建人民出版社 2011 年版，第 503 页。

史。出版工作的目的，我们已经分析过，是生产和传播图书。它之所以有价值，仅仅是因为它的书是值得出版的，而且是有人读的。"① 赵家璧虽然无缘读到这样的精妙总结，但他能够领悟出同样的道理。晨光图书公司比他刚入职时的良友图书印刷公司名气要小得多，而且财务状态也比较紧张，再没有人能够像当初的伍联德那样无条件地支持他了。公司里的每一分钱都是他和老舍两家人艰难凑到的，所以必须要努力尽快为公司挣得名气，在出版巨头云集的上海获得安身立命的根本。

在当时的条件下，要做到这些，赵家璧只有一种方法：以名家名作迅速打开丛书出版的局面。他与原来的作者逐个取得联系，用书面形式获得了许多从前在良友出版过的作品的授权。老舍也陆续将自己作品的版权要回，交给晨光。1946 年 11 月，他把老舍的《惶惑》和《偷生》、巴金的《第四病室》作为"晨光文学丛书"的前三种出版发行。《惶惑》和《第四病室》在 1946 年初，赵家璧刚到上海时就以良友复兴图书印刷公司的名义出版了，反响很好，作者和作品的知名度也比较高。《偷生》则是在重庆时就已经定下来了的，作为《四世同堂》的第二部也一并出版。1947 年 3 月，巴金的《寒夜》也出版了。当年这本书就大卖 5000 册。

与《寒夜》同时出版的还有《志摩日记》。赵家璧主持的晨光公司业务稍稍安顿下来，他就去拜访了一次陆小曼。徐志摩去世后，陆小曼很少与外界往来。那些嫉恨她的人，她没有理会；那些喜欢她希望她靠自己双手自立起来的人，她也很少听从。赵家璧是少数几个陆

---

① （美）小赫伯特·S. 贝利：《图书出版的艺术和科学》，王益译，中国书籍出版社1995 年版，第 218 页。

小曼愿意交往的老友。两位老友见面，不免提到因为战争流产的《志摩全集》，愧悔不已。陆小曼得知赵家璧初创时期的艰难，把徐志摩从未公开发表过的两部日记交给他，希望能助他一臂之力。两部日记一部是 1918 年写的《西湖记》，还有一部是 1926—1927 年间，在他们婚后完成的《眉轩琐语》。陆小曼将这两部作品与之前的《爱眉小札》一起，编为《志摩日记》。她还巧妙地将徐志摩亲笔题写书名的《一本没有颜色的书》的纪念册中的许多内容编作图书插页。这些插页中包括有泰戈尔、闻一多、杨杏佛、胡适、陈西滢、林风眠、俞平伯、章士钊、泰戈尔等人的 25 幅珍贵手迹，弥足珍贵，极具收藏价值。赵家璧于 1947 年 3 月出版这本书，既是对恩师 50 周岁的怀念，也让"晨光文学丛书"多了一个卖点。陆小曼在序中又一次公开表达了自己的心愿：我决心要把志摩的书印出来，让更多的人记住他，认识他。这本日记的出版是我工作的开始……我预备慢慢的拿志摩的东西出齐了，然后再写一本我们两人的传记，只要我能完成上述的志愿，那我一切都满足了。只可惜，这些志愿都没能在她手中实现。当年的一念之差，引为终身之憾。《志摩日记》对于研究徐志摩的人来说非常有价值。2005 年，上海远东出版社还将其整理，以《一本没有颜色的书》为名出版，继续讲述这一段故事。

正是这些好友们的帮助，"晨光文学丛书"打开了一个很好的局面，逐渐进入了人们的视野。晨光公司也一天天壮大起来。1947 年 7 月 1 日，晨光公司租下原来《前线日报》位于四川中路 215 号农工大楼的旧址，将 401 室作为新的办公室。办公室一共两间。里面一间是赵家璧的，只有一张旧写字台和两个单人沙发，外面一间较大的是雇员们工作的地方。赵家璧除将原良友公司的职工王九成等三人聘到晨光外，另外又聘了几个人，连上赵家璧，一共十人。其余九人分别是：王九成，陆元勋，王振祥，汪洛英、谢瑞棠，桑育麟、桑锦泉，曹仁生，陆明。赵家璧主持编辑工作，其他人主要负责阅稿、校对、美术和发行。条件虽然还是比较艰苦，但大家在一起干劲十足，很快就做得红红火火。

1946 年 2 月起连载发表在大型文艺月刊《文艺复兴》上的一部长篇小说引起了赵家璧的注意。《文艺复兴》，是抗日战争胜利后，全国唯一的有较大影响力的文学刊物，主编是郑振铎和李健吾。赵家璧作为文艺编辑，一直都非常关注它。巴金的《寒夜》在晨光图书公司出版之前的三个月就开始在《文艺复兴》上开始连载发表，《第四病室》也曾被《文艺复兴》收入其中。李广田的《引力》也是如此。赵家璧和郑振铎交往多年，现在又都在从事文学作品的编辑工作，互相关注是非常平常的事情。这部长篇小说的作者，在人们的印象中是研究文艺理论的学者——钱钟书。这部作品就是后来蜚声中外，被称为"新《儒林外史》"的讽刺小说《围城》。按照惯常的思路，赵家璧想要拿到这部书稿应该找郑振铎牵线。事实上他却找了陈西禾，外人看了觉得有些舍近求远。但赵家璧是有自己的考虑的。据他了解，钱钟书与陈西禾两家住得很近，而且往来非常密切，与郑振铎则更多的是工作上的关系，彼此不算特别亲密。两相权衡，他选择了向陈西禾寻求帮助。《围城》一书出版后，凭借着之前的连载和作者名气，当然更多的是作品的精彩，迅速走红，不到三年就印行了三次。虽然因为作品特殊的风格遭受了不少批评家们的谴责，但引起的关注却是毋庸置疑的，也为晨光公司和"晨光文学丛书"做了一次软广告。不过，新中国成立后，这本书在中国大陆销声匿迹了 30 年。直到 1980 年，人民文学出版社才重新印发这本书。而此期间，《围城》已经被翻译成英、法、德、日、俄等多种文字在世界各国相继出版，足见赵家璧眼光独到。

细心观察不难发现，赵家璧与作者一般都会合作多次，钱钟书却是个例外。女儿赵修慧后来问及此事，为什么没有继续找作者组稿，毕竟他还有一些短篇小说可以出版。赵家璧说："钱先生是做学问的人，写小说只是偶尔为之，我不便常去打搅他。"这与赵家璧一贯使用的催逼稿件风格大相径庭。而不管是有意催逼还是无意打扰，都表现出他对作者的尊重和理解。

"晨光文学丛书"中师陀的《结婚》一书也同样声名卓著。师陀笔名芦焚，早在 1937 年，章靳以供职于良友公司的时候就主编了一套"现代散文新集"，其中就收录了芦焚的《黄花苔》一书。《结婚》是一部非常有思想深度的作品，在国内外近代中国文学研究中，往往将它与《围城》相提并论。赵家璧通过巴金拿到这部好作品时，巴金就对该书稿赞不绝口。晨光公司能够在这样短的时间内编选出这样具有标志意义的作品确实值得钦佩。

"晨光文学丛书"从 1946 年 11 月开始，到 1951 年 9 月结束，一共出版了 39 种图书，是晨光出版公司最具有代表性的作品。仔细分析这些作品，发现有两个特色。第一，老舍作品占据了极大的分量。从数量上，老舍贡献了 16 部作品；从质量上，他所有的代表作几乎都汇集于此，如《四世同堂》、《二马》、《骆驼祥子》等。如果说赵家璧是晨光出版公司最重要的编辑，老舍无疑就是最重要的作者，他们用自己所擅长的那一部分智慧支撑起了这家小型的民营出版社和"晨光文学丛书"。第二，"晨光文学丛书"随处可见良友公司的影子。且不说赵家璧从良友公司积攒的多少作家资源都带到了晨光公司,《离婚》、《惶惑》、《偷生》、《第四病室》、《村野恋人》、《大江》、《在城市里》、《春华》、《女兵自传》、《卡拉马助夫兄弟们》等都曾经是良友公司出版的。良友是他事业的起点,也始终是他发展的重要支援。

然而,也有赵家璧带不来的东西,那就是良友公司当年相对雄厚的经济基础和抗战以前上海乃至整个中国文化市场的繁荣。有学者统计,"全国出版期刊数量由 1927 年的 656 种增长到 1937 年的 1914种,10 年间年均出版期刊达 1483 种,为'五四'时期的 5.4 倍"[①]。图书馆数量从 1928 年的 557 所增加到 1936 年的 5196 所。这代表着图书刚性需求的稳固增加。商务印书馆王云五估算的全国出版物总数"自 1927 年的 1323 册增长到了 1936 年的 6717 册,特别是自 1932年后每年增长数量以千位数计,可谓兴盛"[②]。政府的数据也蔚为大观:"到 1936 年,据国民政府内政部统计,当年上海核准登记的报社有125 家,通讯社 43 家,而杂志社多达 529 家"[③]。这样的出版规模和出版氛围,此时的上海是难以望其项背了。有学者认为,从 1927 年到1936 年是民国出版的"黄金十年"。[④]根据上海市档案馆相关档案记载,1920 年到 1935 年间,上海市书业工业公会会员登记的出版机构有 81家,其中资本在 100 万元以上的有 2 家。许多知名人士,如鲁迅、徐志摩、郑伯奇、沈从文、巴金、梁实秋、闻一多、丁玲、郭沫若、阳

---

① 叶再生:《中国近现代出版通史》第 2 卷,华文出版社 2002 年版,第 1032—1033 页。

② 转引自宋原放:《中国出版史料现代部分》第一卷下册,山东教育出版社 2000 年版,第 426 页。

③ 《内政部核准登记之新闻纸与杂志社统计资料》,中国第二历史档案馆藏,《中华民国史档案资料汇编第五辑第一编:文化(一)》,江苏古籍出版社 1994 年版,第 150 页。

④ 吴永贵:《民国出版史》,福建人民出版社 2011 年版,第 54 页。

翰笙等都在这一时期南迁，极大丰富了上海的出版资源。"二三十年代云蒸霞蔚的出版活动，凸显和加强了上海作为全国文化中心的分量；另一方面，上海的人文荟萃也强化和推动了上海出版业的进一步向前发展，原本就在全国称雄出版地位更加巩固并得以继续提高。"①在图书发行方面，上海发达的水陆交通和邮政系统，保证了出版流通的便捷和迅速。许多在北平出版的图书期刊也选择从上海发往全国。上海而外，全国还有北平、南京、天津、广州、汉口等次出版中心，既有自己的书局也设立了许多上海书局的分支机构，形成了一个庞大的出版发行网络。虽然晨光公司成立的时候，上海已经重新回到了全国出版中心的地位，但战后的经济文化都大伤元气，图书出版始终没有重建辉煌。"1946 年全国出版图书 1461 种，1947 年出版图书 1569 种，这个数字甚至不及战时 1942 年 3879 种、1943 年 4408 种的一半，更难能与战前相提并论了。"②赵家璧在抗战前达到出版生涯的顶峰，是与当时的大环境分不开的。"中国新文学大系"出版完成的 1936 年，全国"出版丛书多达 320 种，为民国出版史上的最高峰"③。随后内战爆发，上海出版的顶峰时代更成为一种记忆。上文提到师陀的《结婚》，因为大环境不佳，在晨光初版时只印了 2000 册。1982 年，《结婚》在四川人民出版社再版，首印就达到了十万册。可见，在当时的上海，即便是非常好的作品，也不容易有很好的销量。

晨光公司的经济实力和战前良友公司相比也有很大的差距。所以，"晨光文学丛书"的装帧比不上"良友文学丛书"，只能采取纸质

---

① 吴永贵：《民国出版史》，福建人民出版社 2011 年版，第 91 页。
② 吴永贵：《民国出版史》，福建人民出版社 2011 年版，第 72 页。
③ 吴永贵：《民国出版史》，福建人民出版社 2011 年版，第 504 页。

平装本，出版社和读者都无法承担当初金碧辉煌的布面精装了。在销量上，自然也难以企及良友时期。但这些显然无法影响"晨光文学丛书"在近代文学史和出版史上的地位。赵家璧在这一时期做出版面临的考验更大。晨光公司成立后不久，国内物价疯涨，通货膨胀日益严重，连商务印书馆都过上了向银行借贷的日子。加之内战时期图书发行受限，"重印旧书尚要仔细掂量其销路，新书出版，倘若没有绝对把握，谁还敢冒险出版呢？"① 赵家璧敢！"晨光文学丛书"就是最好的证明！在赵家璧看来，一切艰难困苦都不足以与做出版的快乐相提并论："作为一个文学编辑的最大喜悦，莫过于看到从作家手里接过来的一大叠手写原稿，通过自己的劳动编印成书；又经过漫长的时间考验，不但在本国读者中被公认为传世之作，而且被译成各国文本，流传遐迩，赢得国际文坛的声誉。"② 不论环境和条件如何，赵家璧都在编辑工作中体会着巨大的乐趣。

这句话与小赫伯特·S.贝利的感想有异曲同工之妙，都是他们对编辑出版工作最深刻的领悟。可见，无论东方还是西方，优秀编辑的心意是相通的。

第三节　引以为憾的《老舍全集》

老舍最初向赵家璧透露编个人全集的想法是在重庆的时候。赵家璧可谓与他一拍即合，一心想着把这套大书拿到良友出版。如果说此

---

① 吴永贵：《民国出版史》，福建人民出版社 2011 年版，第 73 页。

② 赵家璧：《编辑忆旧》，中华书局 2008 年版，第 316 页。

时赵家璧的事业还有什么遗憾的话，那就是《志摩全集》和"世界短篇小说大系"了。20 年的编辑生涯，给他带来了无上的荣耀。他编辑过期刊、文学丛书、单行本、画册，主持过报社和出版社的工作。他编辑的图书已经可以摆满十几排长长的书架。可是这些书里，独独没有个人全集。以赵家璧如今的人脉和实力，实现全集的理想指日可待。老舍与赵家璧合办晨光，除了为作者为文学的理想外，还有很大的原因就是希望在自己的出版社里出版全集。所以，当初他和赵家璧有一个君子协议：《老舍全集》的事情他本人说了算。

赵家璧一直非常尊重作者，理解老舍的要求。但是，老舍一直旅居美国，编辑全集上许多具体的事情依然需要赵家璧亲力亲为。可以这么说，《老舍全集》的编辑中，老舍本人是主持者，赵家璧是实施者。

按照老舍最初的设想，先把一些散落在其他地区的旧作版权买回来，依次编入"良友文学丛书"，而新作《四世同堂》三卷共六本则放入"良友文学丛书新编"。因为散落的作品很多，而且作者尚在创作时期，所以先出十卷，然后视散落作品后续收集的情况和新作品的创作情况，陆续整理成卷，最后达到 20 卷。

不料，踌躇满志的赵家璧回上海不久就离开了良友公司。后来两人合作创办了晨光，编辑全集也因此成为晨光的一项重要出版工程。编辑《老舍全集》最大的难处有两个。一个是版权问题，另一个是作品收集难度。

老舍从 1923 年开始在不同的刊物和出版社发表作品，许多作品尚在版权期内，拿回来是需要费一番工夫的，不可能即刻解决。赵家璧选择了逐一解决，解决好一本就列入"晨光文学丛书"一本。对于新作《四世同堂》和原来良友公司出版的《离婚》、《赶集》，版权不算问题，但是其他一些作品就必须要想办法才能解决了。《赵子曰》、《老张的哲学》和《二马》三部长篇小说的版权都在商务印书馆手里。商务印书馆在当时的中国出版界财大气粗，声名卓著，很少将已有图书的版权转让，尤其是这些社会价值和经济价值俱佳的作品。远在美国的老舍给赵家璧寄来了请求商务印书馆出让版权的亲笔信。实际去谈判的是赵家璧。他对商务印书馆的负责人表示，不管代价如何，都愿意把版权拿回来。而商务的做法没有留丝毫余地：商务印书馆从来不出让图书版权，给多少钱都不让，任谁来也不行，一切按照合同办。赵家璧没有轻言放弃，积极地想办法，最后想到了老朋友郑振铎。

郑振铎曾经在商务印书馆工作过，是出版界有影响的人物之一。不过，也因为如此，他明白商务印书馆不轻易转让版权的规定，一开始也表示无能为力。赵家璧只得一次又一次去他家里恳求。郑振铎被赵家璧的诚意感动了，也想促成《老舍全集》的出版，终于同意代为转圜。所幸的是，商务印刷馆最后保持了一个大社名社的风范，并没有漫天要价，只提出再版时在版权页上写出初版本的日期和出版社。这是赵家璧非常支持的一个意见。在他的许多回忆录文章里，屡次提到过再版文学图书版权页中忽略出版历程的做法非常不合适，也不符合国际惯例。他认为如果能再版图书时，将原版本的情况交代清楚，对图书而言很有意义，也为后人研究提供了原始资料。他还曾在给老舍子女的信中提到过这一点：

我们过去和国外出版界，对版本渊源，都极重视，这对文学研究者或细心的读者很重要。人民文学出版社是重视这件事的。《鲁迅全集》每册前面都有出版说明。第一版何年何月何处出，第二版如何如何……将来《老舍文集》第一卷出版时，我想你们一定会说明《二马》第一版何年，商务出；第二版何年，晨光出……但是现在的出版社，特别是有些地方出版社，很不注意。青年读者从版权页上或编者、出版者说明里（或称《编者致读者》里），只知道这本书是作者第一次交给他们出的，所以都称"第一版"。这已成为一种风气，实在是不忠于历史事实的表现。将来我们有了版权法，这种不正之风也会得到纠正的。[①]

另外收入"晨光文学丛书"的老舍作品中，《牛天赐传》和《老牛破车》原来在陶亢德的人间书屋出版，《骆驼祥子》原由巴金主办的文化生活出版社出版，《火葬》是重庆的黄河书局出版的。这些版权相对都比较容易解决。老舍与陶亢德是多年的老朋友，信任程度不亚于对赵家璧。《骆驼祥子》的原稿就一直交由他保存。得知老舍要编全集，他非常赞成。文化生活出版社是由巴金和吴朗西两位老友办的，无条件就将版权给了晨光。

1948年底，老舍在美国纽约编选了两个话剧本《残雾》和《面子问题》，后加上应茅盾之约创作的《忠烈图》和《王家镇》，四部作品合在一起，编成《老舍戏剧集》。1948年12月20日作为"晨光文学丛书"的第29种出版。

除了长篇小说和戏剧，老舍还创作了大量的短篇小说、中篇小说

---

① 上海鲁迅纪念馆编：《赵家璧文集》第5卷，上海文艺出版社2012年版，第251页。

和诗歌,发表在许多不同的报刊上。他把能找到的一些中短篇小说经过选择后,结集成《微神集》和《月牙集》。他并没有因为要编全集,就把自己所有的文章都收进来,而是有所取舍精心挑选的。赵家璧尊重了他的意见。

可以这么说,"晨光文学丛书"大量收录老舍的作品,实际上就是在为《老舍全集》做积极的准备。两位好友虽然隔着千山万水,但共同出版全集的心意十分坚定。

新中国成立后,老舍回到新中国,却再也没有提过全集的出版问题。1951年3月,人民文学出版社在北京成立。1957年,出版社制订了出版郭沫若、茅盾、巴金和老舍多卷本文集的长远计划。赵家璧以为这样的安排更好,由国家出版社来出版不论在内容还是装帧销量上都更有保障。1959年底,赵家璧受组织指派去北京西郊中央社会主义学院学习,跟老舍有了更多交流的机会。他问老舍:"四十年代,你就想编一套《老舍全集》;合办晨光,也为了实现这个理想;现在国家出版社早有出版四位大作家的多卷本文集的计划,郭老、茅公和老巴都已先后出版了,有的几十卷,有的十几卷,这样优越的条件,你为什么不动手编呢?"①

老舍用了许多理由来说服赵家璧,有次他说:"我要动手编,也抽不出足够的时间啊!你看,我每天收到那么多的请柬、开会通知,一大半时间都花在这上面了。"②

老舍所说确是实情。但赵家璧不愿意轻易放弃,他相信老舍作品的价值,也明白老舍对出版全集的渴望。他以为是老舍不好意思向组

---

① 赵家璧:《文坛故旧录》,中华书局2008年版,第120页。
② 赵家璧:《文坛故旧录》,中华书局2008年版,第120页。

织开口，就自己毛遂自荐去找当时的中国文联秘书长、党委书记阳翰笙，请求他为老舍创造时间上的条件。阳翰笙是左联的发起人之一，与赵家璧虽然素未谋面，但说起来也是非常亲切的。赵家璧说明来意之后，阳翰笙很快就同意给予支持，安排老舍去外地的宾馆住一段时间，静下来专门编文集。

赵家璧看到事情这么顺利，非常高兴。他连忙和时任人民文学出版社领导的楼适夷一起去告诉老舍这一好消息，结果还未把阳翰老的安排全部说完，老舍就起身说："我想写的东西还多得很；我肚子里的许多作品还没有问世，嘿！干吗现在就出全集、出文集？现在我得集中精力多写点，到那时候，咱们再编全集，算总账。你在学院吃不好，咱们三个人外头去走走，到东来顺去吃一顿吧！"[①] 席间推杯换盏，海阔天空，就是没有再提文集的事情，赵家璧想不通，但也只好闷在心里。

这一闷又是两年。赵家璧一直念念不忘老舍全集的事情。1962年3月，老舍最后一次到上海。赵家璧一直陪在他身边，不断催促他赶快出文集。他以前就是这样向老舍催逼过《离婚》，以为也可以用同样的方式让老舍出全集。还好，这一次老舍并没有表现出不耐烦或者不愿意谈，倒是答应回北京后慢慢组织。因为老舍刚参加了广州举办的全国首届戏曲创作会议。周恩来总理亲自在会上作了《关于知识分子的报告》的讲话，重新定义了知识分子，表明了中央政府愿意对知识分子发扬民主通力合作的诚意。陈毅副总理充分肯定了新中国成立13年来知识分子的作用，提议应该取消"资产阶级知识分子"的

---

① 赵家璧：《文坛故旧录》，中华书局 2008 年版，第 121 页。

帽子。他认为作家应该拥有选择题材的自由、创造艺术风格的自由、探讨艺术问题的自由，他告诫艺术领导人要尊重作家的劳动，要尽可能给作家创造良好的创作条件。国家领导人的讲话引起了大家热烈的讨论，充分调动了艺术家的积极性，也唤醒了老舍潜在心里多年的"全集梦"。然而，好梦易醒，更大的政治风暴很快就来了，连带着把老舍的生命也一起卷走了。

老舍在有生之年没有看到《老舍全集》的出版，赵家璧在有生之年也没有出版一部全集。两位相交多年的老友，带着各自的遗憾走到了另一个世界。

第四节 "不劳而获"的"晨光世界文学丛书"

1947 年秋天对赵家璧来说真算得上一个收获的季节。这个收获说来还有点"不劳而获"的感觉。

"大约是一九四七年的深秋吧，我接到郑振铎先生的电话，约我到他家去谈一件事。"[1]赵家璧只当是一次平常的友人会面，却不料郑振铎"兴致勃勃地拿出一份丛书目录和译者名单给我看"[2]。上面一共有 20 本书，译者都声名在外。郑振铎告诉赵家璧译稿共约有四五百万言，有的已译成，有的年底或略迟数月可完成。紧接着，他问赵家璧："这是我们文协同美国国务院和美国新闻处合作编译的。今天同你商量，文协可以把丛书出版权交给晨光出版公司，你是否愿

---

① 赵家璧：《编辑忆旧》，中华书局 2008 年版，第 324 页。
② 赵家璧：《编辑忆旧》，中华书局 2008 年版，第 324 页。

意接受?"① 一向热爱英美文学的赵家璧"看完了书目单,真如天上掉下了一块宝,说不出地高兴"。②

后来赵家璧慢慢了解到,是冯亦代提出让晨光来出版的,郑振铎只是受托而来。因为在冯亦代看来,当时的上海,能够满足这套书装帧设计和印制要求的,晨光是最合适的。早在重庆的时候,抗日战争还未结束,美国驻华大使馆文化参赞费正清博士就提出了这个设想。他主张中美双方合作,由我方负责组稿,美方负责部分翻译费用,找一个中国的出版社编译一套系统介绍现代美国文学作品的丛书。当时大家只是就作家作品的选择上做了一些初步的交流。不久,日本投降了,费博士调任至沪担任美国新闻总处处长。虽然大环境发生了很多变化,但是他一直念念不忘这套书的出版计划,多次向郑振铎和冯亦代等人提出建议。经过正式商谈,中美双方下定决心把这套书运作起来。也真是好事多磨,因为政治的原因,第二年6月,费博士回哈佛大学继续当他的教授去了。但他临走时一再希望早日看到丛书出版。这套丛书不仅仅是出几本书的问题,对中美文化的交流都是大有裨益的。如今,郑振铎等人的合力运作下,20种书的书名和译者已经确定,翻译工作也正在如火如荼地进行着,全部完稿指日可待。

赵家璧看着这份书单,简直不相信天上掉馅饼的事情真能被他碰上!只有他自己知道,他有多么热爱美国文学!虽然在当时美国文学并不被大多数中国人重视,甚至西方社会也有不少人表示出轻视的态度。"美国的文学是素来被人轻视的,不但在欧洲是这样,中国也是如此;所以有许多朋友劝我不必在这种浅薄的暴发户家里枉费什么时

① 赵家璧:《编辑忆旧》,中华书局2008年版,第324页。
② 赵家璧:《编辑忆旧》,中华书局2008年版,第324页。

间，然而我竟然这样的枉费了。"① 可见热爱之深。早在办《晨曦》期间，他就对翻译和研究外国文学的作品非常感兴趣。他在很多报刊上都发表了介绍评论现代美国文学的作品，还专门出过一本名为《新传统》的书。书中叙述了 150 年来美国小说的发展史，重点介绍、评论了九位现代美国作家和他们的作品。这九位作家分别为：德莱塞、休伍·安特生、维拉·凯漱、裴屈罗·斯坦因、桑顿·维尔特、海敏威、福尔格奈、杜司·帕索斯和辟尔·勃克。② 其中一些作家的作品正好就在郑振铎拿来的这套丛书中。《新传统》的序言里，赵家璧阐明了自己对于美国文学一些见解：

> ……一百五十多年来，为了思想上，言语上，经济上的落伍，停顿在英国的殖民地意识上的美国小说，从马克·吐温起开始挣扎，经过霍威耳斯，伦敦，辛克莱的努力，到 20 世纪开始，由德来塞，安特生，刘易士而逐渐建立，如今到了福尔克奈，帕索斯，而成为一种纯粹的民族产物了。这里，美国的人民活动在美国的天地间，说着美国的话，表露着美国人的思想感情；在美国的散文中，包容着美国的韵调，讲述着美国实际社会中许多悲欢离合的故事。
>
> 近数年来，思想上的转变，更是显著的事实，不但中代作家中如德来塞，安特生……在不自满于自己过去的狭隘的个人主义而转向到更前进的阵容中去，在新进的青年作家里，更有许多写不胜写的名字，他们在向着民族主义的形式，社会主义的写实主

① 赵家璧:《新传统》，中国国际广播出版社 2013 年版，第 2 页。
② 有些作家名字的翻译用字现在已经完全不一样，笔者选择保留原貌。

义的内容上努力。所以今日的美国小说，虽然他的成就还不大，可是他不再是英国的一支，而是世界文坛上最活跃最前进的一国了。

如果不是爱上了出版，赵家璧在大学毕业后，完全可以从事外国文学，特别是美国文学的写作和翻译工作。那时美国文学还没有受到很大的重视，赵家璧在这一个领域里面算得上是开拓者，较早意识到美国文学的价值。他在这本书中对一些作者作品的评介，非常经典。如赵家璧认为赛珍珠《大地》一书获得成功的原因是："多少抓到中国人的灵魂的。所以她在描写中国小说上的成就，应当归功于她三十余年来和中国人的共同生活，而中国旧小说的影响，同样使她完成这件困难的工作。勃克所写的中国小说最大的特色，便是全书满罩着浓厚的中国风，这不但从故事的内容和人物的描写上可以看出，文字的格调，也有这一种特长，尤其是《大地》。"① 该书在欧美文坛上受欢迎则是由于"勃克夫人对于黄龙虽说没有如别的西洋作家般有意的在小说中侮弄他，可是描写出了这样一位原始性的黄龙，确是洽合了现代欧美人的口味的。……这一种戴了种族眼镜的人，读到《大地》里黄龙是这样一个单纯而呆笨的角色，正满足了他们种族上的优越感。《大地》被欧美文坛所赞誉的有一个更大的理由，便是它的逃避性。近几年来，欧美人在机械生活里呻吟着，对于都市更感到了极度的疲乏。当大家都感觉到无路可走时，就有一部分人提倡脱离都市回到自然去过原始人的生活。……当勃克在素称精神文明的中国农民里，挑选了

---

① 赵家璧：《新传统》，中国国际广播出版社 2013 年版，第 223—204 页。

这一位富于东方精神的初民型的黄龙作她小说中的主角，去替代那些毒蛇猛兽以及'泰山'式的非洲土人，那当然使欧美读者们更中下怀了"①。这些思想和观点直到今天依然被研究赛珍珠和《大地》的学者反复参照。

除了写与美国文学有关的著作，赵家璧还热爱翻译美国文学。短篇小说他译过安德森的《冒险》、《纸团》、《成熟》，较长的作品有斯坦贝克的《月亮下去了》，1943 年 4 月，由良友复兴图书公司出版。当时赵家璧刚到桂林，寄住友人家中，等着张瑞芝的款项重建良友。英国新闻处在桂林有一个分处，赵家璧经常到里面的阅览室读国外出版物。1942 年 3 月，刚在美国出版的《月亮下去了》一书引起了赵家璧的注意。这本书的作者是斯坦贝克，之前出版过一些作品。他的作品文笔清新，立足现实，关注底层人民的生活。《月亮下去了》描述了北欧一个小国的小镇上，全体人民自发与德国法西斯暴行做英勇斗争的故事。赵家璧认为这样一种题材对当时的中国非常有意义，于是就利用十几天的时间，翻译成中文。抗战胜利回上海后，这本书又被列入"晨光文学丛书"再版。1962 年，斯坦贝克荣获诺贝尔文学奖。可见，赵家璧即便在选择翻译作品的时候，眼光也是非常好的。抗战前，酝酿"世界短篇小说大系"的时候，他还曾经亲自操刀美国卷的翻译工作。战争爆发后，这一切都成为了泡影。即便现在终于胜利了，有了自己的出版社，但企业经济实力已经大不如前，要自己去组织这样一套书简直就是痴人说梦。谁又能想到竟然就有梦想成真的一天呢，而且得来不费吹灰之力！

① 赵家璧：《新传统》，中国国际广播出版社 2013 年版，第 204 页。

狂喜过后的赵家璧，深感责任重大。首先，时间上的问题就不容易统一。郑振铎要求在 1948 年底一次出齐。但根据赵家璧多年的编辑经验，知道丛书作者很难统一交稿，他以前的那几套大丛书都是逐步出齐的。好在事情并没有太大出入，到 1948 年冬天，已经有 17 部译稿到位。经过商量，大家决定先出这 17 种。

赵家璧经过考虑，认为将国外的作品译介到中国来是一项长期的出版工程，是有利于促进中外文化交流的大项目。按照编辑"世界短篇小说大系"的思路，他提出，丛书的名字改为"晨光世界文学丛书·美国之部"。一来可以与"晨光文学丛书"对应，二则为以后出版其他国家的作品，比如苏联、日本、英国、法国等形成呼应。他的建议得到了郑振铎的支持。但是，郑振铎还是提醒他，每本书前面都要加印一篇《出版者言》，把这套丛书出版的前因后果交代清楚，刊出全体编委名单，并特别指名鸣谢美方友人，特别是费正清博士。赵家璧一一照办。

其次，是装帧设计的问题。因为经济原因，"晨光文学丛书"的装帧是比较简朴的，但这套书显然需要稍微高档一点。这也是郑振铎选择晨光的一个重要原因。谙熟此道的赵家璧又请来了庞薰琹，让他为丛书做封面和环衬的设计。庞薰琹仔细听完赵家璧的介绍，不几天就交出了满意的作品。丛书的封面上除了他本人之前设计的晨光商标外，在左下角右上角和正中间分别描绘出三艘大帆船，在星空下扬帆起航，象征着中美两国之间的友谊和文化交流。环衬的设计基本沿袭了封面，但也有所创新。环衬中加上了花环和纵横交错的钢笔铅笔，寓意用文字连接友谊。整个设计简单大方，思想深刻，与丛书的主体十分切合。封面材料上，赵家璧选择了充皮面，烫金字书名，在当时的条件下最大限度地保持了这套重要作品的体面。虽然每本印量只有2000册，而且再版不太可能，赵家璧还是给出了15%的译者版税。今天出版社的经济状况比当初的晨光好太多，但是对翻译者大多按照字数付酬，而且价钱压得很低，无怪乎再难出翻译家了。

前17本书出完后，赵家璧又将自己1943年4月在桂林期间翻译出版的《月亮下去了》一书重新整理，作为丛书的第19种出版。1950年8月，原列为丛书第三种的《密西西比河》出版了上册，郑振铎的委托至此圆满完成。遗憾的是，丛书问世之时，正值新中国成立不久，中美关系非常敏感。所以，作为近现代介绍美国文学规模最大的一次翻译出版活动的产物，这套好书在出版之后并没有获得与其价值相应的影响。在"文革"期间，赵家璧还因为这套书被认为是"美国特务"。如今，这套丛书的地位不断被人们认识，"在今天我们研究美国文学在近现代中国的接受的时候，无论如何也不能将它遗忘，而应确立其重要的地位，因为这无疑是近现代中国译介美国文学规模最大的一次，意义当不容忽视。"[1] 好的作品总会如同金子一般，在岁月的尘埃中发出夺目的光彩。赵家璧正是这样一个善于发现金子的人。

赵家璧在《出版者言》中提到的"《晨光世界文学丛书》除了出版这十八种译作外，在计划中的还有英国，苏联，法国，日本，德国，旧俄等翻译作品。每一国将介绍二三十部代表作品……在五年之内，出足两百种，成为一套国内最完备的世界文学丛书"的愿望自然也无法在他手里完成了。但由此也可以看出，出丛书、系列书、套书的大出版思想已在他的脑海中根深蒂固。

---

① 姚君伟：《赵家璧与美国文学在中国的出版与译介》，《新文学史料》2011年第1期，第158页。

晨光公司同人合影（上排左一为赵家璧）

晨光版部分图书书影

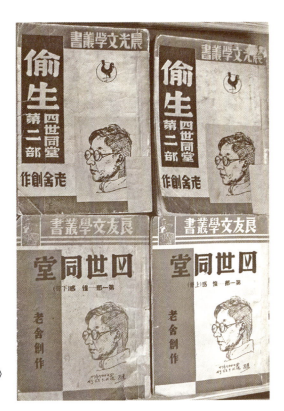

▶《四世同堂》
良友版与晨光版

晨光公司出版的各类版画集

上提出了公私合营的要求，但并没有获得批准。因为当时的政策规定，除了少数几家出版社外，其他出版文艺书的出版社，可以按照各自的业务范围继续经营一段时间。不过，当时会议上有一个精神，就是希望他缩小文学书的范围，适当在摄影画册下功夫，做好图画宣传工作。

就这样，晨光公司开辟了一个新的部门专门编印摄影画册画库。历史就是这么有意思：当初良友公司先有画报后有文艺部，晨光正好反过来了。就这样，新中国成立后的晨光公司将重心放在对宣传教育能起更大作用的画册上。

在文学图书方面，赵家璧继续出版丛书和一些单行本。不过，赵家璧即便再不问政治，也敏锐地意识到有些书应该多出，有些书则不能再出了。"晨光文学丛书"在1951年连续收入了作家周而复的三部作品，都带有比较浓厚的政治色彩。"晨光世界文学丛书"本来只策划了美国卷，收录美国作家的作品，新中国成立后则增补了四部苏联作家的作品，列为丛书的最后四种。后来赵家璧干脆将这四本苏联作家的丛书单独拿出来，另立一套"苏联文学丛书"，作为前四本。"苏联文学丛书"一共11本。单行本则有《红骡子（连环诗画集）》、《小柱子》、《捷克小说选》、《捷克诗歌选》、《别林斯基画传》、《发展中的北京文艺》、《抗美援朝快板集》、《龙须沟》、《永垂不朽的斯大林》和《新的歌》。出版的倾向性可见一斑。

《龙须沟》是赵家璧和老舍在晨光公司最后的合作。当时，老舍新创作的《龙须沟》红遍全国，又一次激起了赵家璧要出大本子全集本的愿望，也催促着赵家璧去弥补无法出全集的遗憾。他专门为这本书设计了一种近乎23开本的尺寸，这在当时看来是非常奢华的。他们彼此心里明白,这是对过去出版岁月一种无言的告别。

在出版画集画库方面,赵家璧没有延续旧时良友的都市风格,而是尽可能收录革命的、积极的作品。因为中苏关系在新中国成立初期非常融洽,所以苏联的画册也出了不少。这一时期,主要的编辑作品有"苏联名家画集"8 本,"新中国画库"1—3 辑共 60 种,"人民民主国家画库"第 1 辑 20 种,"苏联画库"1—3 辑共 59 种,"木刻连环图画"6 种,"工厂文艺习作丛书"(阿英主编)27 种。抗美援朝的时候,赵家璧带领晨光员工,将 800 多册的"新中国画库"打包装箱,托运到前线,给前方将士送去精神食粮。这些画集画库与当时的文学图书一样,政治色彩浓厚。但在当时的环境下收到了很好的社会效益和经济效益,发行动辄达百万册以上,在国际上也收获了很好的反响。

以"工厂文艺习作丛书"为例。这是赵家璧邀请时任天津文化局长、华北文联主席的阿英帮助编辑的。该丛书包括理论、小说、美术作品等,由京津一带的青年工人作家写作,作者包括钱小惠、何苦、王昌定、鲍昌、阿凤等,内容主要是歌颂党、歌颂新社会,反映劳动人民开创新天地、创造新生活的现实,销路非常好。

不难看出,新中国成立后,晨光出版公司的业务重心已经转到了画册和通俗文艺。跟着业务重心一同转移的还有晨光的地址。1950年 8 月,晨光公司搬到江西中路 170 号汉弥登大厦 2 楼 246 室。1952年,晨光又迁到南京东路 34 号 2 楼 230 室。这是公司第四次,也是最后一次搬迁。

赵家璧在新中国成立后有了另一重身份——光华大学文学院副教授。

1954 年 5 月，晨光出版公司正式结束。一个作家和一个编辑的故事也告一段落。赵家璧被安排进了上海人民美术出版社，继续他的编辑生涯。晨光岁月，已然成为一段历史。

大多数文学工作者和出版人对良友的了解远远高于晨光。而实际上，"晨光也是一个高峰，它的标志是：一、出版'晨光文学丛书'三十九种，其中老舍一人十六种，其余为巴金、郑振铎、钱钟书、王西彦、师陀、冯亦代、萧乾、端木蕻良等文坛大将的作品。二、出版《晨光世界文学丛书》，其中《美国文学丛书》十八种是其核心，译者队伍集中了一大批国内最优秀的翻译家，其中有楚图南、徐迟、焦菊隐、罗稷南、袁水拍、马彦祥、洪深、毕树棠、荒芜、吴岩等名家。三、出版版画集系列，其中有《中国版画集》、《新中国版画集》、《苏联版画集》，为圆鲁迅先生的'版画梦'做出了总结性的全面展示。"①2002 年，老舍先生的儿子舒乙撰文评论："家璧先生的一生有两个辉煌，一个是良友，一个是晨光。"②并称赵家璧为"中国现代文学的第一个专业编辑家"。③这些评价切中肯綮。研究赵家璧，读懂赵家璧，"相见以诚"的晨光岁月不可不察。这段岁月虽然很短，但精彩无限。这段时期出版的许多作品都是作者的代表作，后成为传世之作，如《寒夜》、《围城》、《二马》、《老张的哲学》、《结婚》等。从这个角度看，"晨光文学丛书"虽然在装帧和数量上与良友时期无法匹敌，但内容上的价值高于"良友文学丛书"。赵家璧本人对这两段岁月都非常怀念，一直将这两段岁月所出的丛书同等对待，也给出了

---

① 舒乙：《赵家璧的两个高峰》，《解放日报》2002 年 11 月 18 日。
② 舒乙：《赵家璧的两个高峰》，《解放日报》2002 年 11 月 18 日。
③ 舒乙：《赵家璧的两个高峰》，《解放日报》2002 年 11 月 18 日。

比较客观的评价:"这些丛书的作者中,极大多数已经写入中国现代文学史;有些书已经成为作者一生的代表作或重要作品,被列入各种文集、选集,或继续得到一印再印的机会,有的还被翻译成世界各种语种,蜚声国际文坛。"① 因此,晨光岁月绝不是简单的良友时期的延续,而是赵家璧一生中堪与良友时期媲美的伟大编辑实践!

① 赵家璧:《编辑忆旧》,中华书局 2008 年版,第 14 页。

第十章

公私合营后的出版活动

1954 年 5 月 1 日，商务印书馆总管理处从上海迁至北京，与高等教育出版社合并，武剑西任社长兼总编辑，实行公私合营。这是出版业公私合营开始的标志。很快，晨光出版公司也被批准结束，进行社会主义改造，晨光并入了新美术出版社。赵家璧进入上海人民美术出版社担任副总编辑。

第一节　美好的开头

晨光出版公司公私合营前的最后两年，赵家璧一直过得战战兢兢。严格说来，从 1950 年开始，赵家璧就主动放弃了钟爱一生的文学图书出版。1952 年，中共中央发出关于开展"五反"斗争的指示，要求向违法的资产阶级开展一个大规模的坚决彻底的反对行贿、反对偷税漏税、反对盗骗国家财产、反对偷工减料和反对盗窃经济情报的斗争。全国各地四处洋溢的巨大革命激情和改造热情，让他这个私营企业主惶惶不可终日。他很快被定为资本家，受到工人阶级的盘问和羞辱，被一再要求交代"资本家"的历史问题，让他走到哪里都觉得自己矮人一头。

1954 年 1 月 22 日，他被迫撰写了一篇《生平自传（1908—1953）》。自传里的文字带有非常深刻的悔罪痕迹，更像一篇悔罪材料。他不断地以当时最敏感的字眼"封建地主"和"资产阶级"来定位家人和自己。"我在近二年来，产生了一种严重的自卑感，像独行的孤雁般，我觉得不但已落在队伍的外边，而且愈落在队伍的后面了。我已不再把自己当做一个文艺工作者、编辑工作者看待，我看自己就是单单是一个资本家——书店老板。"文章最后他甚至说："我家庭包袱并不重，因此我自信更有条件献身革命的，也只有这样我才能向人民赎过，才能重新做人。"① 一个坚持做出版30年的人，靠自己的勤奋和努力实现理想的知识分子，一个出版了无数优秀作品的编辑，何过之有？在良友的时候，他给良友打工；有了晨光之后，他和家人为晨光奋斗，从不拖欠税款，劳资之间也没有纠纷，也能算资本家吗？晨光时期的员工陆明回忆：

　　晨光没有食堂，我们吃包饭，六菜一汤，先生和我们同桌共

---

① 赵家璧:《书比人长寿》，中华书局 2008 年版，第 183 页。

餐，有时我们也增添菜肴，由我外买。记得有一次到浙江路东新桥一家美食店买来酱汁肉，先生边吃边表扬我呢。我多么高兴呀。中午休息，先生不吸香烟喜爱板烟，翻着一张报纸午休了。有时又说又笑谈论工作，有时也查询我的学习情况和生活方面的事。

……

1952 年……先生的工作更忙了，经常工作到深夜八九点钟才回去，他既关心我们的工作，又关心我们的生活，记得有年我们都做一套麦尔登呢料中山装，先生亲自陪我们到杭州游览，朝夕相处过着欢乐的日子，回来还同我们一起合影留念，这张照片至今我珍惜的保存着。[①]

晨光员工眼里的赵家璧，和蔼可亲，亦师亦友。因此，不难想象，当赵家璧写下那些悔罪文字的时候在心里一定滴着血。早日结束晨光，他的思想负担会轻一点。

他谨小慎微的态度为他避免了许多不公正的待遇，甚至还给他带来了一项意料不到的好处。国家正式宣布晨光公私合营后的一段时间，赵家璧已经没有工作了，也不知道自己接下来的命运会是什么。不过，他这焦灼的等待并没有持续太久。他很快就接到通知，去华东人民美术出版社担任副总编辑。他简直不敢相信自己有这样的好运。当时上海有那么多私营出版社，能以国家出版社副总编辑的身份回归出版工作的，他是唯一的一个。

---

① 陆明：《永远铭记赵家璧师》，载上海鲁迅纪念馆编：《赵家璧先生纪念集》，上海文艺出版社 1998 年版，第 70—71 页。

当他得知自己如此幸运的时候不禁喜上眉梢。他不记得自己有多久没有觉得心情这么舒畅了。这意味着，人民政府不仅包容接纳了他，还让他发挥专长，继续做出版事业。他再也不用为曾经的资本家身份而自卑了，他也属于人民，还可以名正言顺地从事热爱了一辈子的事业，为人民多做一些事情。他还暗自揣度：如果工作到六十岁退休，我还能再做十几年的出版呢！他兴奋地对家人说："从今天开始我就是一个国家出版社的干部。上海私营出版社中只有我，得以以知识分子的身份，去担当国家出版社的副总编辑，享受13级干部的待遇。我总算脱掉资本家的帽子了！"①40多岁的人竟然像孩童一般兴奋。

多日的阴霾一扫而空，赵家璧身穿着熨烫整齐的中山装到华东人民美术出版社报到。那是5月的一天，初夏的天气却异常凉爽，清晨的习习微风让赵家璧感觉到了新生活的美好，一路上的脚步都轻快了许多。走到出版社门口，他还是有些紧张。虽然已经是国家干部了，但新的单位真的欢迎他吗？同事们是否会像对待同志一样与他心无芥蒂呢？他不敢确定。

赵家璧深吸了一口气，平复了一下稍微显得不太平静的心情，与三三两两的员工们一起走进了出版社的大门。他羡慕地看着大家互相友好地打招呼，真希望自己早日能与他们融为一体。赵家璧按照指示，直接找到了社长和总编辑吕蒙。吕蒙本人是非常有造诣的美术艺术家，尤其对版画很有研究。正好副社长布风友也在一旁。二人同样是旧社会过来的知识分子，都读过赵家璧出版的书，对赵家璧非常尊

---

① 赵修慧：《他与书同寿》，中国出版集团东方出版中心2009年版，第163页。

重、客气。"他们对父亲很热情，也很尊重，在社长室的旁边，为父亲安排了一间总编办公室，并决定由他筹建摄影编辑室并兼任摄编室主任。"① 这样的接待和安排，给了赵家璧久违的温暖。出版社上下都一律称他为"赵家璧同志"。"同志"二字，在当时是一个非常光荣的称呼。

他终于又一次拥有了自己的办公室，紧挨着吕蒙的社长办公室。想到晨光公司只能在自家客厅办公的艰苦，他感慨不已：新中国对文化知识是尊重的。那一天，他一路哼着小曲回家。家里人好久没有见到他这么轻松了，都非常高兴。妻子陆祖琬现在也有了自己的工作，在居委会教识字，做一些力所能及的事情。孩子们都在上学。一家人的生活有条不紊，平静快乐。

赵家璧是一个投桃报李的人。得到了政府和领导的信任，他一定会全力以赴努力回报这种知遇之恩。

第二节　勤奋的过程

赵家璧铆足了干劲，希望在新的集体多做一些事情。

他把在晨光后期的许多工作方法，包括图书选题思路都带入了华东人民美术出版社，很快策划了一套《摄影挂图》。整套挂图实际上分为两个部分。第一部分主要由中苏友好协会总会和上海市中苏友好协会编，主要介绍苏联的社会主义建设成就和人民生活状况。不论在

---

① 赵修慧：《他与书同寿》，中国出版集团东方出版中心 2009 年版，第 163 页。

内容上还是形式上都与晨光时期的"苏联画库"非常相似。回顾赵家璧一生做出版的经历，总是到了一个新环境后能够迅速有选择地将旧有东西重新利用。当年晨光也出版了许多良友的图书。第二部分则集中反映了当时中国进行社会主义建设的真实图景，主要由赵家璧率领出版社组织安排一些艺术家编成。部分挂图则是通过与各个部门，如农业部、解放军画报社、上海工人文化宫、上海警备区政治部、上海妇女联合会、新华通讯社等合作出版。这些挂图的标题简明有力，集中反映了那一时期文艺创作的政治色彩。

《摄影画片》是赵家璧组织出版的第二套画册，选取的都是摄影作品。整套画册分为反映现实的摄影画片、风景摄影画片、艺术摄影画片、戏剧摄影画片和其他摄影画片几个大类。戏剧摄影画片中包括很多经典的古典戏曲，可见，这一时期整个文艺界还是比较自由开放的。这些赏心悦目的摄影作品一经出版，就受到了极大的欢迎。摄影爱好者喜欢，就连普通老百姓也不时买上几张压在玻璃下或者贴在墙上。虽然画片是黑白的，但人们向往美好事物的心理是丰富多彩的。这些图片没有当初《良友》画报的小资情调，一样用真实和美丽扣动了许多人的心弦，销量十分惊人。不久，他考虑到人们对影视的热爱以及不容易接触到影视作品的实际情况，出了一套"剧影连环画册"，把当红电影和各类戏剧中的表演拍摄下来出版，很快就风靡全国。"在最初三年半中，共出版剧影连环画257种，印数近900万册之多。其中，《万水千山》一书印数就在40万册以上。另外，他们编辑室出版的摄影挂画和画片，有125种，印量达420多万张。"① 这样的销量，

---

① 赵修慧:《他与书同寿》，中国出版集团东方出版中心2009年版，第165页。

他在旧中国时是从来不敢想象的。那时一套文艺书下来，能有几千册的销量，就算畅销书了。赵家璧深深体会到为人民做出版、出版人民群众喜闻乐见的作品的巨大价值，也感叹国家办出版、人民当家作主的巨大力量。

赵家璧在这一阶段还组织出版了"人民中国画库"、"农业通俗画库"、《治淮小画册》、"中苏友好画库"、《苏联十六个加盟共和国》、《宣传画册》、《摄影艺术品画册》、《人物传记摄影画册》、《摄影宣传画》、《戏曲画册》、《科学常识画册》和一些用来对外宣传的摄影画片画册、摄影理论图书等。所有与摄影有关作品的出版，赵家璧的身份都是编辑室主任。在出版这些画册的过程中赵家璧积极主动不断寻找新的选题，念念不忘与自己打了几十年交道的作者们。比如在出版人物画传的时候，他亲自安排社里的专职编辑尹福康为巴金、章靳以、张充仁、丰子恺、张乐平、苏步青、赵丹等文化名人拍人物肖像照。

即便是出版画册，赵家璧依然保持着一个优秀编辑的敏锐嗅觉。1956 年 2 月，赵家璧获知梅兰芳将亲自率团在南京举行半个月的公演时，喜出望外。他立刻让专职编辑尹福康放下手头所有事情赶赴南京拍摄演出剧照，准备出《梅兰芳画传》。不久之后，赵家璧被迫离开出版社，出版画传的事情也耽误下来了。幸运的是，尹福康一直偷偷保存着当年的底片，后来捐献给上海历史博物馆。2009 年，尹福康从所有底片中精选 300 余张，在戏曲专家谢柏梁的精心编排下，交由上海古籍出版社出版了大型画册《梅韵兰芳——梅兰芳八大经典剧目写真》，算是了却了尹福康和赵家璧半个多世纪以前的心愿。画册出版后，尹福康还惦记着赵家璧，说这本书是"对赵家璧先生在天之灵最好的告慰"。

在这些出版的图书中，最值得一提的是与摄影理论有关图书的出版。当时在中国，摄影是一门特殊的技艺，人才非常匮乏。为了让更多热爱摄影的人有机会学习到这门技术，赵家璧开创性地出版了摄影理论图书。这些图书中一部分是引进本。因为政治原因，只能引进苏联和民主德国的，共 12 本。还有一部分是编辑部自己组织各类专家编写完成的，内容涉及摄影技术的方方面面，从原理到光学到造型到冲印显影等，还将当时使用比较多的农业摄影和风景摄影单独组稿成书，供使用者参考。这套摄影图书刚一出版就受到热情的关注，许多高校将它们作为教材使用。这种情况一直持续了 20 年。为摄影作出的这些贡献，让赵家璧当上了中国摄影家协会的常务理事。

1955 年初，华东人民美术出版社正式改名为上海人民美术出版社，沿用至今。凑巧的是，1956 年 1 月，晨光已经并入的新美术出版社，又并入了上海人民美术出版社。赵家璧与晨光，转了一个大圈，又成为了一家。1956 年，赵家璧当选为上海市第一次人民代表大会代表。可见，他的成绩是有目共睹的，大家并没有把他当成"罪人"。虽然工作非常顺利，同事之间相处也非常融洽，不过赵家璧不断提醒自己在选题上必须保持非常清醒的头脑。何况，他本来就不属于"根正苗红"的一类。生活和工作都安顿下来了，他只想安安静静做出版，多出好书以飨读者和人民。只是，他钟爱一生的文学出版事业，就此放下，再也没能拾起。一些他熟悉的老作家也相继搁笔观望。但他心里还是有希望的，"中国新文学大系"的第二辑第三辑、《老舍全集》、《志摩全集》……有一天能在自己手上完成。

然而，在一个麻烦不断的年代要想独善其身是不可能的。1957年，政治局势骤然紧张起来，一大批人被错划为"右派分子"。赵家璧在上海人美社的美好日子一去不复返了。

第三节 遗憾的结局

上海人美社的气氛跟着国家的政治气氛一同紧张起来。赵家璧虽然没有被定为"右派分子"，但也被剥夺了做出版工作的权利。"赵家璧同志"变成了"赵家璧先生"，被定为剥削劳动人民的资产阶级。昔日友好的同事们开始有意躲开他，还有一些人则开始利用他。他因此还违心地去劝过好友马国亮，让马早日低头认罪。他以为自己的一再退让妥协，就能保得住平安。但事情的发展很快超出赵家璧能够承受的范围。

无事可做的赵家璧，开始变得沉默寡言，整夜睡不着觉，目光呆滞。1958年，在化工部工作的堂弟，突然被诬告诋毁苏联专家，判处有期徒刑15年，给了赵家璧进一步的打击。极度的恐惧让他举止失常。看到大街上有汽车开过，就怀疑是来抓自己的。哪怕在家里，都把毛巾、牙刷等私人物品放在口袋，随时准备坐牢。家里人看出事情的严重性，带他去检查，居然是抑郁症。这名曾经为无数读者提供优秀精神食粮的出版人，此刻却只能借助药物来维持自己的精神状态。最严重的时候，他甚至需要用电击治疗。赵家璧在医院一住就是三个月，妻子一直陪伴身边照顾劝慰。老舍和巴金虽然自身难保，还是想尽办法劝解他。这些珍贵的情谊，加上及时得当的治疗，让他慢慢从心病中走出来，整个精神状态逐渐好转。同年，赵家璧进入了上海市政协。

1959年，已无大碍的赵家璧被安排进上海文艺出版社担任副总编辑，主管外国文学编辑部。实际上他并没有什么权利，不过是挂了一个虚职靠边站而已。老友钱君匋与他在同一个办公室办公。其实根本无公可办。在那个年代，不要说他，所有的知识分子都没有正常出书的权利，市场上根本不会允许除了苏联和少数几个社会主义国家之外的文学存在。那一时期，每个出版社的选题计划都要经过中央有关部门批准后才能实施，赵家璧所在的部门毫无疑问是重点审查对象。他那时主管出版的很多图书只印了少数几百册，限定在极小的范围内发行。他后来给冯亦代的信中就说"虽然有较长时间在外国文学部门挂个名，实际上当时对这方面的研究翻译工作，无人敢提倡，新的资料也弄不到手"①，对当时的情况讲得非常坦率。

这样的"优待"并没有持续太久。1966年5月，"文化大革命"爆发，毁书抄书成了常态，赵家璧这一次逃无可逃了。6月3日，赵家璧在出版社第一个被大字报点名宣布"靠边站"，头上戴了好几顶"帽子"：反动资本家、30年代文艺黑线人物等。出版社的红卫兵几乎在第一时间就到赵家璧家。幸运的是，红卫兵在他家里发现了几十封鲁迅的来信。因为毛泽东说过，鲁迅是革命的，所以这些信意外地保护了赵家璧没有受到更大的冲击。但是，他半辈子省吃俭用历经艰难积攒的藏书和名人字画，都被无情地毁于一旦。"一书柜的书信文稿和文献

①　上海鲁迅纪念馆编：《赵家璧文集》第5卷，上海文艺出版社2012年版，第40页。

资料全部抄走"。① 赵家璧看着一向整洁的家里只剩下满地狼藉，呆呆坐在地上，欲哭无泪。这个世界上，从来没有一种折磨比摧毁人的精神更加残酷和致命。在这样的痛苦之下，他还必须打起精神，给文化革命领导小组写信，交代自己的"自愿上缴"的藏书情况，并拟出书目供其审阅：

> 文化革命领导小组：
>
> 　　上星期日我已把家里所藏宣传资产阶级文艺思想、修正主义文艺思想和"三十年代文学"的中英文书籍和唱片整理编目，第二天把五本目录连同一封表示自愿全部上缴的信交给组织。昨天，又把上次没有时间而余剩下来的放在三楼的图书画册和字画等又进行整理编目，已全部完毕，分类写在一本目录册上，现在送组织审查。
>
> 　　这里共有中文书 98 册；英文书 141 册；日文书 7 册；英文外国杂志 95 册；美术画册书籍 90 册、4 函，小画片 75 套又约 80 张，大美术画片约 150 张（美术书画大部分是我在人美工作时出版社送我作样品参考的，其中部分都盖章）。合计大小 740 种，我完全自愿和上星期上报的 1700 种一起全部上缴。除应加销毁的以外，一部分可作本社资料室和美术组作反面参考资料或其他用。为了要求加速我的自我改造，与一切害人的书刊彻底决裂，我恳切希望组织上同意我的请求，早日通知我，由我把它全部车送到社。

---

① 赵家璧：《编辑忆旧》，中华书局 2008 年版，第 100 页。

我迫切地等候着领导的指示。

我另外藏有现代书画家的字画 23 件，也附在目录后面。

此致

革命的敬礼！

赵家璧

1966.9.5 ①

这些书信画册，是赵家璧一辈子的心血和积蓄，也是他几十年做出版的最好见证，现在却成了他的罪证。许多藏书和几百封信件，从此再也没有回到赵家璧手中。而在做着这一切、心里滴着血的同时，他还必须不断承认自己是"完全自愿全部上缴"。所以，他晚年反复念叨，这是他人生中莫大的悲哀。他的悲哀又何尝不是整个民族的悲哀，整个民族文化的悲哀！

唯一值得庆幸的是，他在 1954 年初，就把从日寇手中秘密夺回来的一整套《良友》画报上交给北京图书馆了。不然，这套珍贵的历史资料必定不能幸免。

就在写这封信大概半个月前，从朋友处传来了老舍投湖自尽的消息。他暗暗希望这个消息是误传，但也不敢写信向老舍的家属求证，因为牛棚中的赵家璧连写信都必须层层上报，毫无自由可言。过了几天，从北京文联过来搞外调的人证实了这一噩耗。赵家璧心中十分悲痛悔愧，当年他也曾写信劝老舍从美国回来啊！但是，此时的他，却连一篇悼念文章都不敢写。就在几年前，老舍还曾经写了一首《春

---

① 上海鲁迅纪念馆编：《赵家璧文集》第 5 卷，上海文艺出版社 2012 年版，第 346 页。

游消逝·赠赵家璧》送给他。诗中写道："桃花红映锦江边，江上相逢又五年。酒热茶香谈笑里，相期干劲倍冲天"，以示相互勉励之情。当年的一个作家和一个编辑，现在只剩下他了。

谁也不知道形势发展下去还会有什么新的折磨。妻子陆祖琬，这个一辈子站在他身后的女人，勇敢地站了出来，努力保护濒临崩溃的丈夫和随时可能被扫地出门的家人。新中国成立后她在社区的居委会工作，还教群众识字，人缘很好。这段不长的经历，让她比赵家璧对情况的发展更加敏感，也知道如何尽量变被动为主动。她很快意识到必须要主动做点什么，积极表现，才有可能保护自己和家人免受更大的伤害。她主动找到房管部门，要求缩小房屋的居住面积。与其等到被赶出门去无家可归，不如自己搬走。当时四个儿女都不在身边，赵家璧和母亲、妻子，还有内弟媳，四个老人肩挑手扛，把所剩无几的家具细软搬到了大陆新村。赵家璧刚得知被安排在大陆新村居住时，心里一阵激动：这里虽然没有原来的住处宽敞热闹，但就在鲁迅先生的故居旁边啊！这种巧合冥冥之中给了他莫大的勇气和信心，帮助他挺过这场劫难。

可惜的是，他年迈的寡母没有挺过来。他们搬到大陆新村后，每天的生活都胆战心惊，到处都是批判他和家人的大字报，一出门就遭受无理谩骂。他的母亲被定为"地主婆"，在83岁高龄的时候被勒令离开上海。年迈多病的母亲那时已经无法走路了，硬被抬回松江老家，不久便去世了。赵家璧作为独子甚至没有能力为母亲操持一场体面的丧礼，让老人入土为安。为母亲养老送终，对已过花甲之年赵家璧来说，已然成为一种奢侈。

1969年4月28日，赵家璧得到"解放"，随即被发配到上海市新闻出版五七干校。所谓的干校，就是在原来的芦苇荒滩上建起来的一排排简易住房。干校一共有几十个连队，几千号人。大家白天在一起劳动或者学习，晚上学习或者批判，远远看去，还真有一番"热火朝天"的景象。因为大家的遭遇都差不多，谨言慎行的赵家璧在其中实在算不上"拔尖"的，所以他的日子反而比在家里平静踏实一些。相比进干校前家里那些提心吊胆的日子，赵家璧甚至觉得这里安全很多。他是一个没有太多棱角的人，更不激进，所以在这几千号人里面并不扎眼，也少了很多麻烦。一开始，他对干校的体力劳动不太适应，毕竟从小没有做过农活，长大也没有什么体育锻炼，现在已经年过六旬。好在他身体基础不错，又从不挑三拣四，就连挖大粪的差使也不推辞，不顾安危跟着工人师傅们在被戏谑为"远东第一大粪坑"的地方劳动，坚持着也就做下来了。这双拿了一辈子笔的手，默默地无奈地拿起了粪勺。在一次劳动拉练的时候，他不慎将腿摔伤。经过治疗，他虽然可以走路了，但腿伤却再也没有痊愈，成为困扰他晚年生活的一大顽疾。

肉体的痛苦丝毫不能冲淡精神的折磨。时间一长，让家里人一直非常担心的事情发生了：他的精神再一次崩溃。长期积累的恐惧让他无法入睡，不停胡思乱想。家人向工宣队说情，他又一次到精神病院接受治疗。

一河之隔的是上海电影干校。昔日意气风发的知识分子、电影演员、主持人等，都聚集在这里荒废着自己的年华。好友马国亮就在电影干校。放各类宣传影片时，两个干校经常会合在一起，他们还能见上一面，聊几句。不过，谁也不敢聊自己心里的话。他们只能在心里彼此关心互相鼓励，期待这场闹剧早日结束。

最让赵家璧不能适应的是各类检举揭发和批判。赵家璧不是党员，很久之前，他就和巴金等好友约好了"不入党、不参军、不从政"的处世方针。他一生都用一个"做出版的人"来定义自己。他无法明白为什么一向以"实事求是"要求自己的党派会这么热衷这些空穴来风的事情和无中生有的造谣。他能做的就是尽量少说话，多做事，不引起人们的注意。

可能就是在这一段时间里，他留下了毕生的另一个遗憾：与巴金的关系。具体详情，因为当事人都已经故去，不得而知。巴金是赵家璧编辑生涯中非常重要的作者，也曾在危难时对他伸出援手。对此，赵家璧全家都感激不已。可是，赵家璧的回忆文章中，专门写巴金的只有一篇，题名《巴金与"良友"》。他回忆老舍的文章题名《老舍和我》。相比之下，看得出来与巴金生分了不少，客气了不少："我"是私，"良友"是公。文章中写道：

> 八十高龄的巴金，这次不远千里，飞往香港接受中文大学授予他的荣誉博士学位，引起香港文艺教育界一阵"巴金热"，这是意料所及的。马国亮来信，说巴金在百忙中在宾馆单独接见他和香港《良友》画报编辑部的两位编辑，晤谈甚欢。巴老不忘旧情，古道可风；这使我追怀往事，感愧交集。回忆三十、四十年代，巴金曾大力支持上海良友的出版事业；画报同人要我略谈梗概，这是我应当做而且乐意做的。
>
> ……
>
> 如果按这个题目放开写，给我十倍篇幅也说不完。在此带往，就算向香港和海外读者作个简略介绍。最后，让我和

香港《良友》画报全体同人一起馨香祷祝，祈愿巴老健康长寿！①

可见，即便这篇文章，也是"画报同人要我略谈梗概"的情况下才写的，并非赵家璧主动为之。而且他也承认，如果放开写，有很多可以写的，不过他终究再也没有写一句。文章的最后，赵家璧对巴金的祝福，虽然话语很短，但感情真挚。我们还注意到，文章中有一个词语"感愧交集"。赵家璧究竟"愧"在何处呢？据赵家璧子女后来推测，赵家璧可能在"文革"期间被迫写过巴金的大字报或者有类似检举揭发等举动，损害了两人之间的友谊。这个行为深深伤害了巴金，两人一直没有恢复往来，更别提达成谅解。巴金曾对人说过："赵家璧也来信要来看我，我赶快回信，劝他不要来。我说，你来了，恐怕我的孩子会把你打出去！"② 所以，赵家璧生前嘱咐子女多次，如果巴金去世的时候他已经不在了，四个子女必须要给巴金送花圈。赵家璧一生为人的坦荡也由此可见一斑，既不为自己护短，也不为自己辩解。本来在那样可怕的环境下说几句违心的话，做一些违心的事，也是情有可原的。巴金去世的时候，赵家璧已经不在人世，四个子女遵从父亲遗愿，敬献花圈，以表哀悼。

1972 年 4 月，64 岁的赵家璧从干校退休回家。虽然只能领一半的退休工资，但终于拥有了人身自由。比起很多人，他算"被优待"的了。但他居然不想走！原因很简单：干校新成立了翻译组，他想去

---

① 赵家璧：《文坛故旧录》，中华书局 2008 年版，第 131 页。
② 黎丁：《编辑手记——设计赵家璧先生的几件小事》，载上海鲁迅纪念馆编：《赵家璧先生纪念集》，上海文艺出版社 1998 年版，第 57 页。

那里"哪怕做点资料工作也好"。① 而他的要求却被误以为是舍不得另一半工资，遭到斥责。万般无奈之下，赵家璧只好退休回家。

回家后的赵家璧深感有力无处使、闲得心里发慌。他对家人说："我母亲活到85岁，我如果和她一样，那还有20多年要活，天天待在家里无所事事，这日子怎么过呀！"② 家里人也无计可施，只好多加劝慰。

幸运的是，就在他遵照家人嘱咐四处闲逛的时候，碰到了原上海市政协副秘书长寿进文。两人在大街上偶然相遇，分外惊喜。更让赵家璧激动不已的是，寿进文当时正在筹备一个编译组，召集一些有能力的老政协委员做一些翻译工作。寿进文知道赵家璧英文好，又有那么多年的文字工作经验，堪当此任，诚邀他一起发挥余热。赵家璧想都没想就答应了，这可是他求之不得的好差使啊！

寿进文提醒他："这可是一件既无名又无利的工作喔！"③

赵家璧笑着回答说："我们这些旧知识分子，有时候确实是又要名又要利；但有时候也只想不让自己闲着，只求精神上有所寄托罢了！我一定参加。"④

几天之后，他开始到上海市政协去"义务劳动"。虽然是不拿钱不署名的，但大家一点也不马虎。因为翻译的书多少带有一定的政治性，所以大家都非常自觉地对外界守口如瓶。赵家璧终于又有机会发挥自己的才智了。他每天起早贪黑，自己贴笔墨钱，用几乎一个月的

---

① 赵修慧：《他与书同寿》，中国出版集团东方出版中心2009年版，第168页。
② 赵修慧：《他与书同寿》，中国出版集团东方出版中心2009年版，第168页。
③ 赵修慧：《他与书同寿》，中国出版集团东方出版中心2009年版，第169页。
④ 赵修慧：《他与书同寿》，中国出版集团东方出版中心2009年版，第169页。

工资自费买工具书，连房租都顾不上交，忙得不亦乐乎。家里人看他每天这样精神抖擞，也都替他高兴。他屡次拒绝一些政协委员让他加入民主党派的邀请，专注于翻译工作。一起在翻译小组工作的知识分子们，彼此尊重，互相商量，这种民主和谐的氛围也让赵家璧找回了属于"人"的尊严。"这乃是他从'文革'开始后，朝思暮想又求之不得的顶顶开心的事情。"①他自己也说："我这个长期靠边受尽欺辱的'牛'，忽然在这里又受到了人的待遇，当时真有说不出的感激之情。回头往往这座巍峨的白色大厦，它仍然是我们旧知识分子的家。"②所谓的"巍峨"，其实是赵家璧心里的感觉。

他们翻译的第一本书是斯诺的著作《漫长的革命》，赵家璧一人就负责翻译了三分之二的篇幅。他的工作受到了同行的肯定。多年来习惯了被批判的赵家璧此时简直觉得受宠若惊了。友人和亲人们的鼓励与支持给了赵家璧巨大的动力，也激起了他更加充沛的翻译热情。

"文革"时期，曾经有极左分子提出过：工人阶级不在自己生产的钢铁上署名，知识分子为什么还要在书上署名呢？明显的无稽之谈却得到了许多人的追捧，使得不少知识分子心有余悸。在政协工作期间，每部书稿都是大家共同努力的结果，署名上也确实存在一些麻烦。经过商量，大家一致同意以"伍协力"署名。"伍"是沪的谐音，"协"代表上海市政协，"力"表示群策群力，一起努力的结果。赵家璧被融化在"伍协力"中，工作了七年，翻译了几十万字的作品。虽然稿酬甚少，但他"感到无比的安慰和自豪，感到自己还在为人民服

---

① 赵修慧：《他与书同寿》，中国出版集团东方出版中心2009年版，第169页。

② 赵家璧：《书比人长寿》，中华书局2008年版，第73页。

务，没有把自己的生命白白浪费掉"。[①] 早年赵家璧因为热爱编辑工作，专心做出版，放弃了做一个图书翻译家的机会；到晚年，上天垂怜，又让他重拾了早年做外国文学翻译的梦想。

---

① 赵家璧：《书比人长寿》，中华书局 2008 年版，第 73 页。

春天里的夕阳红

　　一场浩劫，十载艰险。历史的车轮不会因为任何人任何事，做哪怕稍微多一刻的停留。就像雪莱诗中所说："冬天来了，春天还会远吗？"只是这个春天对某些人来说可能来得迟一点，而有些人，却等不到了。比如多年前曾经想把他从良友挖走的翩翩公子邵洵美，将他引荐给鲁迅和许多进步作家的郑伯奇，《中国新文学大系·散文一集》的主编周作人，与他"相见以诚"的老舍……赵家璧甚至替英年早逝的徐志摩感到一丝无奈的庆幸：如果他活着，一定也是熬不过去的。

　　春天来临的时候，赵家璧已经是一位70岁的老人了。

　　不论从哪个角度看，赵家璧的晚年都是幸

福的。因为，他等到了春天，虽然过程是那么的艰难。在祖国飞速发展的春天里，赵家璧的晚年迎来了无比绚美的夕阳红。

他在晚年尽享天伦之乐。中国人最推崇的少年夫妻老来伴、儿女双全、四世同堂，赵家璧都得到了。

赵家璧好客，家里经常有好友聚会。客人也好他，因为他家有厨师级的贤妻。很多许多年都不见面的朋友，时常来信都会提到陆祖琬的做饭手艺，念念不忘。陆祖琬没有林徽因的阔气，组织不起"太太的客厅"，但她用南方女子特有的能干贤淑，吸引着客人们。赵家璧也因此有了更好的人缘。

陆祖琬本来出身富贵之家，受过新式教育，但为了支持赵家璧的事业，她几乎终身没有参加过正式的工作，默默地打点好家里的一切。赵家璧风光满面踌躇满志的时候，她站在一旁温婉大方，举止得体；赵家璧失意落魄的时候，她没有一句怨言，可以带着孩子们去摆地摊维持生计，也可以日夜守候着精神崩溃的丈夫耐心劝解不离不弃，还可以拿起扫帚替婆母扫大街……在她的眼里，似乎就没有过不去的日子。她爱丈夫，爱屋及乌，也爱丈夫的事业。重庆时期，赵家璧执意做朝不保夕的出版，陆祖琬没有劝过一句。在抗日战争时期大家都同样困难的条件下，她努力让家里吃的穿的都是最精细的。抗战胜利回到上海后，赵家璧在《前线日报》拿着高薪，全家人过得特别殷实，可是他还要做出版。当他告诉陆祖琬老舍提出的合作方式时，陆祖琬为他高兴，哪怕这个决定意味着要变卖祖产，掏空积蓄，放弃刚刚得到的上海贵妇人生活。即便在赵家璧被打为"牛鬼蛇神"的时候，他依然是妻子眼中无比"金贵"的丈夫。每次从干校放假回家，等待他的都是精心准备的饭菜和熨烫一新的衣服。回家前，干校的学员们看着赵家璧把脏衣服打包带走，眼里满是羡慕之情：这个人怎么这么好的福气啊！多少夫妻为了自保早已反目成仇，他的妻子居然还舍不得让他自己洗衣服！

每一个成功的男人背后都站着一个贤惠的女人，这句话用在赵家璧身上再合适不过了。赵家璧同样回报给妻子自己的深情厚意：一心一意，相守70年，直到生命的最后一刻。赵家璧生活的年代里，文人们传出些风流韵事，甚至抛弃原配都是比较稀松平常的。赵家璧身边的许多人包括一些知名作者都是这样，而赵家璧一生只有一个爱人。这在从民国走过来的文人里，绝对算是凤毛麟角。稳定幸福的家庭，给赵家璧更多的时间和精力发展自己的事业。赵家璧一生的作者数不胜数，而爱人只有一个——妻子陆祖琬。

他们一共养育了三子一女。"文革"中，为了保护儿女，他与妻子唯一能做的就是尽量不与孩子们来往，压抑自己的爱护之情。风暴结束后，四个子女虽然并不都在一处，但关系融洽，往来密切。尤其能给他带来安慰的是女儿赵修慧。女儿为了照顾老两口，特意与丈夫一起搬到大陆新村。身为医务工作者的女儿退休后，成为赵家璧不拿薪水的专职保姆、护士和秘书。赵家璧晚年因为这个"贴心的小棉袄"更加幸福。他不知道的是，他去世后，60多岁的女儿为了帮他继续整理回忆录、记录他的生活轨迹，戴着老花镜开始学习用电脑写作和收发邮件。今天，他女儿的电脑里还搜集有大量的照片。合影照片中的很多人她都不认识，但只要来了客人，她都会打开电脑，一一请教。如果有谁知道照片的背景了，她就特别高兴，连忙记在电脑旁边的小本子上。这个小本子已经密密麻麻写了好多页。

赵家璧晚年最重要的工作就是写回忆文章。他最早的回忆文章是应报刊社之约，写的是有关鲁迅的。赵家璧从 1977 年开始动笔，没想到这一写就无法停笔了。人民文学出版社向他约稿，1981 年在鲁迅诞辰 100 周年时，结集赵家璧这些年来写的纪念鲁迅的文章，出版了《编辑生涯忆鲁迅》一书。他的回忆之门如同开闸的洪水般滔滔涌来。他开始写伍联德、郑伯奇、老舍、蔡元培、胡愈之、徐志摩、茅盾、郑振铎、耿济之，写"一角丛书"、"良友文学丛书"、"中国新文学大系"、"晨光文学丛书"……就这样，他在晚年完成了近百万字的回忆文章，不断发表在各类报纸杂志上。其中结集出版成书的就有 60 多万字。每一篇文章不仅凝聚着他对往昔的追忆，而且处处可见他一丝不苟的精神。赵家璧的儿子赵修义回忆："每一篇文章，他都要查找许多资料，发出许多信件，核实情况。"① 除了《编辑生涯忆鲁迅》外，他的《编辑忆旧》1984 年由上海三联书店出版，《文坛故旧录：编辑忆旧续集》1991 年也由上海三联书店出版。《书比人长寿：编辑忆旧集外集》中收录了以前没有收录的许多文字和作者作为编辑一生为许多图书写的序跋，2008 年由中华书局出版。同年，上海鲁迅纪念馆出版了四卷本《赵家璧文集》，里面除了搜集一些回忆文章外，还搜集了他的部分译著。这个为别人做了一辈子编辑，一辈子想编一本作者全集而未得的出版人，在去世十年后有了自己的文集。这些文字不仅记录了他个人的事业轨迹，也记录了那个时代的出版史和文学史，还总结了自己编辑工作的一些经验教训留供后人参考。直到今天，许多研究民国出版史、《良友》画报、编辑工作、现代文学的人，都将他的回忆录列为重要参考书目。远在美国的费正清也非常重

---

① 上海鲁迅纪念馆编：《赵家璧先生纪念集》，上海文艺出版社 1998 年版，第 254 页。

视他的文章。《出版〈美国文学丛书〉的前前后后》一文在 1980 年第 10 期的《读书》杂志上发表后，费正清给赵家璧写了一封信，信中写道：我深信刊印的书籍的价值，比起人来，更为长寿。"书比人长寿"，成为赵家璧晚年经常说的一句话。

他晚年生活还有一项重要内容就是参加各类会议。从 1979 年第四次文代会和出版工作者协会开始，他和他的成绩再次受到人们的景仰。他虽然此时已经不再从事一线的出版工作，但依然利用这些机会为一些重要图书的出版和重新面世奔走呼告。《老舍文集》的出版，"中国新文学大系"的续编和《良友》画报的影印出版等，都有赵家璧的功劳。1984 年，赵家璧作为中国出版代表团的一员出访日本。他在异国他乡见到了昔日上海的内山家族成员，参观了内山书店。1985 年，光华大学校友会在上海华东师大科学会堂成立，赵家璧应邀出席并发表了感想。他还有幸见到了曾给《晨曦》许多帮助的两位顾问老师：潘序祖和沈昭文。作为杰出的光华人，在 2015 年华东师大档案馆编撰出版的为纪念光华大学成立 90 周年的图书《光华大学：90 年 90 人》中，赵家璧荣列其中。1986 年，赵家璧以正式代表身份出席了中国出版工作者第二次代表大会。1990 年 11 月，82 岁高龄的赵家璧以上海文艺出版社副总编辑的身份获得第二届韬奋出版奖，位列第一。这是中国出版界最高层级的奖项，是对赵家璧一生出版成就的莫大肯定和褒扬。1990 年第 12 期《出版工作》在介绍获奖人的时候，用了这样的文字：

赵家璧，男，1908 年生。1932 年起历任上海良友图书印刷公司编辑、主任、副总经理兼总编辑。1947 年创办晨光出版公司，任经理兼总编辑。建国后，历任上海人民美术出版社、上海文艺出版社副总编辑。他是我国知名的编辑家、出版家。

赵家璧同志终身从事出版工作，热爱出版事业，极富创新精神。善于选题组稿，切合时代步伐。在组织编辑系列化丛书方面，尤有独到之处。三四十年代，他组织编辑出版了"一角丛书"（80 种）、"良友文学丛书"（45 种）、"中国新文学大系（1917—1927）"（10 卷）、"晨光文学丛书"（40 余种）、"晨光世界文学丛书"（24 种）、"良友文库"（16 种）、"万有画库"（40 余种）等，对新文化运动的文学出版工作作出了很大的贡献。他主持出版的图书，在定价、开本、装订、发行方式等方面，也别具一格。党的十一届三中全会以来，他对出版事业发展积极提出意见，热心出版学术活动，勤奋撰写回忆录，出版有《编辑生涯忆鲁迅》等。①

这些文字高度概括总结了赵家璧一生的主要出版活动和贡献。赵家璧生前最喜爱的一本书是俄国出版史上最著名的出版家绥青的回忆录《为书籍的一生》，而这个书名也恰恰是赵家璧本人的真实写照。

1991 年 9 月 10 日，新中国的第六个教师节，对赵家璧来说显得非常特别。他一大早就与老友一起来到上海锦江饭店，这里将要举行的是《良友》画报创刊 65 周年庆祝酒会。"文革"结束后不久，伍联德的长子伍福强在香港复刊了《良友》画报。马国亮也应邀同往。

---

① 佚名：《第二届韬奋出版奖获奖人简介》，《出版工作》1990 年第 12 期，第 6 页。

参加酒会的一共有各界名流 300 多人。赵家璧看着如此盛大的场面，如同坠入了时光机器，60 多年前的一幕一幕如幻灯片一样在眼前播放。真正物是人非啊！这也是他一生中参加的最后一次大规模会议。

赵家璧生命中的最后几年一直没有离开大陆新村。他放弃了组织上让他搬迁带电梯的新居的机会，宁愿每天拖着做了手术的病腿上下三楼。因为大陆新村离鲁迅公园非常近，他舍不得离开鲁迅，舍不得远离自己那段风华正茂做出版的回忆，还有那些已经作古或者远在他乡的作者、朋友、同人们。没有人知道，这位经常在鲁迅塑像前一坐大半天的老人，内心正在经历怎样的波涛起伏。

1997 年 3 月 12 日，赵家璧在上海辞世，享年 89 岁。子女们按照他的遗愿，将他安葬在无锡青龙山麓，母亲和妻子都在那里等着他。

赵家璧晚年一直对精心搜求的藏书和各类重要资料的去向犯愁。他多次对子女说，"我编的那些书……还是交给国家好"，"希望集中保存，不要分散"。① 经过多方协调奔走，半年后，子女们将赵家璧 20 世纪 80 年代以后陆续收集的所有藏书、文稿、书信和使用过的工作生活用品，全部无偿捐赠给上海鲁迅纪念馆，完成了赵家璧晚年最后一个心愿。

"据初步统计，此专库内有：书籍 2900 余册、期刊 130 余册、文稿 116 份、友人书信 1360 余封，家具、写作与生活用品 49 件，聘书、证件、照相册、画册等 146 件，照片、剪报、复印资料等 500 余件，合计 5200 余件。赵家璧专库的文物资料，是中国新文化出版事业及

---

① 上海鲁迅纪念馆编：《赵家璧先生纪念集》，上海文艺出版社 1998 年版，第 257 页。

改革开放的宝贵财富，对研究中国现代文学、出版和国际文化交流的历史，都具有重要的文献与学术价值。"[①]上海鲁迅纪念馆为此专门筹划设置了"朝华文库"。生前好友、著名书画家钱君匋挥笔书就了"赵家璧专库"五个大字。"赵家璧专库"成为"朝华文库"的第一个专库。赵家璧以另一种方式与他最最崇敬的导师鲁迅先生永远在一起了。而他留给后世的，除了这些可以计数的有形物品外，更多的是无法衡量的、足以让任何一个后辈编辑出版人艳羡不已的宝贵精神财富。

---

① 凌月麟、周国伟：《"书比人长寿"：赵家璧专库述评》，《上海鲁迅研究》2008 年秋季刊，第 136—137 页。

与郑伯奇（右）合影（1960 年）

与马国亮（左）合影（1984 年）

与冰心谈天（1985 年）

与范用（右）谈工作

赵家璧在书房中

译《奥德赛本事》，载《晨曦》第 2 卷第 1 期。

撰《青年之自杀问题》（笔名赵筱延），载《晨曦》第 2 卷第 1 期。

11 月，被推选为《晨曦》主编。

1927 年　19 岁

撰《卷头语》、《编辑余谈》，载《晨曦》第 2 卷第 2 期。

冬，初识徐志摩。

1928 年　20 岁

撰《谈嚣俄和他的哀史》，载 1 月 9 日《申报》。

撰《易卜生百年诞辰纪念》，载 3 月 17 日《申报》。

撰《易卜生作品的三个时期》，载《光华周刊》第 3 卷第 2 期。

撰《汤麦斯哈代》，载《光华周刊》第 3 卷第 3 期。

任毕业纪念册《光华年刊》的印刷负责人。接触良友图书印刷公司。

9 月，入光华大学，主修英美文学专业。

初识伍联德，受邀任《中国学生》副主编。

1929 年　21 岁

主编《中国学生》。第 1 期与明耀五合编。第 2 期起独自担任主编。

撰《天堂的梦游》，载《中国学生》第 1 卷第 2 期。

撰《求学与求侣》，载《中国学生》第 1 卷第 3 期。

撰《沉默》，载《中国学生》第 1 卷第 4 期。

撰《为搜集学校图书馆文稿照相启事》，载《中国学生》第 1 卷第 4 期。

撰《湖上》，载《中国学生》第 1 卷第 4 期。

撰《五月》，载《中国学生》第 1 卷第 5 期。

撰《永别》，载《中国学生》第 1 卷第 6 期。

撰《最后一步》，载《中国学生》第 1 卷第 6 期。

撰《故园》，载《中国学生》第 1 卷第 7 期。

撰《理想天堂》，载《中国学生》第 1 卷第 9 期。

撰《编者与读者》2 篇，分载《中国学生》。

撰《编者的话》8 篇，分载各期《中国学生》。

撰《中国之人口统计》，载《光华周刊》第 3 卷第 5 期。

1930 年　22 岁

撰《一年》，载《中国学生》第 2 卷第 1 期。

撰《编者的话》12 篇，分载《中国学生》第 2 卷第 1 至第 12 期。

1931 年　23 岁

撰《名著介绍》，载《中国学生》第 3 卷第 1 期。

撰《编者的话》6 篇，分载《中国学生》第 3 卷第 1 至第 6 期。

撰《最后谈话》，载《中国学生》第 3 卷第 8 期。后《中国学生》停刊。

10 月，受胡愈之鼓励，决心将编辑工作作为终生的职业。

11 月 19 日，徐志摩遇难。撰《写给飞去了的志摩》。8 天后，出版志摩遗作《秋》。

主编"一角丛书"：

9 月，《今日四大思想家信仰之自述》、《史太林传》（赵家璧以笔名方仲益节译）、《不开花的春天》、《生命知识一瞥》、《沈阳事件》、《人生之价值与意义》，撰《〈一角丛书〉编前》，载"一角丛书"第 1 种；

10 月，《被当作消遣品的男子》、《五年计划的故事》（以笔名张方文翻译）、《东北抗日的铁路政策》、《东北事变之国际观》；

11 月，《子平术》、《李师师》、《秋》、《欧美现代作家》；

12 月，《生活的味精》、《俄对峙中的中东铁路》、《国际联盟理事会之剖视》。

撰《中国大学之清算》，载《全国大学图鉴》，良友图书印刷公司 1931 年 1 月初版。

编著《全国大学图鉴》（良友图书印刷公司 1931 年 1 月初版）。

撰《〈予且随笔〉序》，载《与且随笔》（良友图书印刷公司 1931 年 7 月初版）。

撰《克拉克小姐与两诗人》，载《良友》画报第 55 期。

1932 年　24 岁

5 月，任良友图书印刷公司的文艺部主任。

夏，从光华大学英国文学系毕业。

9 月，结识鲁迅，并为"良友文学丛书"向鲁迅约稿《新俄作家二十人集》。听从鲁迅建议，对"良友文学丛书"的版式做了很多改进。

继续主编"一角丛书"：

1 月，《最近世界经济恐慌真相》、《老毛的日记》、《白里安传》、《苏维埃式的现代农场》、《谈心病》；

2 月，《芙小姐》、《文人趣事》、《第二次世界大战》、《现代兵器》；

3 月，《空闲少佐》、《美俄会联合战日否?》、《浮世画》、《希特拉》（以笔名方仲益翻译）、《国防十年计划》；

4 月，《溥仪正传》、《日本的汎系运动》、《法网》、《苏俄的新妇女》；

5 月，《创作与生活》；

8 月，《战后之中外财政》、《第二次五年计划》、《洛桑会议评价》、《恶行》；

9 月，《高尔基传》、《苏联的音乐》、《从岳阳到萍乡》、《宽城子大将》、《什么是法西斯蒂》；

10 月，《新闻大王哈斯特传》、《神经衰弱症》、《丽丽》、《恋爱教育》；

11 月，《歌中之歌》；

12 月，《苏联的机构》。

撰《送葬途中》，载 12 月 18 日《申报》。

撰《伟人与死》，载 12 月 26 日《申报》。

撰《悲剧的绵延》，载《良友》画报第 59 期。

撰《中国兵》，载《良友》画报第 65 期。

撰《歌德与维特》，载《良友》画报第 66 期。

撰《溪口归来》，载《良友》画报第 69 期。

译《东方，西方与小说》，载《现代》第 2 卷第 5 期。

1933 年　25 岁

5 月，出版"良友文选"4 本。

6 月，冒险出版已经被捕的丁玲尚未完成的作品《母亲》，收入"良友文学丛书"。

出版《苏联童话集》4 本：《阳光底下的房子》、《白纸黑字》、《钟的故事》、《童子奇遇记》。

继续主编"一角丛书"：

1 月，《中苏复交问题》、《马可尼传》、《英美不免一战》、《灰色之家》；

2 月，《月经的迷信及其传说》、《动荡中之中国农村》、《脊背与奶子》、《日俄渔业争霸战》；

3 月，《红与黑》、《特克诺克拉西》、《北京人》、《慷慨的王子》；

4 月，《兴登堡》、《巴比塞评传》、《苏联的演剧》、《烟和酒》；

8 月，《中国音乐史话》；

9 月，《伴侣婚姻》、《西泠的黄昏》、《绘画欣赏》；

10 月，《计划经济》、《苏联的教育》、《在潮的神庙》；

11 月，《现代意大利文学》、《归宿》、《妊娠的传说》；

12 月，《黑人文学》、《定县平民教育》、《凯末尔评传》(以笔名修仁翻译)。

主编"良友文学丛书":

1月,《竖琴》、《暧昧》、《雨》、《一年》;

3月,《一天的工作》;

5月,《剪影集》;

8月,《母亲》、《离婚》。

9月,主编《木刻连环画故事》(4种):《一个人的受难》、《光明的追求》、《我的忏悔》、《没有字的故事》。

撰《映画〈春蚕〉之批判:小说与电影》,载《矛盾》月刊第2卷第3期。

撰《朋友的哲学》、《天堂梦游》、《湖上》,载《四年》(良友散文选)(良友图书印刷公司1933年5月初版)。

撰《萧伯纳》,载《现代》第2卷第5期。

撰《沙皇网下之高尔基》,载《现代》第3卷第1期。

撰《勃克夫人和黄龙》,载《现代》第3卷第5期。

撰《〈子夜〉书评》,载《现代》第3卷第6期。

撰《帕索斯》,载《现代》第4卷第1期。

撰《瓣香草堂随笔》,载《良友》画报第74期。

1934年　26岁

2月,"良友文学丛书"中的《竖琴》、《一天的工作》、《母亲》和《一年》遭到查禁。赵家璧据理力争,以删除《竖琴》前记换取了四本书的正常发行。

8月,在良友编辑部第一次见到老舍。

萌发整理中国新文学作品想法,与郑振铎、阿英、施蛰存等人反复讨论"中国新文学大系"的编辑思路,分别确定各集主编人选。邀请蔡元培为"中国新文学大系"作总序。

继续主编"良友文学丛书":

9月,《记丁玲》、《赶集》;

10 月，《革命的前一幕》、《移行》、《欧行日记》；

11 月，《善女人行品》；

12 月，《虫蚀》、《话匣子》。

仿照商务印书馆"万有文库"，利用良友公司图画书的编辑出版优势，**主编"万有画库"：**

5 月，《第一次世界大战画史》、《日本人生活》、《英太子画传》、《狮之生活》、《夜之巴黎》、《健美的训练》、《世界人种装饰》、《希特勒画传》；

9 月，《世界摄影名作》。

撰《写实主义者的裴屈罗·斯坦因》；译《梅兰沙》，载《文艺风景》第 1 卷第 1 期。

撰《使我对文学发生兴趣的第一部书》，载《我与文学》（《文学》一周纪念特辑，生活书店 1934 年 7 月初版）。

译《雾》，载《文学季刊》第 1 卷第 2 期。

译《近代苏俄小说之趋势》（笔名筱延），载《文学季刊》第 1 卷第 4 期。

译《近代美国小说之趋势》（华尔德曼著），载《现代》第 5 卷第 1 期。

译《近代德国小说之趋势》（瓦塞曼著），载《现代》第 5 卷第 2 期。

译《西班牙小说之趋势》（蒲里契著），载《现代》第 5 卷第 3 期。

译《近代意大利小说之趋势》（皮蓝得累著），载《现代》第 5 卷第 4 期。

译《近代英国小说之趋势》（瓦尔普尔著），载《现代》第 5 卷第 5 期。

撰《美国小说之成长》、《怀远念旧的维拉·凯漱》，载《现代》第 5 卷第 6 期。

译《室内旅行记》（伊林著，笔名赵筱延），良友图书印刷公司 1934 年 11 月初版。

撰《一幕黄金的悲剧》，载《良友》画报第 86 期。

撰《肥皂泡上的人类》，载《良友》画报第 87 期。

撰《乌托邦》，载《良友》画报第 89 期。

1935 年　27 岁

1 月，出版《百科写真集》15 本。

3 月，在各大报刊刊登"中国新文学大系"的发售预约广告。亲自编写《大系样本》作为广告册页发行，并载入自己撰写的《编辑〈中国新文学大系〉缘起》。

8 月，着手编"世界短篇小说大系"，因战争丛书延迟出版，后因各种原因，终未能出版。

出版"人世间"丛书 5 本。

继续主编"良友文学丛书"：

3 月，《电》、《参差集》；

7 月，《车厢社会》；

10 月，《小哥儿俩》；

12 月，《残碑》。

主编"良友文库"：

3 月，《老残游记二集》、《夜航集》、《南国之夜》；

4 月，《尼采自传》、《火葬》、《艺术丛话》、《火线内》；

5 月，《圣处女的感情》；

7 月，《半农杂文二集》；

9 月，《父子之间》；

11 月，《怒吼吧中国》。

继续主编"万有画库"：

1 月，《今昔之比》、《神秘的印度》、《裸体园》；

6 月，《纽约一画夜》、《墨索里尼画传》、《西班牙斗牛记》；

8 月，《生死之间》；

10 月，《飞机的由来》；

11 月，《室内装饰美》、《帝王的没落》。

主编"中国新文学大系"（1917—1927）：

5 月 15 日，出版茅盾编选《小说一集》；

7 月 15 日，出版鲁迅编选《小说二集》；

7 月 30 日，出版洪深编选《戏剧集》；

8 月 15 日，出版郑伯奇编选《小说三集》；

8 月 30 日，出版周作人编选《散文一集》，郁达夫编选《散文二集》；

10 月 15 日，出版胡适编选《建设理论集》，郑振铎编选《文艺论争集》，朱自清编选《诗集》。

译《今日欧美小说之动向》（良友图书印刷公司 1935 年 1 月初版）。

撰《蔼理斯的忏悔》，载《文饭小品》第 2 期。

译《冒险》（安德生著），载《新小说》创刊号。

译《纸团》（S. 安德生著），载《译文》第 2 卷第 1 期。

译《美狄亚》（幼里披底斯著），载《世界文库》第 1 册（生活书店 1935 年 5 月初版）。

撰《安特生研究》，载《文学》第 5 卷第 2 号。

撰《海明威研究》，载《文学季刊》第 2 卷第 3 期。

编著《中国现象——九一八之后之中国画史》（与汪仑合作）（良友图书印刷公司 1935 年 4 月初版）。

撰《北行印象》，载《良友》画报第 108 期。

撰《海明威的短篇小说》，载《新中华杂志》第 3 卷 7 期。

1936 年　28 岁

7 月，出版《苏联版画集》，亲译《苏联的版画》一文载入其中。

10—12 月，出版"中篇创作新集"前 5 本：《旱》、《忏悔》、《泥腿子》、《鬼巢》、《老兵》。

11 月，出版曹靖华译作《苏联作家七人集》。

12月，出版自己主编的《二十人所选短篇佳作集》，并撰前记。

继续主编"良友文学丛书"：

1月，《雾》；

2月，《苦竹杂记》；

3月，《爱眉小札》；

4月，《孟实文钞》；

5月，《闲书》；

7月，《一个女兵的自传》；

8月，《燕郊集》、《四三集》、《新传统》（赵家璧著）；

9月，《打火机》；

11月，《新与旧》、《意外集》；

12月，《春花》。

继续主编"良友文库"：

1月，《乡长先生》；

2月，《拜伦的童年》；

4月，《说谎者》、《踌躇集》；

9月，《小珍集》。

主编"良友文学丛书特大本"4种：

1月20日，《畸人集》；

4月30日，《爱情的三部曲》；

5月1日，《从文小说习作选》；

7月30日，《苏联作家二十人集》。

继续主编"万有画库"：

2月，《金银的来历》、《空中的征服》；

3月，《拿破仑画传》、《伦敦的皇城》；

4 月，《意大利的儿童》、《苏联的儿童》；

5 月，《摩天楼》；

6 月，《秀兰·邓波儿》、《现代新兵器》、《百狗图》、《人兽之间》、《航海生涯》；

7 月，《稀见的飞禽》、《世界之花园》；

9 月，《理想的住宅》；

10 月，《五胎儿》、《回到自然》、《新德意志》；

12 月，《柏林世运会》、《德国的军备》。

继续主编"中国新文学大系"（1917—1927）：

2 月，阿英编选的《史料索引》出版，10 卷本"中国新文学大系"正式宣告完工。

译《分离》（梭洛各夫著），载《文学丛报》第 2 期。

撰《特莱塞》，载《文季月刊》第 1 卷第 1 期。

译《大屠杀》（高尔基著），载《文学》第 7 卷第 2 号。

译《论文学及其他》（高尔基著），载《文季月刊》第 1 卷第 3 期。

撰《从横断小说谈到杜司·柏索斯》，载《作家》第 2 卷第 1 期。

撰《从不肯说假话的鲁迅先生》，载《中流》第 1 卷第 5 期。

译《成熟》（休伍·安特生著），载《文季月刊》第 1 卷第 2 期。

撰《二十五年我的爱读书》，载《宇宙风》第 32 期。

1937 年　29 岁

出版《中篇创作新集》后 5 种：《春天》、《在白森镇》、《归来》、《窑场》、《绝地》。

出版"图画知识丛书"4 本。

出版《现代散文新集》5 本。

继续主编"良友文学丛书"：

1月，《河边》；

2月，《旋涡里外》；

5月，《烟云集》、《野火》；

6月，《在城市里》，曹禺编译的《戏》因战争原因未能出版。

继续主编"万有画库"：

5月，《德国之青年训练》、《兽皮之制造》；

6月，《东京市一撇》；

7月，《现代名画集——根据赫勃脱里特所选》。

撰《给一位中学朋友的信：关于读翻译书》，载《中学生》1937年7月号。

撰《过去一年中的翻译工作》，载《文学》第9卷第3号。

撰《友琴·奥尼尔》，载《文学》第8卷第3号。

撰《死城十日记》，载《文学》第9卷第3号。

译《普式庚之死》（克拉趣考夫卡耶著），载《译文》第2卷第6期。

撰《非应战即灭亡》，载《中流》第2卷第10期。

撰《明年的双十节》，载《烽火》第6期。

1938年　30岁

5月，良友公司宣布破产。赵家璧到上海光华实验中学任副校长兼英语老师。

10月，任《大美画报》主编。

12月31日，良友公司改名为良友复兴图书公司正式营业。赵家璧成为整个良友公司事实上的经理人。

撰《手》，载《文艺新潮》第1卷第3期。

1939 年   31 岁

2 月，《良友》画报在上海复刊，亲撰《"良友"十四年》载于复刊号上。

4 月，出版中苏友好协会编《苏联之儿童保护》。

5 月，出版臧克家著《乱秀集》（入选《现代散文新集》）。

9 月，出版了沈从文著的《记丁玲（续集）》，作为"良友文学丛书"的第 41 种。

1940 年   32 岁

1 月，出版何其芳著《还乡日记》（入选《现代散文新集》）。

3 月，出版姚蓬子等人著《浮士画及其他》。

5 月，开始出版郑振铎主编的《中国版画史》，到次年 12 月，共出 4 函 16 册。

10 月，出版收录蔡元培等人作品的《中国新文学大系导论集》。

撰《忆蔡元培先生》，载《良友》画报第 154 期。

1941 年   33 岁

出版"第二次世界大战"丛书，"耿译俄国文学名著"丛书。

7 月，出版张天翼的作品《一年》，列为"良友文学丛书"第 42 种。

12 月 26 日，良友复兴图书公司被日寇查封。

撰《上海出版界近讯》，载《现代文艺》第 4 卷第 1 期。

1942 年   34 岁

良友复兴图书公司正式宣布停业。化名先后逃亡武汉、长沙和桂林。到桂林后，继续经营良友复兴图书公司，任桂林良友复兴图书印刷公司经理兼总编辑，再版了很多"良友文学丛书"。

1943 年　35 岁

1 月，出版耿济之译《兄弟们（第一部）》。

2 月，出版张天翼著《在城市里》，收入"良友文学丛书"。

4 月，出版自己翻译的美国作品《月亮下去了》。

9 月，出版沈从文著《从文自传》。

11 月，出版赵君嶷翻译的法国作品《间谍的故事》，收入"双鹅丛书"。

撰《圣诞节的悲哀》，载《文艺先锋》第 2 卷第 4 期。

1944 年　36 岁

出版邬侣梅翻译的《日本还能支持多久?》。

出版马国亮著的《偷闲小品》。

出版欧阳予倩剧本《桃花扇》。

出版王家域著《不能忘怀的人物和纪念》，收入《双鹅丛书》。

出版端木蕻良作品《大江》。

1945 年　37 岁

3 月 1 日，在重庆再次建起良友复兴图书公司，任总经理兼总编辑。重版良友公司以前的图书。

6 月 24 日，参加茅盾 50 寿辰纪念会，得茅盾书稿襄助。

7 月，出版茅盾作品《时间的纪录》，收入"良友文学丛书"。

8 月，在重庆付排《我的良友（良友图书印刷公司创业二十年纪念文集）》（上册），撰写前言。

9 月，出版《日本投降纪念画片（一套）》，付排巴金《第四病室》，老舍《惶惑》、《偷生》。

签署出版《老舍》全集的合同。

签署"抗战八年中国新文学大系"编选合约。

签署《达夫文集》出版合约。

1946 年　38 岁

1 月，从重庆回到上海。《我的良友》在上海正式出版。出版《惶惑》、《第四病室》。

2 月，老舍临去美国前，提议与赵家璧一个作家，一个编辑，办一个出版社的设想。

因股权纠纷退出良友公司。不久后，良友公司退出历史舞台。

经马国亮引荐，在《前线日报》任副总经理。

9 月，成立晨光出版公司，继续出版事业。

11 月，开始出版"晨光文学丛书"，将老舍的《惶惑》和《偷生》、巴金的《第四病室》作为丛书的前 3 种出版发行。

1947 年　39 岁

3 月，出版林语堂等著《文人画像》。

10 月，出版赵清阁主编《无题集——现代中国女作家小说专集》。

出版萧乾主编《英国版画集》。

秋，在郑振铎的鼓励下开始筹备"晨光世界文学丛书"。

继续出版"晨光文学丛书"：

3 月，出版《寒夜》、《志摩日记》；

4 月，《微神集》；

5 月，《围城》；

6 月，《结婚》、《村野恋人》；

7 月，《大江》；

8 月，《卡拉马助夫兄弟们（1—4 册）》；

9 月，《猫城记》、《离婚》。

1948 年　40 岁

2 月，出版蔡若虹画《苦从何来》。

出版由中华全国木刻协会编并作序的《中国版画集》。

继续出版"晨光文学丛书"：

1 月，《赵子曰》、《老张的哲学》、《二马》；

2 月，《在城市里》；

3 月，《牛天赐传》；

4 月，《老牛破车》；

5 月，《春花》、《火葬》、《女兵自传》；

6 月，《引力》；

7 月，《珍珠米》；

9 月，《月牙集》；

10 月，《流亡图》；

12 月，《老舍戏剧集》。

1949 年　41 岁

3 月，开始出版"晨光世界文学丛书"。

5 月，当选首届全国文代会华东区代表，并出席会议。

6 月，出版"晨光文学丛书"之《微贱的人》。

9 月，开始出版"木刻连环图画丛书"，出版艾青等编选《西北剪纸集》。

应邀到北京出席第一次中华全国文学艺术工作者代表大会。

10 月，开始出版"苏联文学丛书"。

重印出版《苏联版画集》。

1950 年　42 岁

2 月，开始出版"新中国画库"。

3月，开始出版"苏联画库"、"工厂文艺习作丛书"。

春，任上海书业公会文教主任。后又担任文教委员会副主任委员，协助主办同业的讲习班。

7月，出版秦征作《红骡子（连环诗画集）》。

8月，出版王楠创作《小柱子》，开始出版"人民民主国家画库"。

9月，开始主编上海书业公会内部刊物《上海书讯》，共出版了7期。

9月15日，应邀参加出版总署在北京召开的第一届全国出版会议，在会上提出将晨光公司公私合营的要求，未被应允。

10月，出版《捷克小说选》、《捷克诗歌选》。

继续出版"晨光文学丛书"：

5月，《骆驼祥子》；

6月，《杨娥传》；

10月，《方珍珠》。

撰《一件有意义的工作》，载5月4日《文汇报》7版。

兼任上海光华大学文学院副教授。

1951年 43岁

出版《苏联名家画集》。

7月，出版《别林斯基画传》。

10月，出版《发展中的北京文艺（北京文丛）》。

12月，出版《抗美援朝快板集》。

继续出版"晨光文学丛书"：

1月，《剧艺日札》；

2月，《过新年》；

6月，《翻身的年月》、《高原短曲》；

9月，《子弟兵》、《伏虎岗》。

1952 年　44 岁

2 月，出版《龙须沟》。

在"五反"运动中被定为资本家。

1953 年　45 岁

5 月，出版《永垂不朽的斯大林》。

11 月，出版《新的歌》。

1954 年　46 岁

5 月，晨光出版公司进行社会主义改造，并入新美术出版社。赵家璧进入华东人民美术出版社担任副总编辑，后兼任摄影编辑室主任。开始主持出版一些摄影挂图、摄影画片、戏剧摄影画片和各类画册。

1956 年　48 岁

9 月，在新中国开创性地出版了摄影理论图书。

撰《从美丽的德国图书说起》，载 10 月 29 日《文汇报·笔会》。

撰《鲁迅先生的编辑工作》，载 10 月 31 日《新闻与出版》。

撰《富莱克林和他的自传》，载 12 月 25 日《文汇报》3 版。

1957 年　49 岁

撰《黑人魂》，载 1 月 12 日《文汇报》3 版。

撰《编辑忆旧——关于〈中国新文学大系〉》，载 3 月 19 日《人民日报》第 8 版。

续撰《编辑忆旧——关于〈中国新文学大系〉》，载 3 月 21 日《人民日报》第 8 版。

撰《编辑忆旧——关于〈世界短篇小说大系〉》（上），载 5 月 15 日《人民日报》8 版。

撰《编辑忆旧——关于〈世界短篇小说大系〉》（中），载 5 月 16 日《人民日报》8 版。

撰《编辑忆旧——关于〈世界短篇小说大系〉》（下），载 5 月 17 日《人民日报》8 版。

撰《出版社不是工厂》，载 5 月 19 日《文汇报》第 2 版。

撰《从〈老人与海〉想到海明威》，载《读书月报》1957 年 4 月版。

撰《关于〈世界短篇小说大系〉的续文》，载 6 月 8 日《人民日报》第 8 版。

撰《不平凡的四月》，载 7 月 8 日《文汇报》第 2 版。

"反右"运动中被剥夺做出版工作的权利。

1959 年　51 岁

进入上海文艺出版社，担任副总编辑，分管外国文学编辑室直到 1966 年 5 月。因政治原因，接下来几年中，他主管出版的很多图书印数很少，被限定在极小范围内发行。

1960 年　52 岁

译《没有祖国的儿子》（裴德华登著），上海文艺出版社 1960 年初版。

1961 年　53 岁

撰《鲁迅和连环图画》，载 9 月 26 日《人民日报》第 8 版。

撰《永别了，海明威——有关海明威两三事》，载 8 月 22 日《文汇报》。

1969 年　61 岁

被下放到上海市新闻出版五七干校劳动。

1972年 64岁

4月,从干校退休回家。

5月,在原上海市政协副秘书长寿进文的邀约下,参加名为"伍协力"的编译团队。参与翻译的作品主要有《漫长的革命》、《赫鲁晓夫回忆录续集——最后的遗言》、《尼雷尔》、《艾奇逊回忆录》、《跛足巨人》、《七姊妹》、《第二次世界大战史》、《塞内加尔》、《在波茨坦的会晤》、《俄国人》、《中东战争》、《1962年国际事务概览》等。

1977年 69岁

开始写回忆文章,累计100多万字。

撰《鲁迅编选〈中国新文学大系·小说二集〉》,载《山东师范学院》1977年第5期。

1978年 70岁

撰《鲁迅编选〈苏联版画集〉》,载《南开大学月报》1978年第3期。

撰《鲁迅与连环画》,载《美术》1979年第8期。

1979年 71岁

撰《回忆郑伯奇同志在"良友"》,载《新文学史料》总第5辑。

撰《想起蔡元培先生的一个遗愿——关于〈世界短篇小说大系〉》,载《读书》1979年第8期。

撰《三十年代的革命新苗——专为左联青年作家编印的一套〈中篇创作新集〉》,载《新文学史料》1980年第1期。

撰《悼念郑伯奇》,载《文坛故旧录》(生活·读书·新知三联书店1991年6月初版)。

1980 年　72 岁

成为上海出版工作者协会和中国出版工作者协会会员。

撰《重见丁玲话当年——〈母亲〉出版的前前后后》，载《文汇增刊》1980 年第 4 期。

撰《耿济之在"孤岛"的上海》，载《新文学史料》1980 年第 4 期。

撰《我们要书评》，载《回顾与展望》（山西人民出版社 1986 年 7 月初版）。

撰《出版〈美国文学丛书〉的前前后后——一套标志中美文化交流的丛书》，载《读书》1980 年第 10 期。

撰《回忆鲁迅与葛琴的〈总退却〉》，载《中国现代文学研究丛刊》1981 年第 3 期。

撰《鲁迅先生的编辑工作》，载《中国现代文学研究丛刊》1981 年第 3 期。

撰《重印〈中国新文学大系〉有感》，载 3 月 23 日《文汇报》。

1981 年　73 岁

撰《大家来写〈中国现代出版史〉》，载《回顾与展望》。

撰《丁玲赠我以〈母亲〉》，载 1981 年《文汇周刊》试刊号。

撰《鲁迅给"良友"出版的第一部书——关于〈苏联作家二十人集〉》，载《新文学史料》1981 年第 2 期。

撰《鲁迅·梵澄·尼采——关于梵澄〈尼采自传〉》，载《鲁迅研究》1981 年第 3 期。

撰《〈中国新文学大系〉话旧》，载 3 月 22 日《文汇报》。

撰《回忆鲁迅最后编校作序的一部书——关于曹靖华编译的〈苏联作家七人集〉》，载《新文学史料》1981 年第 4 期。

在人民文学出版社出版《编辑生涯忆鲁迅》一书，约 9.2 万字。

赴京参加纪念鲁迅诞辰 100 周年会议。

撰《这颗心永远是红红的》，载 7 月 20 日《文学报》。

撰《徐志摩和〈志摩全集〉》，载《新文学史料》1981 年第 4 期。

撰《纪念鲁迅百年诞辰想到出版工作》，载《上海出版工作》。

撰《鲁迅印象记》，载 9 月 6 日《解放日报》。

撰《徐志摩与泰戈尔》，载《文汇月刊》1981 年 11 月号。

撰《回忆徐志摩与陆小曼》，载 12 月 23、24 日香港《新晚报》。

译《徐志摩给泰戈尔的信》（以笔名汤霖），载《文汇月刊》1981 年 11 月。

撰《从爱读书到爱编书》，载 1 月 10 日《书讯报》。

1982 年　74 岁

撰《罪证》，载 8 月 19 日《解放日报·朝花》。

撰《我是怎样爱上文艺编辑工作的》，载《书林》1983 年 1 月号。

撰《〈二十人所选短篇佳作集〉重印后记》，载《读书》1983 年 1 月号。

撰《关于鲁迅等给高尔基的祝词》，载 9 月 30 日《解放日报》。

为倪墨炎著《鲁迅与书》撰写序言《为了出好书》，后载 1983 年 8 月 25 日《人民日报》。

撰《如何打开出书的新局面》，载《回顾与展望》。

撰《郑振铎和他的〈中国版画史〉》，载《新文学史料》1983 年第 2 期。

撰《共同努力办好〈出版史料〉》（发刊词），载 1982 年 12 月《出版史料》第 1 辑。

撰《一面战斗、团结的旗帜——纪念生活·读书·新知书店成立五十周年》，先载 12 月 19 日《解放日报》，后载《上海出版工作》1983 年 3 月号。

1983 年　75 岁

撰《编辑杂忆》，原载 4 月 22 日《人民日报》，后改名为《关于钱钟书的〈围城〉和师陀的〈结婚〉》。

撰《我编辑的第一部成套书——〈一角丛书〉》，载《新文学史料》1983

年第 3 期。

撰《〈月亮下去了〉一本修订重印后记》，江西人民出版社 1984 年初版。

撰《〈徐志摩全集〉序》，载《随笔》1983 年第 6 期。

撰《鲁迅·麦铴莱勒·连环画编文》，载《连环画论丛》第 8 辑。

撰《重读〈春王正月〉有感》，载《小说界》1984 年第 1 期。

撰《追叙未完成的〈世界短篇小说大系〉》，载《新文学史料》1984 年第 2 期。

撰《阳朔一夕谈》，载《回顾与展望》。

撰《想起了"五协力"》，载《上海政协会讯》1983 年第 4 期。

1984 年　76 岁

复审《郑伯奇文集》。

撰《"第二个十年"》，载 4 月 3 日《文汇报》。

撰《出版工作者也是灵魂工程师》，载《回顾与展望》。

撰《几点感想和一个愿望》，载《出版工作》1984 年第 1 期。

撰《祝上海书店的新生》，载《古旧书讯》1984 年第 4 期。

撰《鲁迅书简"完璧"归赵》，载 7 月 16—18 日《新民晚报》。

撰《忆往事，学叶圣老》，载《语文学习》第 10 期。

撰《回忆郁达夫与我有关的几件事》，载《新文学史料》1985 年第 3 期。

撰《〈书林〉要加强书评》，载《书林》1984 年第 5 期。

8 月，在上海三联书店出版《编辑忆旧》一书，约 26 万字。

撰《广交朋友好》，载 8 月 15 日《上海政协报》。

撰《巴金与"良友"》，载香港《良友》画报 12 月号。

作为中国出版代表团的一员出访日本。见到内山家族成员，参观了内山书店。回国后撰《内山书店两兄弟》，载 12 月 7、8 日《新民晚报》。

撰《从第一个十年到第二个十年》，载《文艺新书》1984 年第 8 期。

撰《要质量，要速度》，载《文艺新书》1984年第11期。

撰《电脑排版与出版周期》，载12月17日《文汇报》。

撰《谈写日记》，载1985年1月5日香港《文汇报·笔会》。

1985年　77岁

撰《怀念仓石武四郎——中日文化交流的先行者》，载日本《本——读书人之杂志》，并载《读书》1985年第5期。

撰《〈中国新文学大系〉日译本的苦难历程》，载《新文学史料》1985年第2期。

撰《〈现代文学期刊漫话〉序》，载《随笔》1986年第3期。

撰《书比人长寿——费正清博士从美国来的一封信》，载《书林》1985年第2期。

撰《访日归来谈连环画的改革》，载《上海出版工作》1985年第8期。

撰《麦绥莱勒的木刻连环图画故事到中国》，后载入《文坛故旧录》。

撰《从〈晨曦〉想到我的老师》，载8月5日《解放日报》。

撰《老舍〈四世同堂〉的坎坷命运》，载8月16、17日《新民晚报》。

撰《追怀粮油创办人伍联德先生》，载《回顾与展望》。

撰《老舍和我》，载《新文学史料》1988年第2、3期。

撰马国亮著《命运交响曲》序言，载《随笔》1986年第5期。

10月，参加中国出版工作者协会大会，被推选为副主席。

1986年　78岁

以正式代表身份出席中国出版工作者第二次代表大会。

撰《哀胡愈老》，载1月25、26日《新民晚报》。

撰《文汇书市开幕有感》，载3月1日《文汇读书周报》。

5月，撰《编辑生涯自述》，后收入《书比人长寿》（香港三联书店1988

年1月版)。

撰《赶上时代》,载6月17日《新民晚报》。

出版《回顾与展望》,山西人民出版社1986年7月出版。

《赵家璧同志讲话》,载《上海出版工作》1986年8月号。

撰《重印全部旧版〈良友〉画报引言》,载影印版《良友》画报(上海书店出版社1986年初版)。

撰《我与鲁迅先生》,载10月17—19日《新民晚报》。

撰《鲁迅逝世二周年时的一件往事》,载《高山仰止:鲁迅逝世五十周年纪念集》(上海文艺出版社1986年初版)。

1987年 79岁

参加全国版协举办的第三届出版研究年会。

撰《出书真难——从联想到希望》,载《鲁迅研究动态》1987年第6期。

撰《编辑生涯忆茅盾》,载《编辑月刊》1987年第4期。

撰《从茅盾给我最后一信想起的》,载《香港文学》第31期,又载《新文学史料》1988年第1期。

撰《夏衍与赵家璧的通信——多写文坛回忆录》,载5月4日《人民日报》8版。

撰《曹靖华与鲁迅》,载9月22日《新民晚报》。

撰《出版家与出版商》,载《出版工作》1988年2月号。

撰《给家乡小朋友的一封信》,载松江《小朋友》月报1987年第4期。

撰《徐志摩托凌叔华写传》,载《香港文学》第28期。

撰《向廖老师敬献一束鲜花》,载《师大校刊》第173期。

1988年 80岁

撰《蔡元培先生二三事》,载1月11、12日《新民晚报》。

撰《和靳以在一起的日子》，载《新文学史料》1988 年第 2 期。

出版著作《书比人长寿》，香港三联书店 1988 年 1 月初版。

撰《莫忘文革的血泪记载》，载 2 月 7 日《新民晚报》。

撰《我的希望与建议》，载《上海鲁迅研究》1988 年第 1 期。

撰《北戴河之游琐记》，载 1988 年 5 月《光华校友通讯》。

1990 年　82 岁

11 月，以上海文艺出版社副总编辑的身份获得韬奋出版奖。

1991 年　83 岁

6 月，在上海三联书店出版《文坛故旧录：编辑忆旧续集》一书，约 24 万字。

9 月 10 日，在上海应邀参加《良友》画报创刊 65 周年庆祝酒会。

撰《我与〈中国新文学大系〉》，载 1991 年 6 月《光华校友通讯》。

1992 年　84 岁

撰《我怎样当编辑》，载 2 月 9 日《新民晚报》。

1994 年　86 岁

与汤元炳、冯和法、王慧章三人合撰《张寿镛先生的业绩》，载《约园著作选辑》，中华书局 1995 年 4 月出版。

1997 年　89 岁

3 月 12 日 0 时 57 分，在上海辞世。

半年后，子女们将赵家璧 20 世纪 80 年代以后陆续收集的所有藏书和生前使用的物件全部无偿捐赠给上海鲁迅纪念馆"朝华文库"。

参考文献

曹聚仁：《文坛五十年》（续集），香港新文化出版社 1973 年版。

光华大学《光华年刊》第 6 期。

光华附中校刊《晨曦》各期。

胡风：《深切的怀念》，《新文学史料》1985 年第 4 期。

孔另境：《现代作家书简》，花城出版社 1982 年版。

老舍：《老舍论创作》，上海文艺出版社 1982 年版。

李频：《全体甄别对个人独识的超越》，《河南大学学报》（社会科学版）1991 年 9 月。

林语堂：《论语录体之用》，《论语》1933 年 10 月第 26 期。

凌月麟、周国伟：《"书比人长寿"：赵家璧专库述评》，《上海鲁迅研究》2008 年秋季刊。

刘半农：《初期白话诗稿》，北京出版社 2010 年版。

刘运峰编：《〈中国新文学大系〉导言集》，天津人民出版社 2009 年版。

鲁迅：《鲁迅书信集》，人民文学出版社 1976 年版。

《鲁迅全集》，人民文学出版社 1981 年版。

马国亮：《良友忆旧》，生活·读书·新知三联书店 2002 年版。

马信芳：《学者、出版家丁景唐：为中国新文学存迹留痕》，《深圳特区报》2014 年 5 月 12 日。

茅盾：《回忆录 18》，《新文学史料》1983 年第 1 期。

茅盾：《中国新文学运动史》，《文学》1934 年 4 月号第 3 卷。

（美）小赫伯特·S. 贝利：《图书出版的艺术和科学》，王益译，中国书籍出版社 1995 年版。

彭林祥：《〈良友文学丛书〉到底出了多少种?》，《中华读书报》2014 年 5 月 28 日。

钱杏邨：《中国新文学运动史资料》，上海光明书局 1934 年版。

覃宝凤：《论〈中国新文学大系〉第一个十年（1917—1927）的编纂》，华中师范大学 2007 年硕士学位论文。

任白戈：《"左联"回忆录：上》，中国社会科学出版社 1982 年版。

上海鲁迅纪念馆编：《赵家璧文集》第 5 卷，上海文艺出版社 2012 年版。

上海鲁迅纪念馆编：《赵家璧先生纪念集》，上海文艺出版社 1998 年版。

沈从文：《沈从文文集：第 12 卷》，花城出版社 1984 年版。

舒乙：《赵家璧的两个高峰》，《解放日报》2002 年 11 月 18 日。

田俊：《忽然想起"一角丛书"》，《出版广角》2012 年第 2 期。

伍联德：《良友一百期之回顾与前瞻》，《良友》画报第 100 期。

吴晓玲：《老舍先生在龙泉镇》，《昆明晚报》1985 年 1 月 26 日。

吴永贵：《民国出版史》，福建人民出版社 2011 年版。

萧统：《文选·序》，载郭绍虞主编：《中国历代文论选》上册，中华书局 1962 年版。

谢力哲：《民国商业出版与左翼文学潮流的兴起》，《重庆交通大学学报》（社会科学版）2014 年 12 月。

徐鹏绪、李广：《〈中国新文学大系〉研究》，社会科学文献出版社 2007 年版。

杨义：《新文学开创史的自我证明》，《文艺研究》1995 年第 5 期。

姚君伟：《赵家璧与美国文学在中国的出版与译介》，《新文学史料》2011 年第 1 期。

姚琪：《最近的两大工程》，《文学》1935 年第 5 卷第 1 号。

臧杰：《天下良友》，青岛出版社 2009 年版。

赵家璧：《编辑生涯忆鲁迅》，人民文学出版社 1981 年版。

赵家璧：《编辑忆旧》，中华书局 2008 年版。

赵家璧：《书比人长寿》，中华书局 2008 年版。

赵家璧：《文坛故旧录》，中华书局 2008 年版。

赵家璧：《新传统》，中国国际广播出版社 2013 年版。

赵家璧主编：《中国学生》各期。

赵修慧：《他与书同寿》，中国出版集团东方出版中心 2009 年版。

郑瑜：《虹口的空间网络与 1930 年代上半叶虹口民营出版业》，华东师范大学 2008 年博士学位论文。

责任编辑:卓　然
封面设计:肖　辉　孙文君
版式设计:汪　莹
责任校对:吕　飞

图书在版编目（CIP）数据

中国出版家．赵家璧／芦珊珊 著．—北京：人民出版社，2016.5
（中国出版家丛书／柳斌杰主编）
ISBN 978－7－01－015533－3

I.①中… II.①芦… III.①赵家璧（1908~1997）－生平事迹　IV.① K825.42

中国版本图书馆 CIP 数据核字（2015）第 279033 号

中国出版家·赵家璧

ZHONGGUO CHUBANJIA ZHAO JIABI

芦珊珊　著

人 民 出 版 社 出版发行

（100706　北京市东城区隆福寺街 99 号）

北京新华印刷有限公司印刷　新华书店经销

2016 年 5 月第 1 版　2016 年 5 月北京第 1 次印刷
开本：710 毫米 ×1000 毫米 1/16　印张：21　插页：8
字数：240 千字

ISBN 978－7－01－015533－3　定价：83.00 元

邮购地址 100706　北京市东城区隆福寺街 99 号
人民东方图书销售中心　电话：（010）65250042　65289539

版权所有·侵权必究
凡购买本社图书，如有印制质量问题，我社负责调换。
服务电话：（010）65250042